国家社科基金
GUOJIA SHEKE JIJIN HOUQI ZIZHU XIANGMU
后期资助项目

民法社会化的中国图景
（1927-1949）

China's Prospect of Civil Law Socialization from 1927 to 1949

李文军 著

社会科学文献出版社
SOCIAL SCIENCES ACADEMIC PRESS (CHINA)

国家社科基金后期资助项目
出版说明

　　后期资助项目是国家社科基金设立的一类重要项目，旨在鼓励广大社科研究者潜心治学，支持基础研究多出优秀成果。它是经过严格评审，从接近完成的科研成果中遴选立项的。为扩大后期资助项目的影响，更好地推动学术发展，促进成果转化，全国哲学社会科学工作办公室按照"统一设计、统一标识、统一版式、形成系列"的总体要求，组织出版国家社科基金后期资助项目成果。

全国哲学社会科学工作办公室

内容简介

南京国民政府时期，在民法社会化潮流影响下，中国"毕其功于一役"，完成了社会本位的民法秩序建构。这是中国民法近代化历程中引人瞩目的一段往事。社会本位在 20 世纪二三十年代成为居于主流地位的法律理念，与中国当时的社会历史环境密不可分。在救亡图存的历史背景下，本该在近代化进程中得到清理的整体主义思潮得以保留，并在某些方面得到强化，与社会本位主张颇多重合的三民主义成为官方意识形态。在这种条件下，社会本位一经传入，立刻被中国社会热烈拥抱，成为定于一尊的法律思想。在民法制定过程中，基于中外交往和国内现实方面的考虑，社会本位理念主宰了民法的价值取向。这种价值抉择在民法理论学说、立法和司法层面皆有充分的展现。

在民法理论学说层面，法学家将三民主义和社会本位加以接引，以社会利益为标准，对民法中的诸多重要范畴进行了有别于传统民法的定位。社会本位被认为是个人本位的取代物，是民法发展的高级阶段；民法和公法一样，皆以社会利益为最终依归；权利是个人为实现社会职能而产生与存在的；在私权行使方面，出于社会利益考虑，强制私权行使与禁止权利滥用成为一般原则。这些对社会本位时代民法风貌的中国式刻画，与民法作为权利保障之法的根本属性不无偏离。

在立法层面，民法对社会利益的追求体现为以南京国民政府的社会政策指导立法过程。在财产法领域，以永佃权为例，面对土地问题和传统的租佃关系格局，民法力图确立物权逻辑和市场逻辑以利于社会经济之发展；同时出于扶助自耕农的考虑和"平均地权"的土地政策安排，在永佃权的制度建构上给永佃权人多方面的倾斜。在身分法领域，出于鼓励亲属互助而去其依赖性、实现家属人格独立和男女平等等目的，民法对传统家庭制度进行了改造和重构，使其合于塑造新社会、实现国家富强的需要。除了永佃权和家庭制度，财产法和身分法领域的许多制度也贯彻了社会本位理念。

　　在司法层面，法官秉持社会本位司法理念，以社会利益为考量适用法律，通过司法活动对私权体系落后于社会现实的情况进行补救；对合于社会利益的民间习惯加以认可和扶持，对不合于社会政策的民间习惯予以摒弃；同时在司法中突破形式正义的法律常规，遵循党义、社会政策和立法精神，对作为社会利益载体的特殊群体之权益加以保护和扶持。

　　就中国民法近代化的历程整体来看，民法社会化实现了近代中国立法原则和精神的统一，在一定程度上体现出"西法东渐"背景下的中国主体意识，并对私权保障和旧有社会格局的改造起到了某种积极作用。然而，在缺乏市民社会基础和宪制保障的环境下，社会本位在理论上被异化，实践中则使民国政府和强势团体以社会利益之名侵害个人权利以遂其私的风险表现得淋漓尽致。这段往事所提出的问题，诸如公益和私权、政府与社会、集体与个人在法律上究竟该如何定位，今天仍然值得我们深思。

目　录

绪　论

一　论题解说

就民法发展的历程而言，民法社会化被认为是民法从权利本位向社会本位转化的过程。因此，笔者先对民法的本位问题稍加解说，并在此基础上阐述民法社会化的基本理论。

（一）民法本位与民法社会化

1. 民法本位

本位，指的是基础、根源、出发点和逻辑起点。法律本位指法律的中心观念或立足点，[①] 也可以说是立法取向，是一个关于法律追求何种价值的判断。据童之伟教授的考证，"法律本位"这一论题是近代中国学者的思想创造。首先提出这一范畴的是近代中国思想界的巨擘梁启超。梁氏在《论中国成文法编制之沿革得失》一文中说："我国法律界，最不幸者，则私法部分全付阙如之一事也。罗马法所以能依被千祀，擅世界一流法系之名誉者，其优秀之点不一，而最有价值者，则私法之完备是也（其中债权法尤极完备，今世各国殆全体继受之）。故当近世之初，所谓文学复兴时代者，罗马法之研究；自其时始启端绪，而近世之文明，即于兹导源焉，其影响之大如此。近世各国法律不取义务本位说，而取权利本位说，实罗马法之感化力致之。夫既以权利为法律之本位，则法律者，非徒以限制人民权利之用，而实以为保障人民权利之用。"[②] 上述梁氏对法律本位的认识，有两点大可注意。其一，将法律本位问题的讨论范围限定在私法领域。梁氏所论及的权利本位与义务本位虽未明确排除私法之外的其他法律，但皆是在盛赞罗马私法的完备及其历史感化力

---

① 参见郑保华《法律社会化论》，《法学季刊》第 4 卷第 7 期，1931。

② 梁启超：《论中国成文法编制之沿革得失》，载范忠信选编《梁启超法学文集》，中国政法大学出版社，2000，第 174～175 页。

的语境下予以阐发，其专注于私法不言自明。其二，以权利和义务界定法律本位的内涵，认识到法律本位其实就是权利和义务二者何为法律重心的价值取向，这无疑深刻揭示了法律本位问题的内涵。梁氏的这两点认识对此后讨论法律本位问题影响巨大，到民国时期，对民法本位的研究几乎成为法律本位研究的全部内容，而皆以权利和义务为价值判断的依据，这表明后来的学者基本都在梁氏所确立的框架内思考法律本位问题。当然，有学者对这种现象持批评态度，认为中国近代对法律本位问题的探索"基本分析框架局限于权利和义务的范围，而权利和义务用来说明私法现象尚能基本应付，牵涉到公法领域它们往往就无能为力了"。① 然而，若是承认民法为社会生活的基本法，则默认法律本位即私法本位或民法本位的做法亦不失其合理之处。②

　　梁氏虽然首次提出并确立了法律本位的基本框架，但他没有明确"法律本位"这一语词的内涵。这一工作是由民国时期的法学家完成的。如前所述，梁氏将法律本位限定在私法领域的讨论，使得后来的法学家将民法本位作为法律本位的全部内容而非一个子概念，对法律本位及其内涵的深入探讨也更多是由民法学家来承担的。如胡长清先生认为："法律之本位云者，法律之中心观念或法律之立足点也。法律乃人为之规范，自有其一定之中心观念。"而依中心观念的演进，人类法律的历史可分为三个阶段，即义务本位时期、权利（个人）本位时期和社会本位时期。③ 胡长清先生的相关著述出版于1933年，当属对法律本位问题较早的全面阐述。胡先生是民法学家，从其论述可以看出，他所谓的法律本位即指民法本位，其含义即民法的中心观念或立足点；从法律史的演进来看，民法本位经历了义务本位、权利（个人）本位和社会本位三个时期，且三个时期为进化关系。胡先生的论述是具有代表性的，甚至直到20世纪60年代，对民法本位及其演进的认识也未超出上述观点。如王伯琦先生认为："民法之基本观念，亦即民法之基本目的，或基本作用，或基本任

---

① 童之伟：《20世纪上半叶法本位研究之得失》，《法商研究》2000年第6期。

② 学界也有不少学者持此种观点，如20世纪90年代初一本影响较大的民法著作认为："近来，法理学界颇有人热烈讨论，法律究竟应以权利为本位？抑或以义务为本位？在我们看来，只有放在民法领域才有意义。"张俊浩主编《民法学原理》，中国政法大学出版社，1991，第30页。

③ 胡长清：《中国民法总论》，中国政法大学出版社，1997，第43页。

务，时论多称之为本位。民法基本观念之演变，因时代之不同，可分为三个时期，其初为义务本位时期。自罗马时代以至中世纪，延绵几二千年。第二时期为权利本位时期。此一时期，自十六世纪开始，经十七八世纪之孕育，而成熟于十九世纪。自本世纪起，开始另一时期，称之为社会本位时期。"① 当今我国民法学界有代表性的观点认为，民法的本位即民法的基本观念，系指民法以何者为中心，也即民法的基本目的、基本作用或基本任务。民法的本位按历史演进经历了义务本位、权利本位和社会本位三个阶段，我国当下以权利本位和社会本位相结合为宜。②

从以上法学家的论说可以看出，自民国时期起，法学理论尤其是民法理论中对民法本位的内涵和分析框架形成了相当的共识。民法本位的含义即民法的中心观念或立足点，当然不同论者的用词不尽相同，然所指不外如此。③ 本书所论民法本位即在这一意义上加以阐述。

2. 民法社会化

如前所述，法学家在讨论民法本位问题时还有一个重要的共识，即民法本位的历史演进，经历了义务本位、权利本位和社会本位三个时期，而其历史时段的划分也大体一致。大致为，近代民法产生之前的时段皆为义务本位时期，近代民法产生后至 19 世纪末为权利本位或曰个人本位时期，进入 20 世纪后为社会本位时期。胡长清先生的论述具有代表性：

（1）义务本位时期。此为法律最初之本位时期，良以人类进化之始，即在固结团体，以御强敌，而固结团体之要件，首在牺牲小己，事事服从，于是形成义务之观念，法律遂以此义务观念为其中心观念。（2）权利本位时期。迨后，个人主义逐渐发达，法律遂由义务本位进于权利本位。于此时期，一般通说均谓法律为规定权利之工具，而以法律学为权利之学。且有执法律与权利同时存在之说，以法律为客观的权利（Objectives Recht），权利为主观的法律

① 王伯琦：《民法总则》，台北编译馆，1963，第 31 页。
② 参见梁慧星《民法总论》第三版，法律出版社，2007，第 39～43 页。
③ 有的法学家将民法本位称为"民法之指导原理"，如李宜琛先生；有的称为"民法的主义"，如周新民先生。其所指皆为民法的中心观念或立足点。参见李宜琛《民法总则》，正中书局，1944，第 31 页；周新民《民法总论》，上海华通书局，1934，第 23 页。

（Subjectives Recht）者。（3）社会本位时期。个人主义发达之结果，于不知不觉中酿成种种之流弊，于是学者主张，法律最终之目的不在权利之保护，而在于社会生活之安全与健全，法律之中心观念亦随之而变，此即所谓社会本位者是也。①

根据胡长清先生的认识，义务本位是人类法律的第一个时代，人类需要团结御敌，于是必须牺牲小己服从团体，法律便以义务观念为中心观念。其后个人主义发达，法律便以规定个人权利为中心任务。此一时期，人人皆认为法律和权利不可分离，法律和权利是同一事物的一体之两面。迨后来个人主义流弊凸现，于是法律的中心观念遂趋向社会整体利益的维护，此即社会本位时期。由此可见，在民法学家看来，社会本位是权利本位"进化"的结果，其确立是一个动态的历史进程。这一进程就是人类法律史上具有重大意义的"法律社会化"。

关于法律社会化的内涵特征及表现，民国时期的学者已经有较为全面的认识，而且他们的认识对民国时期的法律思想和法律实践产生了重要影响。如史尚宽先生认为，法律社会化是为了解决个人主义立法所导致的劳资对立和贫富分化等社会问题，"自19世纪末以至今日，法律生莫大之变化。废去自由放任主义，而代以国家干涉主义。法律由个人主义渐趋于社会主义，由权利本位渐趋于社会本位。此种新趋势，名为法律社会化"。其典型表现则是对近代民法三大原则（所有权绝对、契约自由、过失责任）的修正和限制。② 史先生作为民国民法典的主要起草人之一和权威的民法学家，其见解可为民国法律人之代表。其他学者对法律社会化问题的讨论，亦大致不出史先生之界定，只是侧重某一方面加以阐发而已。如有学者称："法律之社会化一语，……不外乎一方推翻数百年来之不干涉主义，一方以使匹夫匹妇各得其所为目标而救社会上弱者于倒悬；故或称为社会政策之立法，亦无不可。"③ 综合前述关于民法本位和民法变迁的见解，我们可以看到，法律社会化和社会本位其实是一体之两面。前者是一个动态的实践过程，其指导理念为社会本位；

---

① 胡长清：《中国民法总论》，中国政法大学出版社，1997，第43页。
② 参见史尚宽《民法总论》，中国政法大学出版社，2000，第68页。
③ 镜蓉：《民法社会化之倾向》，《法律评论》第45期，1924。

后者是法律的价值取向和理念追求，需要通过前者加以实现。二者在社会本位的法律中得以统一。结合民法发展的历史阶段可以概括为：近代民法是个人本位、权利本位的法，现代民法则是社会本位的法，这种发展就是民法的社会化。①

根据上述法学家的界定，首先，可以看出，法律社会化或民法社会化最主要的特征是国家公权力对私法领域干预的加强，即所谓废去"自由放任主义"或"不干涉主义"而代以"国家干涉主义"。这是法律社会化实践中最鲜明的外在表现。当然，称其为外在表现并不表示该表现没有某种价值判断和价值追求在内。民法被认为是市民社会的基本法，市民社会的最基本需求是安全，但安全并非市民社会自身所能供给的，恰恰是政治国家作为的天地，是国家为了保障社会运行必须采取的手段。② 故此，当个人本位或曰权利本位之法导致私权膨胀、引发社会不安时，国家权力就有必要提高参与程度以保障整个社会的稳定和秩序。此正如庞德反复强调的那样，人类固有的"掠夺"与"社会"两种属性之间有一种本能的对抗，因此，"法律社会化"的功能是社会控制，即用法律规范来抑制个人反社会的"掠夺"本能，以协调社会上各种相互冲突的利益，满足人类整体的需要。③ 这些在民事法律中皆有更具体的表现，后文详述。

其次，法律社会化实现的方式是法律通过对各种利益的协调和平衡来求得社会稳定、社会进步等"社会利益"的实现。这一方式有两层含义：其一，法律社会化以社会利益的实现为终极目的，如公共秩序、社会经济发展、社会稳定、社会进步等；其二，尽管"社会利益"作为一个抽象、独立的形态载体可能存在，但更多时候社会利益必须基于对私权和私人利益的调整而实现，这是社会利益得到确定的基本途径。可见，法律社会化是基于社会利益的考量而对社会成员的利益进行协调，这种协调的过程有时表现为基于某种"社会利益"考虑而限制某些社会成员的私权，但更多是在社会成员的私权发生冲突时进行利益协调，以求得整个社会的稳定。社会本位法律对近代民法三大原则的修正，就是通过

① 参见谢怀栻《外国民商法精要》第三版，法律出版社，2014，第14页。
② 参见刘心稳主编《中国民法学研究述评》，中国政法大学出版社，1996，第14页。
③ 〔美〕罗斯科·庞德：《法律史解释》，邓正来译，商务印书馆，2016，第193、195页。

法律上权利义务的重新分配来实现利益的协调。如前所述，法学家论及民法本位时皆以权利和义务为分析框架，权利和义务作为民事法律关系的基本内容，用以界定民法本位自然是妥当的。然而同时须注意，这仅是在法律内容的表现渠道上对民法本位的认识。若要从本质上认识民法的本位，则通过权利义务关系来把握其所体现的利益就是一个必要的工作。因为，民法本位的实质内涵在于私法上的利益。正如有学者指出的，在法律权利和法律利益的关系上，权利是形式和表象，利益是内容和实质。法律总是通过对权利的规定来表达其所要体现的社会主体的利益需求。从总体上说，法律是国家意志对不同社会主体利益的分配和确认。这种法律利益的配置建立在具体的法律关系基础之上，体现了法律在调整社会关系时的导向和根本价值。法律对社会主体的利益分配和确认，必须通过权利义务的法律规范形式来进行。权利是社会主体的利益要求在法律上的表现形式，是法律对这种利益实现的可能性作了确定；权利所内含的实质要素是社会主体的利益期待。尽管对于具体的、个别的社会主体而言，权利本身并不等于利益，权利的行使也不一定必然给主体带来现实的利益，但从法律的总体利益配置和取向来说，法律权利的目的和实质就是法律利益，就权利主体的整体而论，法律利益的实现也具有必然性。① 因此，法律社会化的实现就是一个通过社会本位的法律对社会成员的利益进行协调和配置的过程，这个过程的特点正如民国时期的学者所说，是以"使匹夫匹妇各得其所为目标而救社会上弱者于倒悬"。也就是说，协调中可能偏向于对社会经济格局中弱者利益的保护。此时，法律虽然是在保护某个私主体的利益，却是以社会利益为考量的。这样一来，则我们理解社会本位在民法中的体现时就须注意，可能在某些具体的法律关系中，立法者并未以一个抽象的"社会利益"名目来决定所涉主体的权利义务，但这种考虑却在私主体的权利发生交会和冲突时被融入了解决规则的设计。换言之，此时私主体之间的权利义务如何安排已经是社会利益考量的结果，某些私主体的权利已成为社会利益的载体。

　　了解民法社会化的动态过程，可以明晰民法本位在不同时代的更替，有利于理解其成果——社会本位之法的内涵特质。社会本位既为义务本

---

① 参见周晖国《法律本位论析》，《南京大学法律评论》2006 年秋季号。

位和权利本位的后续发展阶段，则在三个阶段的变迁对比中，其内涵和特征会呈现得更加清楚。这要求我们必须对三种法律本位的内涵有更加深入的把握。前述胡长清等学者侧重对三个时代的更替进行描述，虽在阐述各个阶段的特征时对三种法律本位的内涵有所揭示，但并未作出清楚的界定。因此，其后的民法学家在这一问题上又进行了持续探索。

王伯琦先生的论述对三种法律本位的内涵揭示较为深入。与胡长清先生认为义务本位是出于人类团结御敌的需要不同，王伯琦先生更加认可梅因"从身份到契约"的经典论述。梅因认为所有社会进步的特点是"家族依附的逐步消灭以及代之而起的个人义务的增长。'个人'不断地代替了'家族'，成为民事法律所考虑的单位"。① 可见，梅因认为人类最初的义务是和家族中的特定身份密切相关的。王伯琦先生根据这一认识对义务本位加以阐发，认为无论是古罗马的家父对子女和奴隶的支配权，还是我国古代的伦常关系，皆属于身份关系之表现。个人仅为家族之构成分子，层级相属，没有独立地位。法律的中心观念，便侧重于使个人尽其因特定身份所负之义务。② 王伯琦先生的论述虽然和胡长清先生一样，现象描述的成分居多，但间接确定了义务本位时代的法律特征：个人受其特定身份制约，在他人权利（权力）的支配之下，无独立地位，侧重于义务的履行。

权利本位法律时代的到来，则是民智渐开、社会进步、家族逐渐解体、个人意识觉醒的结果。义务由昔日基于身份的强制义务变为基于契约的同意义务，义务的观念因而大减；昔日的绝对义务，今日成为权利的内容，权利观念因而大张。权利本位之法以拿破仑法典为代表，确立了所有权绝对、契约自由和过失责任三大原则。此后法律的基本任务，由使人尽其义务转为保护个人权利；义务的履行，也是为了权利内容的实现，权利的绝对性较为鲜明。

至社会本位时代，法律对权利本位时代绝对保护的一些法益开始进行某些限制，如关于劳动契约中最低工资和最高工时的规定、租佃契约中佃租的限制、个人所有权的限制甚至剥夺等，都是对以往权利观念的

① 〔英〕梅因：《古代法》，沈景一译，商务印书馆，1959，第96页。
② 参见王伯琦《民法总则》，台北编译馆，1963，第31～32页。

冲击。义务的负担也不再完全是主体同意的结果，法律的任务也未必尽在保护个人的权利。法律为了社会共同生活之增进，可以限制或剥夺主体的某种权利，强制其负担特定的义务。① 此即社会本位之法。

根据王先生的认识，义务本位时代即家族社会时代，个人受特定身份制约，无个人独立地位，法律侧重于使个人承担其义务。权利本位时代即近代民法时代，法律以保护个人权利为最重要目的，确立所有权绝对、契约自由和过失责任三大原则。社会本位则是 19 世纪末 20 世纪初以来的新潮流，其特征是为了保护社会利益而对近代民法的三大原则进行修正，对个人权利进行某种限制。这种观点在民国时期即广为流行，今日已成为民法学界的通说。如在我国民法学界具有代表性的梁慧星先生之《民法总论》将民法本位的内涵特征界定为以下几点。

第一，义务本位。"所谓义务本位，乃以义务为法律之中心观念，义务本位的立法皆系禁止性规定和义务性规定，且民刑责任不分。目的在对不同身份的人规定不同的义务，以维护身份秩序。"

第二，权利本位。权利观念为法律之中心观念，个人权利之保护，成为法律最高使命。其集中体现，为近代民法契约自由、所有权绝对和过失责任三大原则的确立。

第三，社会本位。权利本位立法促成了资本主义的极大发展，但同时也引起劳资对立、贫富悬殊等社会问题。"因此，民法思想为之一变，由极端尊重个人自由变为重视社会公共福利，并对三大原则有所修正。"此即社会本位的立法。社会本位的立法加强了对个人意思自由的限制，对权利观念有所抑制，义务的负担也不再完全是主体同意的结果，法律的任务也未必尽在保护各个人的权利。法律为了社会共同生活之增进，可以限制或剥夺主体的某种权利，强制其负担特定的义务。②

按照民法学界通说，社会本位和权利本位的关系极为紧密，前者是由后者"进化"而来，这种进化与从义务本位到权利本位的进化有所区别。权利本位是在打破义务本位社会制度的基础上得以实现的，而社会本位并不是要打破权利本位社会制度，仅是对集中体现权利本位的近代

---

① 参见王伯琦《民法总则》，台北编译馆，1963，第 32 页。
② 参见梁慧星《民法总论》第三版，法律出版社，2007，第 40~41 页。

民法三大原则进行修正，修正的程度以社会利益为标尺。同时，民法学者一方面正确把握了社会本位是权利本位的修正这一本质，另一方面对社会本位和义务本位在外观上的某些相似性也有所察觉，此即王伯琦先生和梁慧星先生都曾指出的"峰回路转之势"。这些都是理解民法社会化的重要问题。

民国至今的民法理论已经基本指明了民法社会化与社会本位的内涵及特征，随着学术积淀的不断增强，今日学者对该问题的认识更为深刻，新的见解也在不断产生。如有学者认为："民法调整市民生活的基本方法，就是肯认他们的正当利益，并且使之权利化、法律化，神圣其事地加以保护。权利这个概念，凝结了市民法对于个人价值的尊崇，对于市场制度的信心，同时表述了对于权利的冷静界定和怵惕之情。唯其如此，权利概念成为民法的核心概念，民法同时也就体现为权利的庞大体系。假使从民法中把权利概念抽掉，整个体系难免顷刻坍塌。这一现象，学者名之曰'权利本位'。近来，法理学界颇有人热烈讨论，法律究竟应以权利为本位？抑或以义务为本位？在我们看来，这两个命题，只有放在民法领域才有意义。而就民法来说，却很难设想曾经有过所谓'义务本位'的时代。诚然，个人对于居处其间的共同体只知义务、不知权利的历史阶段是有过的。然而，在那种环境之下，个人恐怕并不作为民事权利能力者。因而他对于共同体的义务，也就不大可能属于民事义务。而一旦那种共同体中的个人，能够同其他共同体中的个人相交往，那么，在他们的交往中，也就不会只言义务、不言权利。因此，所谓'义务本位'云云，真是匪夷所思。"[①] 该观点虽对"义务本位"有所质疑，但从其表述可以看出，其目的并非要否定学界通说，而是强调民法必须以权利为核心，这不仅彰显了权利本位的内涵，对全面认识社会本位的特质也不无裨益。因为，既然认定民法以权利保障为底色，则社会本位虽属对权利本位的修正，但其保障私权的功能却无法否定。

有的学者从人格角度对几种法律本位的内涵特征进行了探索，指出义务本位的法律"只确认少数人乃至一个人享有完全的权利资格即人的资格，多数人不享有或只享有不完全的权利资格，即不享有人的资格；

---

① 张俊浩主编《民法学原理》，中国政法大学出版社，1991，第30页。

其实就是只承认少数人乃至一个人是人，不承认多数人是人。因此，义务本位实际上是非人本位"。"权利本位认为：人来到世上就是来做人的，自然人各个体都享有做人的资格。因此，自然人进入社会的资格平等，也就是人格平等。自然人的人格只有通过行使权利才能实现。法律就是通过规定自然人的权利，实现自然人的人格。权利本位的法律的实质是：法律确认所有的自然人都享有人的资格，其实就是承认所有的自然人都是人。因此，权利本位实际上是人本位。"① 该观点是从人格的角度对义务本位和权利本位进行的理论探索，与此相一致，社会本位就被定义为：在资本主义大工业高度发展的情况下，为了真正实现自然人人格平等，法律对权利本位的诸原则进行了修正，加强了社会对个人的控制。该观点在通说的框架内，从人格这一侧面进行解释，有助于我们全面认识几种法律本位的内涵特征，当然也包括社会本位。通过该说，我们可以总结出社会本位的三种内在特性：其一，社会本位的目的是实现人格的实质平等，这一判断含有权利本位只实现了形式平等的意蕴，指出了两者的主要区别；其二，社会本位法律的形成途径是对权利本位之法的诸原则进行修正，主要是对近代民法的所有权绝对、契约自由和过失责任三大原则进行修正；其三，从公权力和私权的关系上讲，社会本位之法的特征是社会对个人的控制加强，实际上是说，作为"社会"代表的国家公权力对私权加强了干预。

综上所述，结合静态和动态两方面，我们大致可以对民法社会化和社会本位的内涵特征进行一个总结。首先，民法社会化兴起的原因是个人本位或曰权利本位之法所导致的私权膨胀、劳资对立和贫富悬殊等社会问题需要解决。其次，民法社会化的典型表现是对权利本位之法的诸原则进行修正，具体来说就是对近代民法的所有权绝对、契约自由和过失责任三大原则进行修正。这些修正弥补了个人本位之法只求形式平等的不足，转而追求社会成员人格的实质平等。再次，从公权力和私权的关系上讲，相较于个人本位，社会本位法律的特征是为了实现社会利益，以"社会"代表面目出现的国家公权力加强了对私权的干预。最后，社会本位的实质是追求社会利益，而社会利益除了较为直观和独立的形态外，

---

① 李锡鹤：《论民法本位》，《华东政法学院学报》2000 年第 2 期。

更多是基于私权和私利益的冲突而确定的，也就是说，法律以一定的原则加强对社会成员之间利益的协调和平衡是民法社会化的主要实现途径。

在理解社会本位的内涵时，有一个问题需要特别予以注意，即在认识权利本位和社会本位的关系时，不可将二者对立。人类社会的法律，向来都必须在社会整体稳定和个人利益保障之间求取平衡，不论是过于强调社会整体稳定而使个人利益完全无法保障，或是过于强调保障个人利益而危及社会稳定和秩序，都会使人类共同生活难以为继。因此，所谓"进化"关系的不同民法本位，只不过是因社会具体情况的不同，强调社会稳定和个人利益保障的因素会时有消长。社会本位之法虽由权利本位或曰个人本位之法进化而来，但绝非对前者的否定和取消，而只是修正和完善。社会本位之法强调社会利益，但仍然以保障私权为最主要的任务，只不过为了更好地对全体社会成员的私权进行更完善的保护，部分限制了某些主体的私权而已；况且，如前所述，社会利益更多时候必须基于私权和私利益的冲突才能得到确定。因此，社会本位之法和权利本位之法一样，仍然是私权保障之法；只不过相比于近代民法的权利本位，其思考更加完善而已。反观学界的研究，无论是民国时期还是当今学界，都存在一种将二者对立的倾向。民国时期的法学家，出于时代需要和对社会利益的强调，常常将社会本位认定为权利本位的取代物和高级阶段；而在当今学界，法律史学学者在论及民国时期的社会本位立法时，皆认为在需要权利观念的培育和发扬时不能采社会本位之法（详见下文"研究缘起"部分），实际上是忽视了社会本位之法保障私权的功能；至于民法学界，虽然有权威学者指出社会本位之法仅为权利本位法制之调整而非义务本位法制之复活，但其同时又认为，当今中国民法以采权利本位和社会本位之结合为宜，[①] 实质上仍然是将二者视为两种事物。事实上，若意识到社会本位是权利本位的调整和完善（而非否定和取消），则二者关系类似于蝌蚪和青蛙的关系，同一种事物何谈结合呢？以上这些，都表明研究过程中理论的检讨非常必要。

与本书研究主题相关的另一个重要问题是民法社会化的过程面向。本来，民法社会化应是一个过程性较为明显的法律演进现象，即从个人

---

① 参见梁慧星《民法总论》第三版，法律出版社，2007，第42、43页。

（权利）本位的民法转向社会本位的民法；从法律理论而言，则是概念法学被社会法学扬弃、取代的过程。但因为近代中国法律与法律理论的发展总体上呈现出"紧迫移植"特征，权利本位的民法文本尚未颁行，社会本位的民法典已经面世；社会法学几乎在概念法学或分析法学传入中国的同时，零星地被国人所认识，然后二者并行，之后社会法学迅速取得主宰地位，这使得概念法学在中国好像只起到为社会法学发展准备基础知识的作用，并未形成持续普及权利观念的稳态。① 综上可以认为，近代中国并未出现一个清晰可见的从权利本位向社会本位自然过渡的环节，民法社会化的"过程"意义更多表现为社会本位理念对民法全面、迅速的主宰。因此，后文笔者讨论近代中国民法社会化问题时，除了法学理论等一些具有明显转向过程的问题，其他均直接阐述民法社会化的成果——社会本位的立法与司法，以此来展现近代中国民法社会化的特殊图景。

（二）近代中国民法

本书关注的是近代中国民法社会化问题。中国古代有无民法一直是学界争论的话题，见解纷纷，莫衷一是。② 但是自从清末修律以来，中国无论是形式还是实质上都有了民法，这是学界公认的事实。系统化的民法文本始于《大清民律草案》，该草案完成于清廷即将倾覆的 1911 年 9 月，虽未及颁行，但对中国民事立法有开创之功。《大清民律草案》仿效当时德国、日本民法起草，使所有权神圣、契约自由和过失责任等近代民法基本原则在中国民法尤其是财产法中生根发芽，并在一定程度上促成了权利观念、民法观念在中国社会的萌生和发扬；身分法部分即"亲属""继承"两编则注重保持中国固有的伦理习俗。北洋政府时期于 1925—1926 年完成过一部系统的《民律草案》，大抵由《大清民律草案》修订而来，财产法部分变动较少，身分法部分因斟酌现代法理和固有民俗关系的任务一直处于探索之中，并要参考民国建立十余年来社会实际情况的变化，故立法者费了较多心力，草案变动稍多，但该草案仍因政局原因未及颁行。当时的民事法源是以《大清现行刑律》"民事有效部

---

① 关于清末民国分析法学和社会法学理论在中国传播的详细情况，参见李平龙《中国近代法理学史研究（1901—1949）》，法律出版社，2015，第 116 页以下。

② 对这一问题的总结性研究，参见俞江《关于"古代中国有无民法问题"的再思考》，《现代法学》2001 年第 6 期。

分”为核心，包括民事特别法、习惯及法理的多元体系。① 直到南京国民政府成立、北伐完成，当时的政府和法律家合作，以立开新局的决心迅速出台了《中华民国民法》及相关民事法律法规。着眼于“民法社会化”这一主题，本书将分析对象聚焦于南京国民政府时期的民法，即以《中华民国民法》各编为中心的法律活动，包含立法、司法及其理论言说等诸多层面。将《中华民国民法》作为讨论的核心对象，不仅因为它是中国历史上第一部正式颁行的民法典，也因为它集 20 世纪二三十年代流行于中国社会的社会本位立法理念之大成。就时间范围来说，虽然《中华民国民法》各编自 1929 年开始才陆续公布，但理论准备和司法探索的开展则要更早一些。故此，本书从南京国民政府建立的 1927 年开始考察，终点则为国民党法统在大陆覆灭的 1949 年。

需要注意的是，本书将《中华民国民法》作为近代中国民法的中心，同时意味着所谓“民法”并不限于这样一部民法典，而是泛指规范民事关系的法律。这就涉及民法的法源问题。按照学界通说，民法的法源是一个以民法典为中心的庞大体系，除民法典之外，民事单行法或曰特别法、行政机关关于民事关系的命令、条约及习惯、判决例、法理等皆属民法的表现形式。② 本书所谓“民法”，亦是就上述法源而言的。成文法方面，不仅包括作为民法典的《中华民国民法》，还包括《土地法》《劳动法》《工厂法》等单行法中的民事规则；不成文法方面则以当时最高法院的判解为中心，之所以如此，是基于民国最高法院在法律实践中的特殊地位。“在吾国法制，最高法院之判例，在法律上原无拘束下级法院之效力。但关于成文法律之解释适用，习惯之是否有效，法理之是否妥适，均可上诉第三审。设如下级法院违反判例，虽非违法，但必遭废弃。故事实上最高法院之判例，多为下级法院所遵从。”③ 可见，最高法院在成文法的解释适用、习惯是否有效及法理是否妥当等重要问题上作出的判断，因为其最高审级地位，对下级法院具有实际上的拘束力。由

① 当时法源中的“法理”除了法律学说、原理，还包括两部《民律草案》、判例及外国立法例等。参见黄源盛《中国法史导论》，广西师范大学出版社，2014，第 409 页。
② 参见王伯琦《民法总则》，台北编译馆，1963，第 3 ~ 9 页；史尚宽《民法总论》，中国政法大学出版社，2000，第 8 ~ 10 页；梁慧星《民法总论》第三版，法律出版社，2007，第 25 ~ 30 页。
③ 王伯琦：《民法总则》，台北编译馆，1963，第 8 页。

此，最高法院的判例不仅是习惯、法理等民法法源发生效用的必经途径，而且实际上和立法一样，具有创设规则的重要作用。在最高法院的司法实践中，法官们也认识到了这一点，并且以这种作用为期许决定自己的审判活动。"每一判例之成立，无不作原则性之论断，而憬憧于将来发生之事件，事实上为下级法院采纳适用"①，这种客观地位和法官们有意识的努力，使最高法院判解在民法社会化进程中具有不可替代的作用。

在此可能有一个问题会引起疑问，即将《土地法》《劳动法》《工厂法》等视为民事特别法是否妥当？在当今中国，因为"社会法"尤其是"经济法"的大行其道，这些法律的归属变得模糊不清，归属的争议无疑会影响人们对其法律性质的认识。② 笔者无意对民法、"社会法"和"经济法"的争论作出全面研讨，这不但对于本书的论点展开没有必要，而且也超出了笔者的能力。然而，由于立法者对某种法律关系的定位是其法律意识和立法思想实践的直接结果，出于探寻立法者意图和展现法律思想特征的需要，对上述法律与民事法律的关系逐一甄别仍有其积极意义。民国时期，随着法学理论和立法技术的发展，同时受"民法社会化"或"私法公法化"潮流影响，许多规范民事法律关系、在传统上属于民事性质的法律规则已经不止存在于民法典中，也在《土地法》《工厂法》《劳动法》等所谓的"社会法"中大量出现，如规范租佃、劳动契约等关系的法律。这些法律规则相较于传统民法或私法，确实有其特殊之处，最显著的就是国家公权力对私法法律关系的干预大为增强，这也是支持所谓"社会法"和"经济法"试图侵蚀甚至部分取代民法者所持的最有力的理由。"民法"、"社会法"及"经济法"这些法律概念，究其实质，是一种对人类社会法律现象的知识学解释。对原有概念的内涵及外延提出质疑，试图以新概念取代旧概念，是认为新的社会现象无法被纳入原有概念所承载的解释系统中。具体到上述概念而言，主张"社会法"或"经济法"的研究者无非认为：随着法律社会化潮流汹涌而至，国家公权力对私法法律关系的干预大为增强，传统属于民事范畴的某些法律关系已经无法保持其私法自治的特性，因而需要以新概念来

---

① 王伯琦：《民法总则》，台北编译馆，1963，第8页。
② 笔者在与同人讨论的时候就遇到这个问题，有同人见我将《土地法》作为"近代民法"的一部分进行讨论，就提出疑问："《土地法》不是属于经济法的吗？"

进行解释。然而，正如上述，这种试图以新概念取代旧概念的努力，其正当性的获得，仅在于对新的社会现象无法被纳入原有概念所承载的解释系统中这一事实的确认。换言之，出现的"新"现象必须是原有概念所无法涵盖的，若能在原有概念的解释系统中得到有效阐释，则新概念产生的必要性和正当性实在大可怀疑。关于民法与"社会法"和"经济法"的关系，正可以此来进行检视。在这一点上，日本著名法学家美浓部达吉先生已经进行了卓有成效的工作。在其出版于 20 世纪 30 年代初的名著《公法与私法》中，美浓部达吉先生有效回应了"公法私法化"或曰"法律社会化"潮流之下对公、私法二元划分的否定论，并希望在护持住"公法"与"私法"这一基本区分的同时，能立基于这一对概念，对新的法律现象作出较为系统的解释。① 美浓部达吉先生并未否认20 世纪以来国家公权力加强对私法领域的干预这种法律现象，但对于由此而产生的试图超越"公法"和"私法"的"社会法"呼声，他并不赞同。按照美浓部达吉先生的认识，所谓"社会法"中诸如国家干涉契约自由的内容等条文，只不过是同一法条内规定了当事人同时应向国家和他方当事人承担义务的多种内容。这种法律的性质，属于单一法条上公法和私法二重规定的并存和结合，并非在公、私法之外开辟了第三领域。可见，所谓"社会法"持之甚坚的国家干涉私法法律关系等"新"现象，只不过是原有的公法法律关系和私法法律关系在同一法条中的结合。将这些"新"现象分解为公法和私法两种法律关系，完全可以使其得到有效解释。因此，"社会法"等新法律概念产生的正当性就值得怀疑。

笔者并无意参与民法与"社会法"或"经济法"论争中的任何一方，上述阐释也只是为了从美浓部达吉先生的论证中得到启发：在认识法律规则的性质时，不必拘泥于法典的整体性质，而应当具体分析法律规则所设置的主体之间的权利义务关系，以法律关系的实质为准。公、私法律关系分明的法律规则自不待言，在单一法条中公法和私法二重规定并存和结合时，则要具体分析。举例来说，劳动法关于最低工资的规定，实质上是工厂主或资本家同时向国家和劳动者承担了向劳动者提供特定数额劳动报酬的义务。若其违反该规定，则会向国家和劳动者承担

① 参见〔日〕美浓部达吉《公法与私法》，黄冯明译，中国政法大学出版社，2003。

不同的法律责任。前者为公法法律关系，后者为私法法律关系，则后者可纳入"民法"的考察范畴。再以民国时期的《土地法》为例，其内容大致包括土地所有权、土地登记、规划、征收征用和土地税等五项，后四项皆为行政法律关系，不可视为民法。第一项土地所有权则分为两种，一种为国家土地所有权，另一种为私人土地所有权。前者主要为公法关系，后者为私法关系，则后者可纳入"民法"的范畴。总之，对于"社会法"中的法律规则，皆需具体分析其法律关系的实质，属于私法法律关系者即可（或方可）纳入本书的论述对象范围。以刚性的法律部门划分画地为牢，不但可能遗漏一些对特定法律关系起重要作用的规则，也容易使对具体规则的讨论受到所谓部门法原理的不必要干扰，从而使以抽象的定性去取代应有的具体分析、笼统地谈论规则和规则之学的倾向迟迟无法得到改观。

二　研究缘起

社会利益和个人利益的协调一直是法律需要面对的重大问题。民法是人类社会生活的基本法律，自近代以来，对民法相关问题的合理处置尤为迫切和重要。从人类法律发展的进程来看，每一次法律本位的变迁，其实都是人类对社会利益和个人利益关系更加全面的思考。发端于20世纪初、至今仍然聚讼不已的"权利本位"与"社会本位"问题，正是这种不断思考的体现。民法为私权保障之法，其保护个人权利的价值取向长期以来已牢固树立；但自19世纪末开始，其保障社会公益的功能逐渐受到重视和强调，并兴起了"民法社会化"或曰"社会本位"思潮，由此产生了私权保障之法如何更好地处理个人权利与社会公益关系的问题。这一问题对民国时期乃至当下的中国皆有很强的现实意义。从传统时期到现代，个人权利在社会中从未被单独地作为一种价值解放出来，始终不足以抗衡"公"的名义。国家与社会合力形成的教育传统，向来将"社会利益"作为高于"个人利益"的价值，法律制度的设计也深受其影响。尽管社会利益及其制度载体在防止私权的短视方面有不可否认的正面功能，但也伴随一种风险，即"国家"和强势团体垄断社会利益的表达权和代表权，以社会利益的名义侵害公民权利以遂其私。民国时期的中国，由于历史环境的影响，政府和法律家在努力处理好个人权利和社会公益关系的同时，对社会公益给予了更多的强调；但因为市民社会基础缺失，前述风险表现得淋漓尽致，以至于社会本位立法本该具有的合理协调功能未得到充分发挥。对这一历史过程的再现，不但有助于立法者汲取个人权利和社会公益合理配置的经验，也可以对历史上社会本位的风险在当下"复出"的可能性保持足够的警惕。这就是本书的出发点所在。

童之伟教授在批评民国法学家对法律本位问题的研究时，曾指出一个普遍的缺陷，即对法律本位的讨论几乎完全脱离法律生活实际，"从来没人说清楚也没试图说清楚立法如何贯彻权利本位、义务本位或其他的本位，没提在适用法律的时候如何贯彻他们所选定的本位，更没有结合具体法律和具体案例来比较不同本位法律的实践后果。当然，也没有谁曾说清楚不同本位的法律到底有什么具体区别以及造成这种区别的具体机制"。① 从当今学界的研究状况来看，可以说这种局面仍无根本的改观。

相比于在当时产生的巨大影响，民国时期的法律（民法）本位问题在今天的法学研究中受到的重视较为有限。相关研究多是在论及民国民法的某一侧面时附带提及，其内容大致包括三个方面。其一是社会本位理念在民国民法中的表现，这也是相关成果最为集中的论题领域，该方面的研究成果如潘维和的《中国近代民法史》、王泽鉴的《民法五十年》、聂鑫的《财产权宪法化与近代中国社会本位立法》、张生的《近代中国民法法典化研究》、孟祥沛的《中日民法近代化比较研究——以近代民法典编纂为视野》、柴荣的《论民国时期的民法思想》、韩冰的《近代中国民法原则研究》。② 其中，韩冰的研究对社会本位理念与近代中国民法两者关系的讨论较为集中，系从诚实信用、所有权绝对、契约自由、过失责任几个法律原则在历次民法中的规定入手，分析在不同法律理念

---

① 童之伟：《20 世纪上半叶法本位研究之得失》，《法商研究》2000 年第 6 期。
② 参见潘维和《中国近代民法史》，台北汉林出版社，1982；王泽鉴《民法五十年》，载《民法学说与判例研究》第五册，作者自刊，1996；聂鑫《财产权宪法化与近代中国社会本位立法》，《中国社会科学》2016 年第 6 期；张生《近代中国民法法典化研究》，中国政法大学出版社，2004；孟祥沛《中日民法近代化比较研究——以近代民法典编纂为视野》，法律出版社，2006，第 112～115 页；柴荣《论民国时期的民法思想》，《河北学刊》2007 年第 1 期；韩冰《近代中国民法原则研究》，博士学位论文，中国政法大学，2007。

影响下各原则的内涵及规范变迁。在这些讨论中，社会本位对前述民法
原则的影响当然是重要内容，几大原则的变迁也是民法社会化的主要框
架。其二是对社会本位理念和中国固有民事法的关系进行探讨，尽管讨
论的深入程度较为有限，而且相对集中地论述了社会本位与中国固有民
事法的暗合，但这种研究毕竟已经更进一步，是对社会本位某些内在特
质的分析，有的研究也指出了社会本位理念和中国固有民事法在暗合背
后存在重大差异这样富有启发意义的事实。王伯琦、蔡枢衡两位先生是
这方面研究的先行者。早在 20 世纪中叶，他们就结合当时的法律实践情
况反思社会本位立法与中国社会的关系。王伯琦先生的观点集中于《近
代法律思潮与中国固有文化》一书，蔡枢衡先生的观点集中于《中国法
理自觉的发展》一书。① 两位先生通过研究社会本位法制在中国的落地
生根，不但分析了民国社会本位法制与中国固有文化的差异与暗合，并
在此基础上讨论了具有主体意识的中国法理学的建立问题。他们的研究
不仅是讨论中国近代民法社会化的成果，本身也已成为后人的研究对象。
当代学者在这方面的研究如张生的《民国初期民法的近代化》、朱勇主
编的《中国民法近代化研究》的第一章"私法原则与中国民法近代化"
（该章为朱勇教授撰写）。② 其三是对民国时期的社会本位立法进行评价，
该问题的讨论主要集中在民国社会本位法律是否具有现实依据和必要性。
对这个问题，研究者的回答以否定居多，主要理据为：民国时期中国未
经个人权利和自由的充分伸张，对社会本位并无迫切需求，民法社会化
只是基于理想和趋附西方法学理论的需要，因此是一种不合乎法律发展
规律和社会现实的做法。这方面的研究主要有李秀清的《20 世纪前期民
法新潮流与〈中华民国民法〉》、宋四辈的《近代中国民法的社会本位立
法简评》。③

　　现有研究的普遍特点首先是较为笼统和宏观，这种特征在论述范围

---

① 参见王伯琦《近代法律思潮与中国固有文化》，清华大学出版社，2005；蔡枢衡《中国
　　法理自觉的发展》，清华大学出版社，2005。
② 参见张生《民国初期民法的近代化》，中国政法大学出版社，2002；朱勇主编《中国民
　　法近代化研究》，中国政法大学出版社，2006。
③ 参见李秀清《20 世纪前期民法新潮流与〈中华民国民法〉》，《政法论坛》2002 年第 1
　　期；宋四辈《近代中国民法的社会本位立法简评》，《湘潭大学学报》（哲学社会科学
　　版）2004 年第 4 期。

的确定、论述方式和理论解释中皆有所体现。就论述范围而言，现有研究并非就某一种或几种民事法律制度展开分析和论述，而是对民法的总则、物权、债权各编进行全面的梳理和归纳，以论证民法社会化思潮影响下民国民法对所有权绝对、契约自由、过失责任三大原则的修正。由于论述范围较广，势必难以对每一种法律关系都进行深入论析，其论述方式一般不出以下模式：略述三大原则的内涵——然后指出"民国民法对该原则进行了修正，如民法第×××条规定……"。也就是说，仅仅是对民法社会化在法律条文里的表现进行归纳，且论述多停留在法律条文的列举，而对这些条文承载社会本位时的理念特色、立法技术、规则安排以及三者的结合方式等缺乏更细致的分析，从而正如童之伟教授批评的那样，也无法说清楚法律如何贯彻社会本位，可以说其价值主要在于指出民国民法的法律条文是受到民法社会化思潮影响的。而对于这一点，民国时期的法律人已经有了较为清楚的认识。以社会本位在民法中的体现为例，当时主持民法起草的傅秉常在一篇文章中即列举出了二十三处之多！① 这一事实表明，前述类型的研究超出前人之处或者说知识增量乏善可陈。此外，该类研究的笼统和宏观还表现在对社会本位法律的合理性进行评价时，都将社会本位作为一个整体进行评价，而未对社会本位理念下不同指向的功能效果作出具体和细致的区分。从知识增量角度而言，已有研究在认识论的反思方面也存在不足。最典型的体现在关于社会本位法律的评价方面。研究者多认为民国社会本位立法是基于理想和趋附西方法学理论，社会现实依据不足；中国当时并未经过个人权利充分发扬的阶段，因此需要"补课"，故权利（个人）本位才是合适的选择。然而，此类论断同样落入了趋附西方法学理论的窠臼。"义务本位—权利（个人）本位—社会本位"三阶段论是西方法律发展经验的总结，其运用到中国社会时同样表现出的是法学理论的性质而非规定性，某一法律本位在特定社会的正当性只有通过社会现实和社会需要的检验方能获得。因此，社会本位是否合理，关键在于是否合于当时中国社会的需要，而不是是否在中国完整再现了西方法律发展的线索。

当然，认为今日学者对民国时期民法社会化的研究失之笼统在某种

① 参见傅秉常《新民法与社会本位》，《中华法学杂志》第 1 卷第 2 期，1930。

程度上是一种苛求，因为这些研究关注的重点不在这个方面，论者大多是研究民法近代化（现代化）时将社会本位作为中国近代法律移植的一种表现而已。而且，上述研究无论存在何种可商榷的余地，都大大推进了对于近代中国民法理念的研究。在诸多与该问题有关的研究中，俞江教授以其博士论文为基础的著作《近代中国民法学中的私权理论》①值得特别注意。虽然同前述研究一样，俞著也并非专论这一问题，但该书以法学史或曰思想史为研究视角，对于本属法律思潮的社会本位理念而言，这样的研究比仅关注法律制度和法律条文更能触及根本，也能探讨更深层次的问题。该书有相当部分涉及民法社会化对近代中国民法思想和民法理论产生的影响，并通过深入考察西方私权理论的源与流，对社会本位理论本身进行了检讨，故此对近代中国语境下，这一理论在民法和民法学中的误用及由此导致的最终消解了民法和民法学的后果观察得入木三分，对于认识近代中国民法社会化潮流具有很高的价值。但对照童之伟教授的批判可见，俞著也不能说没有缺憾。最突出的是俞著仅限于民法学理论这个领域，且以人格权和财产权为对象，对于社会本位与近代中国社会语境的相合、民法在立法中如何表达社会利益、司法实践中如何以社会利益为依归并未论及。考虑到著作的论题限制，这些缺漏不足为俞著之病，却为后来者的研究留下了空间。

孔庆平的《个人或社会：民国时期法律本位之争》②是为数不多的对民国法律本位问题进行专题研究的成果，也是值得认真对待的研究成果。该文从学说史和思想史的角度进行阐述，对民国时期立法者和法律家关于社会本位的代表性观点作了较为详细的梳理和分析，富有启发意义。但该研究资料使用不尽周全，对资料的解读也不能使人免除疑问。最为突出的一个问题是，孔文将蔡枢衡、王伯琦两位先生列为当时对社会本位持否定意见的一方——因此才有所谓"法律本位之争"，但对蔡枢衡先生的著述细加研读可以看出，蔡枢衡先生并非反对社会本位，他固然指出了中国法律采社会本位的诸多弊端，但其认为社会本位是中国在半殖民地状态下唯一和适当的选择，而且，即使将来中国实现独立自

① 俞江：《近代中国民法学中的私权理论》，北京大学出版社，2003。
② 孔庆平：《个人或社会：民国时期法律本位之争》，《中外法学》2008 年第 6 期。

主，社会本位仍然是立法的必然选择；王伯琦先生对社会本位立法确实进行过批评，然而时间并非在民国民法典出台前后。事实上，早年的王伯琦先生也是赞成社会本位的，这在其翻译的《权利相对论》"译序"中有清楚的表达："个人主义或自由主义的法制，虽是人类自觉自尊的表征，但时至今日，已成末流，代之而兴的，是社会主义的法制。"① 王伯琦先生对社会本位进行反思是在晚年去台之后（1955 年左右），而此时的历史语境已经与民国民法典出台前后大不相同。孔文以王伯琦先生晚年的反思和 20 世纪二三十年代其他学者赞成社会本位的观点对举来分析民国时期的法律本位"论争"，忽视了时移势易，难免有不周之处。从现有资料来看，民国民法典出台前后，主流学者几乎是一边倒地支持社会本位。因此孔文基于蔡枢衡、王伯琦两位先生的言论所称之"论争"在很大程度上是虚拟的，这样导致的一个后果就是遮蔽了民国时期法律人对社会本位的一致推崇，在揭示民国法律思潮与社会形势两者关系上的意义时就受到了限制。

　　除了直接讨论近代中国民法社会化或社会本位的成果外，关于社会本位理论本身或民法本位的讨论可以说是本研究的基础性成果。这些成果笔者在上一个问题即探讨民法社会化内涵的过程中已多有提及。如民国至今各类民法学的通论性著述，法理学领域对法律本位问题的探究等，其理论价值也在题解中得到了展示。此处不再一一列举。

　　以往关于近代中国民法及民法社会化的研究，一方面为深入思考二者之间的关系提供了基础，使得新的研究必须超越简单的法条列举和现象描述才有意义；另一方面也在很大程度上提醒后来的研究者：社会化对民法的影响是全方位的，涵盖了总则、财产法和身分法等所有领域，就民事法律关系和私权而言，也包括了物权、债权、人格权、身份权等诸多类型，如果泛论社会本位和民事法律的关系，就会重新走上法条列举和现象描述的旧途，相对已有研究推进有限。而对每一种民法制度和社会本位的理念关联、立法技术、规则设定进行分析又是笔者的学养和本书的体量所难以承担的。因此，笔者拟在民事法律关系中选择永佃权和家庭制度作为主要分析对象，一方面是因为这两种民事关系间接涉及

① 〔法〕路易·若斯兰：《权利相对论》，王伯琦译，中国法制出版社，2006，"译序"。

了财产法和身分法的大部分内容，以此展开讨论便于表现民法的整体风貌；另一方面限定讨论的对象，可以保留对民事规则进行精确分析和刻画的可能性。当然，在这两种法律关系之外，体现民法社会化理念的内容尚有不少，也不可不置一词。笔者拟在概括前人论述的基础上，主要阐释各项制度的立法目的。如此则既能相对全面研究，又不致使其变成简单列举的重复性工作。

三　研究方法与资料

1. 法律社会史方法

法律社会史方法是近年来受到法史学界普遍重视和推崇的一种研究路径。传统法律史研究只注重国家颁布的法典律例，重在对立法过程和法典内容进行事实描述，法律社会史在扬弃这种范式的基础上，重点关注法律和社会二者的关系，主张法律史研究不但应注意法律条文，更应该注意"法律条文产生的动因是什么，实际功能有多大，实践的效果如何，哪些因素在影响法律的功能的发挥，也就是说法律面值的实际购买力究竟有多大"。[①] 法律社会史注重分析社会变迁与法律变迁的历史互动，就研究目的来讲更为理性，超越了以往找出从古到今所谓法律演进规律的努力，既不一味地寻求古今法制的某些皮相式联系以证明许多现代法律"古已有之"，也不将其作为古代法律对当代社会有影响的证据来强调法律史的重要性。法律社会史的优点在于，它能使研究者在分析历史上包括法律在内的诸多社会因素之交错互动后，跳出以往仅仅囿于法律本身结构中来思考问题的窠臼，获得一种分析的方法，并运用由此获得的分析能力，在面对其他任何社会现实（包括当今中国社会）时，都可以综合考量法律在特定社会中的作用及其限度。这一研究路径在考察中国法政问题时更具有突出意义，因为在中国传统中，法律向来只是"政事之一端"；即使进入近代，历代政府表面上皆表示服膺法治国家理论，但是法律尤其是民法的制定，首先是政治思想问题，其次才是法律问题。因此，在研究中国历史上的法律时，把法律认定为一个自洽性的规则体系、仅从法律体系内部进行分析是不恰当的，必须与其他社会因

---

① 参见张仁善《中国法律社会史的理论视野》，《南京大学法律评论》2001 年春季号。

素尤其是政治因素结合考察。具体到本书的论述对象,民法社会化是一种法律思潮,不能孤立地讨论其本身或仅讨论其与立法的关系。应当看到,法律思想往往只是某一时期占主流地位的社会思潮在法律领域内的体现,故此对民法社会化的讨论也要将其置于社会思潮和决定社会思潮的社会环境中来进行分析。此外,作为一种得到实践的法律思想,对其通过立法和司法对社会所发挥的作用也必须加以考察,方能对民法社会化和民国法律及民国社会的互动关系有更为全面的认识。

2. 规范分析方法

法学是规则之学,规则或曰规范分析方法是最基本的研究方法。规则分析是对组成规则的概念和术语、规则的类型(属于第一性规则还是第二性规则,二者的技术形态与功能差别如何)、多个规则组成的规范的结构(假定、处理、制裁)、规范的内容(法律关系主体、权利义务内容、法律关系客体)、规范的组合(规范的制度形态)、规范的体系化(规范、制度的整合乃至法典化)等问题进行语义的、逻辑的考察。立法是法律规则创设的最主要途径,是将规则基于价值或逻辑的理由经过整合后以语言形态确立到法典中的活动。可见,规则可以说是法律的基本单位,只有对其进行深入细致的分析,才可以通过法律条文中的制度安排理解立法者的法律思想和立法意图,而且也可以揭示立法者在贯彻立法意图时所运用的立法技术并由此对立法水平进行评估。本书中笔者将民国民法物权编中的永佃权制度和亲属编中的家庭制度作为分析对象,力图超越以往法条列举式的研究套路,对规范内容、规范组合、规范体系化进行语义、逻辑和规范效果的考察,展现社会本位理念对民国民法具体制度的影响,并说明民事规则在贯彻社会本位理念时所表现出的新风貌。

3. 比较方法

比较方法的运用,对于表现本书的论题和论点具有极为重要的意义。本书将社会本位取向下对社会利益的重视认定为民国民法的特点,而特点只有通过与其他同类事物的对比方能体现。诚如童之伟教授在批评民国学者的研究时指出的那样,民国学者未能对不同本位下法律的特征加以对照,从而也就不能清楚地说明某种法律本位的特质。有鉴于此,本书在论及近代中国民法社会化的立法理念、制度设计和司法实践时,会与同时期他国法律及清末和北洋政府时期的法律进行比较,力图使民国民法的社会本位取向得到鲜明体现。

本书的研究资料，除了前文所述的当今学界主要研究成果外，还包括大量中国近代的法律文本，主要有：近代历次民事立法的法条、立法理由书及相关立法资料；北洋政府时期大理院的判例和解释例；南京国民政府时期最高法院的判解例和地方法院的判例；民国时期地政方面的官方文件、民国时期进行的社会调查汇编等。除此之外，民国学者以及赓续民国传统的台湾学者之相关著作也被纳入研究对象范围。这不仅因为这些法学著作的见解对于理解民国法律文本有直接帮助，也因为民国法律人的见解是当时社会法律意识的重要体现。考虑到民法学说在法律史研究中长期没有像在民法研究中那样得到重视，这一点就更加值得强调。诚如俞江教授所言，民法学家在研究中大多喜欢谈论"一说"、"二说"直至"N说"，但其实这种讨论更多应该属于法律史的工作范畴。"因为，这些不同的'某说'，大多是从古罗马到中世纪再到近代社会以来，在民法学中层积下来的各个时代的社会关系和社会规则的反映，以及不同时代的法学家在思考同时代出现的社会问题时，在自身所处的时代局限中对这些问题的思考或解释。"因此，作为一种社会解释的学说，其讨论的意义在于：①如果某一过去的社会关系仍然存在于新的社会，那么，在新的社会条件里，它是否有新的现象，以及能否有新的解释？②如果某一社会关系已经不存在于新的社会，那么，是否有新的社会关系代替它，并且在这一社会关系中的规则体系如何？③除了这些社会关系之外，法律家还面临哪些无法在书本里看到的新的社会现象（包括社会关系和社会规则）？唯有对这些问题进行解答，讨论"某说"对于法学而言才是有意义的。① 可见，法律史对民法学说的重视可以使这些学说在社会关系解释和古今融通方面获得意义，从而使我们能够更加清楚地认识法律在特定社会条件下的作用及其限度。同时，本书的研究还少量涉及了今日台湾学者的著作和台湾地区的规定，之所以如此，是想通过"从过去看现在"（梁治平语）的视角，以今日法律的变迁来反观当时立法的得失利弊。

---

① 参见俞江《历史深处看规则——论规则作为法学研究的中心》，《法制与社会发展》2008年第1期。

第一章　近代民法社会化的理论资源

南京国民政府时期的民法体系是民法社会化的结果，这意味着，民法处理群体与个人的关系时，在规则安排上采取的是社会本位的价值取向。需要指出，民法的规则安排虽然是遵守民法理论的体系性和逻辑性的结果（尤其在民国民法所服膺的潘德克顿体系下），但民法从来不是仅凭内部体系建构就可以形成的。价值判断是民法的灵魂，而民法在特定社会环境下作出的价值判断，是民法反映当时社会思想潮流的结果，如自由、平等、博爱、人权与拿破仑法典的关系便是如此。这种情形在近代中国也不能例外，甚至表现得更加明显。因为在中国传统中，法律向来只是"政事之一端"，服务于主流意识形态目的；即使进入近代，民法典的制定也首先是一个政治思想问题，其次才是法律问题。民国时期的民法社会化思潮，是当时风行于中国社会的整体主义或曰全体主义思潮的组成部分，可以说是这种笼罩全社会的思潮在法律领域的具体反映。整体主义思潮在中国传统文化中即已强势存在，进入近代，又被中国思想界出于救亡图存的目的加以强化；到了南京国民政府时期，经过国民党政治哲学的"现代性"转化，终于成为官方倡导的主流价值观。与此同时，在西学东渐的文化背景下，西方社会法学思想的传入又为其提供了强劲的理论支撑，这些共同构成了民国民法社会化的理论资源。

第一节　"本土资源"

——整体主义与国家社会本位

民法变迁中是"社会本位"还是"个人本位"，究其实质，是人类社会古已有之的如何处理群体与个体关系的问题，中国古代思想家已对这一问题进行了较多思考。从在中国古代居于主流地位的儒家思想脉络来看，侧重群体的整体主义可以说是一以贯之的共识。

一　传统整体主义及其近代赓续

（一）传统中国的整体主义

从传统中国的主流价值体系来看，古人构建起的是一种主张个体意志和个体利益对群体，特别是王权国家绝对服从的思想观念体系，即所谓"整体主义"。这种整体主义价值体系以以下三方面的认识为主要内容。

1. 群己问题

群己问题讨论的是作为存在体的个人与群体的关系问题。中国传统哲学在发端时期就在理论上凸显了"合群"对于人类生存的意义，这一点是通过对人性问题的辨析阐发的。在儒家看来，群体的存在，首先是保证个体维持生命存在的基本物质条件，其次是提供个体存在的意义，即使得个体的人和禽兽区别开来。相比较而言，后一种意义更为根本。孔子将"仁"及其外在体现——"礼"视为人之所以为人的根本，本身就包含了对人的合群性的高度看重。孟子认为人之所以异于禽兽，在于人心中有"善端"，即"恻隐之心"、"是非之心"、"羞恶之心"和"辞让之心"。在孟子看来，这些善端是人类天生不同于禽兽的心理结构，对人而言是普遍的，但又是微弱的，需要"养"或扩充、发展才能保持并完善。这种思想意味着将道德抽象化为一种绝对的力量，并将这种抽象的道德视为维持群体存在和群体秩序的根基。[①]荀子对合群之意义的论证更加直观和系统。他认为人与动物的区别在于能不能"群"，且这正是人胜过动物的原因："人力不若牛，走不若马，牛马为用，何也？人能群，彼不能群也。"（《荀子·王制》）而"群"的关键从内在方面说在于"义"，即道德；从外在方面说在于"分"，即秩序。[②]相比于孔子和孟子，荀子对"群"的理解具有两个突出特点。其一是"群"首先被定位为一种征服自然并使人得以生存的社会组织形式，而不仅仅具有人伦意义，由于人能"群"，故能"制天命而用之"。其二是王权的代表即君主在荀子关于"群"的理论中具有特殊地位："君者，善群也。"（《荀

---

① 刘晓虹：《从群体原则到整体主义——中国传统价值体系中的群己观探析》，《文史哲》2002 年第 4 期。

② 刘晓虹：《中国近代群己观变革探析》，复旦大学出版社，2001，第 17 页。

子·王制》）"群而无分则争，争则乱，乱则穷矣。故无分者，人之大害也；有分者，天下之本利也，而人君者，所以管分之枢要也。"（《荀子·富国》）在荀子看来，君主尤其是"圣王"不仅是群体的代表，而且是群体之所以为群体的保证。从以上论述可见，儒家将道德作为人之本性而立论，强调个体因为获得社会之"义"才成为人类文化群体的一分子，指出了人的群体对人所创建的文化世界具有决定性的作用。

2. 公私问题

公私问题讨论的是群体之利和个体之利的优先序位问题，是群己之辨的展开形式。因为在逻辑上，从肯定"群"的优越价值到寻求群体整合的有效方式，必须假定群体有着整体的或共同的利益。公私之辨正是立足于此。在传统中国的价值观念中，"公"对"私"始终包含着公正对偏邪的正义性，[①]"扬公废私"的论调居于主流地位。"私"在中国古代典籍中一直寓有贬义，如《说文解字》中，私的古字为"厶"，有奸邪之意，所指为自营；而"背私为公"，"公"代表着群体的共同利益。儒家认为，无私是天地万物的根本法则，所谓"天无私覆，地无私载，日月无私照。奉斯三者，以劳天下，此之谓三无私"（《礼记·孔子闲居》）。正统思想的另一源头——法家的代表人物韩非子则对"私便"和"公利"作出如下界定："匹夫有私便，人主有公利。不作而养足，不仕而名显，此私便也；息文学而明法度，塞私便而一功劳，此公利也。"（《韩非子·八说》）可见，"私便"是人的欲望或曰人好逸恶劳的劣根性，"公利"则是国家整体利益所在，因此这种"除私便、兴公利"的观念得到历代统治者提倡。程朱理学兴起之后，"私"被等同于"非礼"，"灭私立公"的论调极端化发展。理学家将"公"与"私"的关系转化为"天理"和"人欲"的对立关系，认为天理是万物的本体和人之为人的本质；而个体作为一种生命存在，是一种缺乏性或者有欲望的存在，并且这种欲望有不断扩张的本性，若不对其加以限制，群体的存在便无法维持。[②]因此，作为人欲的化身，"私"往往与小人联系，"公"则是君子所为。朱熹曰："君子小人趣向不同，公私之间而已。"又曰：

① 〔日〕沟口雄三：《"公"的概念在中国和日本的区别》，冉毅译，《船山学刊》1999 年第 2 期。

② 刘晓虹：《中国近代群己观变革探析》，复旦大学出版社，2001，第 30 页。

"君子小人所为不同，如阴阳昼夜，每每相反。然究所以分，则在公私之际，毫厘之差耳。"因此，为了达到"仁"，必须对私"日日克之，不以为难，则私欲净尽，天理流行，而仁不可胜用矣"；同时必须立公，"公不可谓之仁，但公而无私便是仁"，"仁是爱底道理，公是仁底道理。故公则仁，仁则爱"，"公却是仁发处。无公，则仁行不得"。① 简言之，能做到灭绝私欲，使天理即"公"流行，这便是仁义。

3. 义利问题

义利问题在古代主要指思想道德与物质利益、道义追求与现实利害的关系，从上述儒家将道德作为人的合群性基础之论说来看，义利观也是群体与个体关系的展开形式，是在群己问题和公私问题的基础之上讨论个人应当如何对待自身权利与整体利益的关系问题。"义"是群体之利的表现，"利"与"义"相对，是指个体之利。义与利的对立也即"社会利益"与"个人利益"的对立。② 在中国古代正统意识形态中，重义轻利居于主流地位。孔子提出"君子喻于义，小人喻于利"，他把追求义看作君子才有的崇高品德，义是君子处事的最高标准，"君子之于天下也，无适也，无莫也，义之与比"（《论语·里仁》）；舍义求利是君子不屑为之事，"不义而富且贵，于我如浮云"（《论语·述而》）。孟子也认为一切行为必须以义为准绳，"大人者，言不必信，行不必果，惟义所在"（《孟子·离娄下》）；各种社会角色都应当去利求义，这是关系到国家兴盛的大事，"为人臣者，怀仁义以事其君；为人子者，怀仁义以事其父；为人弟者，怀仁义以事其兄。是君臣、父子、兄弟去利，怀仁义以相接也，然而不王者，未之有也"（《孟子·告子下》）；如果求利则"上下交征利而国危矣"（《孟子·梁惠王》）。董仲舒通过论证义与利对人的不同作用继承发展了孔孟的思想。他认为，义和利的观念是人与生俱来的，但二者地位不同，"利以养其体，义以养其心。心不得义不能乐，体不得利不能安。义者，心之养也；利者，体之养也。体莫贵于心，故养莫重于义。义之养生人大于利"（《春秋繁露》）。义养人心，利养人体，对有教养的人而言，心显然重于体，故义重于利。这一论断在统治者的

---

① （宋）黎靖德编《朱子语类》第一册，杨绳其、周娴君点校，岳麓书社，1997，第105～106页。

② 赵璐：《中国近代义利观研究》，中国社会科学出版社，2007，第229页。

推崇之下，成为传统正统思想的重要内容。程朱理学的道义论义利观，将传统重义轻利的倾向极端化发展为义利对立论。如公和私的关系一样，义利关系亦被转化为天理与人欲的对立："义者，天理之所宜；利者，人情之所欲"，"仁义根于人心之固有，天理之公也；利心生于物我之相形，人欲之私也。循天理，则不求利而自无不利。徇人欲，则求利未得而害已随之"。① 因此必须存天理而灭人欲，也即兴义去利。同时，按照程朱理学的看法，义与利二者往往不可兼顾，"计利则害义"。② 追求功利的思想——无论是公利还是私利——几乎全被否定。

传统社会的主流价值体系以道德立论，强调个体因为获得社会之"义"才成为人类文化群体的一分子，揭示了人类社会和自然界的区别，有其重要的认识论价值。同时，从社会现实来说，社会角色的要求对于个体而言是先在的，个体只有通过社会化才能融入群体作为社会的一分子而存在；个体的社会角色，就是个体对社会所承担的责任与义务的表现，为了实现社会的公平与正义，个体之间的角色必须加以社会化的整合。从这个方面来说，整体主义又具有社会学意义上的合理性。

然而，儒家强烈的道德关注虽然并不缺乏对个人及其自我实现的重视，但根本上是以对群体秩序的关怀为目标的，个体的独立价值和存在意义被否定，仅仅从"对整体具有特定功能"的角度被理解和定位，从而只是实现"整体利益"的工具或手段。同时，儒家出于道德考虑对圣王的推崇，其逻辑发展的必然结果是确认圣王在社会生活中的道德主宰地位，个体完全丧失了作出任何道德选择的自由，只剩下绝对的服从义务。③ 换言之，个人修养有别于动物的自身道德，其最终目的是确立社会秩序，而圣王则是秩序的载体。君主或曰王权由此在现实生存需要和道德思想两个层面获得了崇高性，成为个人生命的最高目的。这种取向因为合乎统治者的需要而被确立为官方哲学并加以维护和宣扬，同时又在家族主义的社会结构中不断得到强化。在家族主义之下，个人并不具有独立的个体地位和自身价值，每个人不过是宗法家族网络上一个固定的点，扮演固定的社会角色。他不是属于自己的人，也不成为独立的个

---

① （宋）朱熹集注《四书集注》，陈成国标点，岳麓书社，2004，第231页。
② （宋）朱熹集注《四书集注》，陈成国标点，岳麓书社，2004，第124页。
③ 刘晓虹：《中国近代群己观变革探析》，复旦大学出版社，2001，第167页。

体。等级制度和礼教纲常，使个体既无意志自由，也无独立人格，只能沦为封建家长和专制帝王的附庸和奴仆。① 简言之，个体并无独立的价值，其价值必须在与其他社会个体的相互关系中得到定位。个体是作为社会关系网中的一员而获得意义的，只有在完成社会赋予它的角色之后方能得到社会的承认。至此，个体的意义几乎完全被抹杀，个人的人格得不到确立，其利益的保护更是无本之木，争取正当权利也成了个人卑劣欲望的体现。同时，对群体和个人这种"公正—偏邪"的两分，也使"公与私、义与利必然对立不相容"成为逻辑上必然的结论。

（二）整体主义的近代赓续

进入中国近代，由于西学东渐所引发的民智渐开，加上先进的中国人痛于国难谋求变革的主动采撷，社会上曾经开展过一段对于整体主义思想传统的反正活动。梁启超曾直指传统整体主义的实质："一人为钢，万夫为柔。其所以为群者，在强制而不在公意。"② 并痛陈发扬个人人格的重要性："中国数千年之腐败，其祸极于今日，推其大原，皆必自奴隶性来，不除此性，中国万不能立于世界万国之间。而自由云者，正使人知其本性，而不受钳制于他人。今日非施此药，万不能愈此病。"③ 关于公、私的问题，也出现了为"私"正名的呐喊，"盖私之一念，由天赋而非人为者也"；国人"务求国权日益伸，民力日益涨……是岂有他哉，亦由于自私自利之一念……可爱哉私也"；并由此重新定位公和私的关系，"私之云者，公之母也；私之至焉，公之至也"。④ 由于"私"被认定为"公"的源头，个人权利由此获得了部分正当性："一部分之权利，合之即为全体之权利；一私人之权利思想，积之即为一国家之权利思想。故欲养成此思想，必自个人始。"⑤ 先进的中国人看到了传统群体本位导致国民奴隶性甚深的弊端，故主张发扬"私"、提倡个人自由来消除这一痼弊，使国民的个人人格能够确立。但同时亦可看出，他们在谈及这

---

① 刘晓虹：《中国近代群己观变革探析》，复旦大学出版社，2001，第 70 页。
② 张品兴主编《梁启超全集》第三卷，北京出版社，1999，第 694 页。
③ 丁文江、赵丰田编《梁启超年谱长编》，上海人民出版社，1983，第 235 页。
④ 张枬、王忍之编《辛亥革命前十年间时论选集》第一卷，生活·读书·新知三联书店，1960，第 492～495 页。
⑤ 梁启超：《饮冰室合集》第六册，中华书局，1989，第 36 页。

一问题时，无不以国家之自立自强立论，"私"也是从对"公"的意义这一角度得到肯定，这已经含有将个人人格和自由作为强国手段的倾向。也就是说，"西学东渐"过程中还未来得及对整体主义进行彻底反思和清算，团体高于个人的价值又重新得到了确立。这种思潮的代表人物有严复和梁启超两位近代思想巨擘。

严复认为，人类进化的历史就是"群与群争"的过程，为此，能"群"就成为对人类的必然要求。"天演之事，将使能群者存，不群者灭；善群者存，不善群者灭"；"善保群者，常利于存；不善保群者，常邻于灭，此真无可如何之势也"。① 当时中国处于危急存亡之秋，群体的重要性胜过个人是毫无疑问的。故此不应该再按照斯宾塞等人主张的"完全自由基础上的个人幸福"这种西方式自由观来启蒙民众，否则群体生存亦不能保，"夫苟其民契需徇愁，各奋其私，则其群将涣。以将涣之群，而与鸷悍多智、爱国保种之民遇，小则房辱，大则灭亡"；② "自营甚者必侈于自由，自由侈则侵，侵则争，争则群涣；群涣则人道所恃以为存者去。故曰自营大行，群道息而人种灭也"。③ 他认为倡扬群体自由是今日要务："特观吾国今处之形，则小己自由，尚非所急，而所以袪异族之侵横，求有立于天地之间，斯真刻不容缓之事。故所急者，乃国群自由，非小己自由也。"④ 为此，在严复那里，作为启蒙最重要概念之一的自由就得到了新的定义："外对于邻敌，为独立之民群，此全体之自由也；内对于法律，为平等之民庶，此政令之自由也。"⑤ 这里完全回避了经典意义上自由所指的每个人都必须被允许按自己意志行动这层内涵，其最终落脚到"自由之者，团结之自由，非个人之自由也"这一结论。也许是意识到将自由与个人割裂而加诸群体之上与经典启蒙理论扞格太甚，为了减少这种冲突感，他进一步论证道："小己自由，非今日之所急，而以合力图强，杜远敌人觊觎侵暴，为自存之至计……故所急者，国群自由，非小己自由也。"⑥ 也就是说，个人本应当有自由，但出于今

① 王栻主编《严复集》第五册，中华书局，1986，第 1347、1394 页。
② 王栻主编《严复集》第一册，中华书局，1986，第 18 页。
③ 王栻主编《严复集》第五册，中华书局，1986，第 1346 页。
④ 王栻主编《严复集》第四册，中华书局，1986，第 981 页。
⑤ 王栻主编《严复集》第二册，中华书局，1986，第 241 页。
⑥ 王栻主编《严复集》第四册，中华书局，1986，第 985 页。

日中国的特殊情形，团体自由更应当被放在首要位置。这种理论虽然还没有否定个人自由，但将个人自由的重要性后置于国群自由，其必然的逻辑发展是个人自由在大写的"国群自由"面前失去正当性，个人仍然只能将国家群体的利益作为决定进退行止的终极价值，在有利于国群自由这一最高标准下，个人为群体需要牺牲自身自由乃应有之义，"盖惟一群之中，人人以损己益群，为性分中最要之一事，夫而后其群有以合而不散，而日以强大也"；① "今之所急者，非自由也，而在人人减损自由，而以利国善群为职志"。②

梁启超将"利群"与人类进化联系起来予以阐发，他认为历史进化的主体是"群"而非个人："欲求进化之迹，必于人群，使人人析而独立，则进化终不可期，而历史终不可起。盖人类进化云者，一群之进也，非一人之进也。"③ 且能群与否是进化过程中优胜劣汰的决定性因素，"自然淘汰之结果，劣者不得不败，而让优者以独胜云尔。优劣之道不一端，而能群与不能群，实为其总源"。④ 他借介绍颉德的进化论断定，社会之进化以人类全体之未来利益为目的，因此不可不牺牲个人以利社会，不可不牺牲现在以利将来。基于人类历史"群"而进化、"群"而优胜的现实，梁启超认为，"利群"是人类社会道德的本原："道德之精神，未有不自一群之利益而生者；苟反于此精神，虽至善者，时或变为至恶矣。"同时，"利群"也是人类社会其他规则的本原，"公德之大目的，既在利群，而万千条理即由是生焉"。⑤ 作为社会成员，个人必须有公共观念和"合群之德"，有公共观念者，"常不惜牺牲其私益之一部分，以拥护公益，其甚者或乃牺牲其现在私益之全部分以拥护未来公益"。⑥ "合群之德"则要求"以一身对于一群，常肯绌身而就群；以小群对于大群，常肯绌小群而就大群"。这点对于中国尤其重要，因为国人最缺乏公共观念和"合群之德"，"一群之内，错乱而绝无规则，凡桥梁河道墟市道路以至一切群内之事，皆极其纷杂芜乱，如散沙，如乱丝，如失律

---

① 王栻主编《严复集》第五册，中华书局，1986，第1388～1389页。
② 王栻主编《严复集》第二册，中华书局，1986，第337页。
③ 葛懋春、蒋俊编选《梁启超哲学思想论文选》，北京大学出版社，1984，第106页。
④ 张品兴主编《梁启超全集》第三卷，北京出版社，1999，第693页。
⑤ 张品兴主编《梁启超全集》第三卷，北京出版社，1999，第662页。
⑥ 张品兴主编《梁启超全集》第三卷，北京出版社，1999，第694页。

败军，如泥中斗兽，从无一人奋起而整理之。一府如是，一县如是，一乡一族亦罔不如是"。① 因此必须大力提倡"绌身而就群"的"合群之德"，"夫然后能合内部固有之群，以敌外部来侵之群"。②

可以看出，同严复的论证理路如出一辙，梁启超亦从社会进化论入手，着眼于国家自立自强来认识群体和个人的关系，虽未否认个人人格和自由，但认为就中国现实而言，实现个人人格独立和个人自由并非今日急务，因此其最终结论也与严复大致相同。梁启超强调团体自由对个人自由的先在性，"人不能离开团体而自生存，团体不保其自由，则将有外团体自外而侵之、压之、夺之，则个人之自由更何有也"；③ 且得出"团体之公益，与个人之私利，时相枘凿而不可得兼也，则不可不牺牲个人之私利，以保持团体之公益"④ 的结论，这几乎是传统公私义利对立论的延续。

中国传统的整体主义价值体系延续到近代，在先进的中国人那里受到了批判，其痼弊也得到了某种程度的揭示。但很快，启蒙思想家们又转向了群体本位。从较直观的意义上说，这首先与他们对国人现实任务的体认有关。严复和梁启超乃近代中国思想界的巨擘，他们不遗余力地对传统中国各种痼弊进行批判，痛斥传统整体主义哲学，主张打破束缚，发扬个人人格和自由。之所以掉转枪口、似与中国传统政治哲学如出一辙地主张"绌身而就群"，主要是认可救亡图存乃当今第一要务，个人自由非当下所急，梁启超更指出国人缺乏公共观念，因此需倡导"合群之德"。这在他们的论述中表达甚明，已如前述。

就中层意义而言，启蒙思想家的这种转向来自某些社会乱象带来的认识上的误区。近代国人痛感传统社会对个人的束缚与压制，故大力倡扬个人独立，自由与权利等价值也被鼓呼，但其效果不尽如人意。如对人的解放具有本原意义的自由，被相当多的国人理解为"任便而行，毫无拘束之意。充其类则肆意杀人亦可谓之自由，恣意行淫亦可谓之自由，欲抢掠亦可谓之自由，凡出于吾心之所欲，必使偿之而后快皆可谓之自

---

① 王德峰编选《国性与民德——梁启超文选》，上海远东出版社，1995，第 90 页。
② 葛懋春、蒋俊编选《梁启超哲学思想论文选》，北京大学出版社，1984，第 49 页。
③ 梁启超：《饮冰室合集》第六册，中华书局，1989，第 49 页。
④ 王德峰编选《国性与民德——梁启超文选》，上海远东出版社，1995，第 89 页。

由"。① 如此一来，思想家们欲倡扬的个人主义（individualism）实际上在中国社会变成了利己主义（egolism），"利己主义是跟世界同样古老的一种恶习，它的出现与社会属于什么形态无涉"。② 而个人主义是民主主义的产物，其核心观念为主张一切价值均以人为中心，个人本身就是目的，社会是达到个人幸福的手段；一切个人在道义上皆为平等，任何人都不应该被作为他人获得幸福的工具或手段。③ 利己主义横行，遮蔽了自由等启蒙观念本应具有的价值，反而使社会出现了有识之士一致痛斥的人人争利、秩序荡然的局面，这种现实使启蒙思想家们产生了情绪上的反感和认识上的误区，认为国人的问题不在于不自由而在于太过自由，进而把个人的独立性与独立的个人相混淆，在排斥后者的同时一并排斥了前者。他们反感个人主义在中国被等同于利己主义的现实，故个人主义走向其反面即群体本位成为必然结果。④

整体主义在近代得到赓续还有更深层次的原因。对整体主义的彻底批判和清算必须通过一场全社会的启蒙运动方能实现，由于挽救民族危亡和社会革命的紧迫任务，启蒙在人的解放和发展这一终极目的上的意义被忽略甚至是遮蔽掉了，其意义在更大程度上仅限于实现理想社会的工具价值。同时，就近代中国发展的世界环境而言，西方思想界对个人主义的反思已经兴起，并且对中国的政治哲学产生了影响，⑤ 这使得当时要获得群体和个人关系的最合理认识，必须对传统整体主义和近代个人主义实现双重超越。然而，对于缺乏启蒙价值积淀的国人，是否有足够的智识资源来实现这种超越尚存疑问，更何况中国近代的历史环境并没有给他们留下从容思考的时间与空间。与此相反，着眼于救亡的政治

---

① 《自由辨》，《大公报》（天津版）1903 年 7 月 11 日。

② 〔法〕托克维尔：《论美国的民主》下卷，董果良译，商务印书馆，1988，第 625 页。

③ 中国大百科全书出版社《简明不列颠百科全书》编辑部译编《简明不列颠百科全书》第三卷，中国大百科全书出版社，1985，第 406 页。

④ 关于这个问题，梁启超的观点可能是一个难得的例外，梁氏正确认识了个人独立性与营私的区别，并指出独立性与合群不冲突。"独立之反面依赖也，非合群；合群之反面营私也，非独立也"；可以"以独立而扶其群，……以群而扶其独"。不过，梁氏最终也走上了以国权立论的道路。参见葛懋春、蒋俊编选《梁启超哲学思想论文选》，北京大学出版社，1984，第 50 页。

⑤ 关于这方面情况的详细阐述，参见郭湛波《近五十年中国思想史》，岳麓书社，2013，第 143、175 页。

革命不仅被彰显，而且逐渐被神化为终极价值，启蒙则成为服务于革命目标的一个工具。中国的进步思想家以启蒙运动以来倡导的个人自由和个人权利思想为武器，猛烈批判封建专制对人的禁锢和残害，是为了实现革命目标。这种对个人自由和个人权利工具性的运用，使中国思想家未能对其深层次意义进行清醒的思考，也就不可能将其作为终极价值去认识；同时由于近代中国革命的对外性这一面向，出于挽救国家民族的考虑，国内社会革命的目标也不知不觉发生了偏移，革命的倡行者在以实现国人的解放和自由为目的时，更多地把眼光投向了国民全体；社会革命本应具有的个体关怀转向群体关怀，由谋求个人自由和权利转向对国民凝聚力和实现有效动员之权威的追求，这种定位不仅使得启蒙无法起到唤醒个人权利与自由的作用，也同样让革命在实现人的解放与发展这个终极目标时，意义明显受到了限制。其最终结果是，一方面因为缺乏有效的启蒙，整体主义的流毒无法清除；另一方面由于以民族革命和社会革命为首要任务，因此整体主义能够起到加强凝聚力的作用而被有意无意地加以保留甚至发扬，这就使得近代中国的社会思潮仍然以群体本位为其最显著的特征。

但是，如果认为近代中国的群体本位相比于传统中国因袭未改，则抹杀了近代思想家的努力和功绩。就其中最关键的问题而言，整体主义作为一种传统的价值观念原则，不只是作为道德规范而存在，其贯穿于封建的政治法律思想并通过现实化为制度性的存在，[①] 因而成为封建君权以整体利益的代表者自居、统驭万民的价值支柱。但在中国近代，封建君权作为以往群体代表的虚假面具被思想家们拆穿，"知君之与民同为一群之中之一人"，[②] 因此群体之利已经不是传统体制下君权的利益，而是国家、民族意义上的利益，始终以国家、民族为依归。当然，在主权国家时代，国家的实体是政府，政府也有可能像君主一样垄断整体利益的名义，从后来的实际来看，这种风险也曾经化为现实，但这是政治现实操作中的曲折，已经不是进步思想家们追求国家民族群体利益的本意了。近代中国思想家虽然大力倡扬群体本位，但他们通过伸张国权为民

① 刘晓虹：《中国近代群己观变革探析》，复旦大学出版社，2001，第230页。
② 葛懋春、蒋俊编选《梁启超哲学思想论文选》，北京大学出版社，1984，第11页。

族、国人谋自由解放的真诚态度是不容怀疑的，仍然值得后人敬仰。

二　南京国民政府的国家社会本位政治哲学

中国近代民法社会化的另一思想资源来自政权的意识形态权威。由于近代中国民事立法事业中包含了较多的政治寄托，所以南京国民政府时期掌握政权的国民党也将自身的政治哲学灌注到民法理念之中。这就是国家社会本位。国家社会本位的政治哲学是救亡图存的历史主旋律在国民政府时期的集中体现，其在理论上以孙中山的民生史观为基石。民生史观将人类求生存视为历史发展的动力和重心，认为调和大多数人的利益、实现"大多数有利益"是社会进化的原因，进化所依循的法则为人类的"合群互助"。① 正是基于对"合群互助"的强调，国民党将国家社会本位奉为政治哲学，并产生了有别于西方权利本位的法律哲学观念。国民党的政治法律哲学体系由孙中山创建，掌握南京国民政府权力的蒋介石和领导立法事业的胡汉民进行后续阐发。下文即以他们三位的论述为线索，将国家社会本位政治哲学归纳为以下三方面内容。

（一）　国群本位的自由观

关于自由，国家社会本位政治哲学认为"国家自由，不但比个人自由重要，而且个人自由，应该为国家自由而牺牲"，此方为"合理的自由"。② 在孙中山看来，从理论上讲，维持秩序的力量和个人自由的力量是社会政治生活中两股相互对峙的力量，必须保持平衡。就中国现实而言，必须限制或牺牲个人自由以争取国家的自由独立。因为近代以来，中国受帝国主义列强压迫，失去了独立自主的地位，"不只是半殖民地，实在已成了次殖民地"，③ 其原因就是个人自由一向太多，"中国自古以来，虽无自由之名，而有自由之实，并且是很充分"，以致成为"一片散沙"且"放荡不羁"。④ 因此，自由"万不可用到个人上去，要用到国家上去，个人不可太过自由，国家要保完全自由"。要恢复国家自由，就

① 《孙中山选集》下卷，人民出版社，1956，第765～787页。
② 蒋介石：《国民参政会的任务》，载《先总统蒋公全集》，台北"中国文化大学"，1984，第1162页。
③ 《孙中山选集》下卷，人民出版社，1956，第690页。
④ 孙中山：《三民主义》，中国长安出版社，2011，第93页、86页。

要集合众人的自由形成一个很坚固的团体，"到了国家能够行动自由，中国便是强盛国家。要这样做去，便要大家牺牲自由"。① 胡汉民亦认定国民革命的目的是"求中国整个民族的自由平等"，"并非只求一部分的自由平等"；中国人要争自由，"应将个人自由纳入团体之中"，寻求"团体之自由"和"国家之自由"。② 只要国家、社会有了自由，个人就必然获得了自由。并且即使革命结束之后，要维护整个社会的自由秩序，也必须以法律来约束个人自由。因为自由"若出了法定的界限之外，便是放纵恣肆。人人如可以放纵恣肆，必至于强欺弱，众暴寡。人人谨守法定的限界，始可以达到人人都有自由的境域"。③ 胡汉民认为，"中国所以不能自由平等，就是由于国内散沙的自由太多，而受法律所取缔、所保护，在法律范围以内的自由太不充分"。因此他认为现在"为多数人的自由来取缔少数人的自由，是法律最大的要求"；"法律是求正义上的自由而消灭一切不适当、不道理的自由；法律是求整个的真实永久的自由而消灭一切零碎的、彼此相抵消的自由"。④ 为了达到这个目的，立法的价值取向就必须强调社会整体利益和团体价值。

（二）重群体轻个人的权利观

孙中山强调，法律的本质和最高目的是维护国民全体的共同利益，即法律首先保护者，非私人之利益，而是公共之利益；立法不能以个人权利本位为原则，而应以社会利益本位为原则。为了否定个人权利本位的理论基础，孙中山对西方资产阶级"天赋人权"理论进行了批判。孙中山认为，根据民生史观，人类最大的事实是社会整体的共同生存，脱离社会存在的抽象自然人是没有的，个人的社会地位和各项权利都来自社会生活的实际。故此，主张个人权利是自然天赋、与生俱来的观点，违背了人的社会性和互助性，纯粹是非科学的无稽之谈；同时，"天赋人权"过分强调个人权利的至高无上性，颠倒了社会与个人权利的主次关

---

① 《孙中山选集》下卷，人民出版社，1956，第 689~690 页。
② 胡汉民：《法律与自由》，载《胡汉民先生文集》第四册，台北"中央文物供应社"，1978，第 807~809 页。
③ 蒋介石：《中国之命运》，载《先总统蒋公全集》，台北"中国文化大学"，1984，第175 页。
④ 胡汉民：《法律与自由》，载《胡汉民先生文集》第四册，台北"中央文物供应社"，1978，第 807~809 页。

系，使法律仅仅注重保护个人权利，在实践上使竞争取代互助，弱肉强食盛行，私利损害公利，个人主义战胜集体主义，已在西方社会引发贫富悬殊、阶级斗争激化、社会秩序混乱等恶果。① 因此，基于谋求社会共同生活的需要，在处理社会团体和个人权利的关系时，法律要以维护社会团体的共同权利为基点和目标，以团体把握个体，在社会团体权利实现的基础上促进个体权利的实现；当二者发生冲突时，法律必须坚持抑制个人利益，维护团体利益。

胡汉民则认为，个人权利是为社会生活和民族生存而有的，不是为个人的生活或生存而有的。个人在法律上有无人的资格、权利是否得到认可，完全以是否有益于社会为判断标准。"法律上所以要承认生命财产之安全，这完全由于为社会的安全，不是纯粹为个人的安全。社会的生存寄托在个人身上，社会的财产寄托在个人身上，社会的利益也寄托在个人身上，为了这个缘故，所以个人才须受法律的保障。换言之，法律之所以必须规范乃至干涉个人之生命财产和利益，盖因每个人的生命财产和利益，乃社会的生命财产和利益之一部。"② 也就是说，个人权利可以受法律保障，但保护个人权利本身并不是法律的目的，而是因为个人权利是社会利益的载体。社会利益是本体，个人权利是"化身"。从这个论断出发，胡汉民认为在处理二者关系时，法律必须以维护国家社会的整体利益为目的，认清楚群体与个体主次首从的关系；当二者发生冲突时，法律应积极地维护前者而限制后者。

（三）义务先在的社会义务本位观

就个人权利和义务的关系而言，国家社会本位政治哲学首先重视的是个人的义务。按照孙中山的观点，由于个人不能脱离社会而独立生存，个人的权利、地位实由社会承认其为一分子而来，所以个人要享有权利，首先应尽国民一分子的社会义务。③ "共和国人民，权利义务，二者是相

---

① 乔丛启：《社会义务本位法律观——孙中山法律思想的核心内容》，《中外法学》1989年第2期。

② 胡汉民：《三民主义之立法精义与立法方针》，载《胡汉民先生文集》第四册，台北"中央文物供应社"，1978，第788页。

③ 参见乔丛启《社会义务本位法律观——孙中山法律思想的核心内容》，《中外法学》1989年第2期。

当的……所以国民能尽义务，方能算得国民，不尽义务，就不能算个国民。"① 人人"必当尽义务，乃得享权利；不尽义务者，停止一切权利"。②胡汉民则明确提出个人义务先于个人权利。他首先根据集体权利高于个人权利的大原则认为，个人离开社会，无所谓权利义务，社会是个人权利义务的源泉。而"社会对于个人权利承认之条件，亦只可较量其对于社会所尽义务之程度，而认其相当权利。断无对于社会绝不须尽义务，而能有单纯的权利之存在也"。③ 另外，他认为个人义务先于个人权利是人类历史演进至今的必然要求。胡汉民根据民生史观，将历史划分为原始生活时代、奴隶制时代、资本自由竞争时代及社会共同生活时代四个阶段，并认定现代社会为社会共同生活阶段。④ 在社会共同生存阶段，国家和社会不是单个人的机械结合，而是高于个人之上的有机整体，个人的生存、地位、权利皆因为社会的生活、民族的生存、国家的存在而确立，故对于社会有一种先在的义务。具体而言，"个人对于社会，先尽一分子之能力，始能由社会享受一分子之利益；富者主张其财产权之前，须为社会共同利益而尽其利用财产之义务。劳动者于主张其人格之前，亦须为社会共同利益而尽力发现其人格之义务。富者非因其私欲，须因社会共同利益而利用其财产，社会始承认其权利之存在。恰如劳动者不能懒惰，须为社会而利用其劳动，社会始承认其权利之主张"。⑤ 可以看出，国家社会本位政治哲学并不否认个人权利，但是更注重个人的义务；法律承认某个人为国民、赋予并保护其个人权利，必须以他为国家、社会尽其义务为前提，甚至权利本身也是个人对社会所负的义务；个人必须先尽义务以促进集体权利的实现，进而以集体把握个体，个体权利才能得到保障。

国家社会本位的政治哲学形成于近代救亡图存的大环境中，从产生

---

① 《孙中山全集》第二卷，中华书局，1982，第525页。

② 《孙中山全集》第五卷，中华书局，1985，第221页。

③ 胡汉民：《社会生活之进化与三民主义的立法》，载《胡汉民先生文集》第四册，台北"中央文物供应社"，1978，第801页。

④ 参见胡汉民《社会生活之进化与三民主义的立法》，载《胡汉民先生文集》第四册，台北"中央文物供应社"，1978，第794页。

⑤ 胡汉民：《社会生活之进化与三民主义的立法》，载《胡汉民先生文集》第四册，台北"中央文物供应社"，1978，第796页。

之初就以挽救危亡为己任，最终目的是求国家自由和民族独立，故其着眼点是增强国人凝聚力，适应内外政治斗争的需要。虽然国民党和孙中山的政治理论来源于西方式民主宪政设计，但在孙中山等人看来，与欧美革命主要争自由不同，"中国革命要重团结"，这就要求国人"随时随地要能严守纪律，服从命令"。① 在对"纪律"的渴求下，个人自由和权利并未得到应有的阐扬，始终被纳入国家、民族、社会整体利益的框架中进行定位。作为这种哲学基础的民生史观，强调法律的人性基础是人的社会性和互助性。社会团体的共同生存和幸福是个人生存与幸福的前提和保障，个人的地位与权利寓于社会秩序和全体利益之中，人类社会进化的原则不是竞争，而是互助，应谋求利益之调和。② 故此在孙中山的论述中，从不抽象地说"人"，而代之以有组织、有团体的"民"；从不泛言个人的政治经济权利，而强调社会整体意义的民权和民生，以整体把握个体。因此，人类社会的法律就应确立与人的社会性和互助性相应的原则，以保障和促进民生、维持人类社会为目的。

国民党国家社会本位的政治哲学之形成，无疑是多方面因素使然。救亡图存的现实任务，使其强调"团结"的行动逻辑；与共产党的政权竞争，又推动其强调"合群互助"来对抗阶级斗争学说。作为一个形式上现代化的政党以及政权实体，它又需要从西方社会文化中获取部分资源来装点其现代性。在诸多因素作用下，国民党选择了三民主义的意识形态，从中国文化传统、民族独立和现代性多个层面强调整体利益的价值，从而对南京国民政府时期的民法体系产生了深远影响。

第二节　西风沐及

——西方社会法学理论

19 世纪末兴起于西方的法律社会化运动，是一个跨越国界的法律思潮，对 20 世纪初以来许多国家的法律思想和实践产生了重大影响，包括中国在内。不过，相较于其他方面中国对西方文化的被动移植，这一思

---

① 蒋介石：《中国青年之责任》，载《先总统蒋公全集》，台北"中国文化大学"，1984，第 980、2022 页。

② 《孙中山选集》上卷，人民出版社，1956，第 142 页。

潮却不无特殊之处，中国并非在这一思潮的波及下方才有社会利益的表达和追求。如前所述，近代以来的中国思想界及国民党的意识形态，一直强调社会整体利益的优位性，这是社会本位理念在南京国民政府时期得到推崇的内在原因。可以说，不同于法律近代化进程的整体移植性特征，就追求社会整体利益这一点而言，中国法律具有某种程度的"原发性"；然而即使如此，源自西方的法律社会化理论对中国民法社会化的重要性是不容低估的。这不但是因为，民法社会化思潮作为一种西方先进理论，它的传入令主张社会整体利益的本土诉求增强了说服力，使得社会共识更易形成（至少在政府和法学家层面），而且就技术层面而言，国民党的意识形态更多是一种政治宣示，对法律的影响是间接的，与法律规则的生成尚有距离。西方的法律社会化思潮，产生于成熟的近代民法制度和学说的基础上，因而更具专业性，为中国意识形态在法律领域的贯彻提供了思路和榜样。正如民国的学者认为的那样，法律社会化"其归结处在于置重共同生活之圆满，与平等、博爱之观念既不背驰，与民生主义之论旨复相契合，则此学派之在我国，其具有重要之意义更属不言而喻，窃意于立法、适用两方面皆无异于饥者之于食矣"。① 可见，西方社会法学理论在中国政治哲学贯彻到民法的过程中，于立法、司法皆有不可替代的借鉴作用。故有梳理西方法律社会化理论源流之必要。

一 理论缘起——权利本位之法弊端凸现

法律社会化是对权利本位民法进行完善和修正的过程，它包含法律学说与法律实践两个层面，且这两个层面相互影响和促进。在学说领域表现为社会法学对传统概念法学的批判，在实践领域则是对以概念法学为基础的近代民法诸原则的修正。这一法律理论和法律实践的变迁进程，被我国民法学家梁慧星称为"从近代民法到现代民法"的过程。

近代民法的理论基础为概念法学。概念法学与欧陆国家尤其是法国民法典和德国民法典的产生有着密切联系，其理论主张的要点可概括如下。其一，在法源问题上，独尊国家制定的成文法，特别是法典，亦即

① 〔日〕牧野英一：《法律上之进化与进步》，朱广文译，中国政法大学出版社，2003，"弁言"第2～3页。

以国家的制定法为唯一法源，排斥习惯法和判例。其二，强调法律体系具有逻辑自足性，即认为无论社会生活中发生什么案件，均可依逻辑方法从现有的法律体系获得解决，不承认法律有漏洞。其三，对于法律解释，着重于形式逻辑的操作，即强调文义解释和体系解释方法，排除解释者对具体案件的利益衡量及目的考量。其四，否定法官的能动作用，将法官视为适用法律的机械，只能对立法者所制定的法规作三段论的逻辑操作，遇有疑义时亦应以立法者意思为依归，否定司法活动的造法功能。其五，认为法学系纯粹的理论认识活动，不具有实践的性质，无须进行价值判断。①

　　从概念法学的上述特征来看，其理论主张多属法律方法问题，似与价值判断无涉，而且宣称要把价值判断清扫出法学研究的领地是其重要主张。以概念法学的主要来源之一——德国的潘德克顿法学为例，该学派由历史法学派发展而来，萨维尼的理论为其滥觞，到萨维尼的学生普赫塔，乃正式转向概念法学。根据普赫塔的认识，私法学应该以罗马法为榜样，建立一个精密的概念金字塔，法律应当具有高度体系性和逻辑一贯性，因此他非常重视逻辑在法律中的作用。他认为，将法律分析成许多法律概念、法律准则或较为一般性的规定，通过分析、归纳及演绎等方法，可以导出一般原理原则，构成一个上下之间层次分明、逻辑严密的法律秩序的体系。遇到任何法律问题，只需将有关的法律概念纳入这一体系中，归纳演绎一番，即可获得解答，此与数学家以数字及抽象的符号按照公式为纯粹形式的操作其实并无不同。正如耶林所批判的那样："对逻辑性的渴求使得法学变成了法律数学（legal mathematics），这个错误源于对法律的误解。生活不是为了概念的目的而存在，相反，概念却要为了生活的目的。不是逻辑被赋予存在的权利，而是生活、社会关系、正义的感觉所要求的东西才有存在的权利——逻辑的必要性和可能性并不是最重要的。"② 潘德克顿法学的集大成者为参与德国民法典编纂的温德沙伊德，温德沙伊德进一步将整个罗马法体系予以重构，认为

①　参见梁慧星《20 世纪民法学思潮回顾》，《中国社会科学院研究生院学报》1995 年第 1 期。

②　Peter Stein, *Roman in European History*, Cambridge University Press, 1999, p. 121, 转引自朱晓喆《耶林的思想转型与现代民法社会化思潮的兴起》，《浙江学刊》2008 年第 5 期。

原始的罗马法完美无缺，层次井然且极富体系性，许多法律规定相互对称，合乎公平原则，值得继受。温氏认为，法官之职责，乃在根据法律所建立的概念体系，作逻辑推演，遇有疑义时，则应探求立法者当时所存在的意思予以解决。要求解释，均应以立法者当时的意思为依归。而法学者的任务，亦集中于法律解释，其作风与中世纪之注释学派大同小异，即用法条构成明晰的概念，然后建立严密的逻辑体系，法官执法之际，尽可从概念堆里取之用之即已足够，无须于法条之外另事他求。

　　从表面上看，概念法学主张法学理论拒绝价值判断，然而究其实质，且不说无论何种法学研究皆有其"前见"，拒绝价值判断为不可能之事；就概念法学的法律主张观之，其声称拒绝价值判断亦只是虚晃一枪。作为近代民法的理论基础，无论是德国的潘德克顿法学，还是法国注释学派，皆有其内在的价值取向，正是这些价值取向决定了近代民法的风貌和特质。德国民法典以潘德克顿体系为灵魂，而谁也不能否认的是，这部民法典包含着一个主观权利体系，私权的保护被视为民法的首要任务，因而它必须贯彻私法自治原则和自由主义思想。正如温德沙伊德本人所说："法律为每一个意志创造了一个他人的意志不得入侵的主宰领域。法律首先是对人们自由的确认而不是限制自由。"① 可见，自由意志论被潘德克顿法学家带入了民法典，成为民法规则的基石。至于概念法学的另一来源——法国注释学派以 1804 年拿破仑法典为出发点而兴起，其认为现实中发生的或可能发生的一切问题，均可从民法典求得解决之道，鼓吹法典崇拜，法典之外无法源。然而该学派以孟德斯鸠之学说为理论依据，自始就带有启蒙的自由主义之特色；② 又将被视为传统自由主义结晶的法国民法典推崇到至高无上的地位，其拥护自由主义的立场不言自明。于是概念法学的理论特质就非常明晰了：它其实带有经典的自由主义色彩，主观权利体系、私法自治、重视私权皆为其理论基石。而之所以宣称不把价值判断作为法学研究的内容，只是因为在近代民法典制定

---

① Michael John, *Politics and the Law in Late Nineteenth-Century Germany：The Origins of the Civil Code*, Clarendon Press, Oxford, 1989, p. 85, 转引自朱晓喆《耶林的思想转型与现代民法社会化思潮的兴起》，《浙江学刊》2008 年第 5 期。

② 参见梁慧星《20 世纪民法学思潮回顾》，《中国社会科学院研究生院学报》1995 年第 1 期。

以后，从启蒙时代就一直被宣扬的"保护个人自由和个人权利是法律的最主要任务"这一价值判断已经牢固树立，以这种价值判断为基础的法律制度建构也已完成。故此，声称不涉及价值判断，其实质是维护既有的价值，即在自由主义思想下所建立起来的一切价值和制度。

　　概念法学的理论特质即如上述，以其作为理论基础的近代民法，其经典自由主义的特征自然就非常明显。日本法学家北川善太郎从四个方面概括了近代民法的原则基础。[①] 其一，抽象的人格或曰自由平等的人格。近代民法对于民事主体，仅作极抽象的规定，不论其具体情况如男女老幼、贫富、文化程度、政治地位和经济实力的差别，也无论其是自然人或法人，皆平等地以民法上的"人"加以概括，权利能力一律平等。其二，财产权保护的绝对化。私人财产权是近代社会的基础，民法将私的财产权法律化，建立了以所有权为中心的物权制度，并对这些权利进行极为完全的保护，赋予其可对抗一切人的绝对性。以土地所有权为例，如果一块土地属于某人所有，则该土地上到高空、下到地心皆归其所有人支配，所有人可任意使用和处分，甚至可以让土地荒芜不耕、房屋闲置不用，任其破败下去，他人也不得干涉。其三，私法自治。私法自治是维持市场自由竞争的法律原则，契约自由是其最主要的表现形式。该原则表示，民事主体进行一切民事行为，皆取决于自己的独立意思，契约等重要的民事活动由独立、自由、平等的个人通过协商订立，不受国家和他人干涉。契约订立后具有同法律一样的效力。国家只在当事人发生纠纷请求裁决时才能介入，而且其裁决依据仍然是当事人的约定。其四，自己责任或曰责任自负。按照私法自治原则，所有民事活动由独立的个人根据自己的意思进行，如果因此发生损害，亦应由个人对自己的行为所造成的损害负责，并且仅限于自身意思存在故意或过失之行为造成的损害。这一原则的内涵是：个人为自己的行为负责，而不是由他人负责；自己也仅对自己的行为负责，而不对他人的行为负责。

　　上述四个原则统摄了近代民法的所有概念、原则和制度，是民法典的基石和支柱。它们使民事主体可以根据自己的意思，不受干涉地利用

---

① 参见梁慧星《从近代民法到现代民法法学思潮》，载梁慧星主编《从近代民法到现代民法——梁慧星先生主编之中国大陆法学思潮集》，中国法制出版社，2000，第173～174页。

自己的财产，平等地和他人进行市场交易，并只为自己的过错负责。这些理念，一言以蔽之曰"自由"，集中体现了启蒙运动以来所阐扬的价值。作为一个社会概念，"自由"所指涉的是人与人之间的关系，在古典自由主义那里，自由意味着只要不妨碍他人同样的权利，一切都是被允许的，自由是实现正义的必经之道；人的一切权利及其绝对性——不可损害、不可剥夺、不可替代——都来源于自由。可以看出，古典自由主义在对自由进行定义的时候，已经意识到了每个人的自由有妨碍他人自由的可能性。既然如此，为何近代民法并没有努力介入以减少自由冲突的可能性，而是认为加以极少的干涉，同样不至于让某些自由妨碍他人自由？这和近代民法对当时社会生活所作出的两个基本判断紧密相关。

第一个基本判断是民事主体的平等性。在当时不发达的商品经济下，民事法律关系的主体主要是农民、手工业者、小业主、小作坊主等，市场交易活动也主要在他们之间进行。这些主体的经济实力并无多大差别（尽管差异肯定存在），小业主、小作坊主也不像后来的大企业、大公司那样具有明显的优越地位，因此在当时社会经济格局中，生产与消费的分离以及生产者与消费者的对立表现得并不明显。所以立法者和法学家可以认定这些主体是平等的。第二个基本判断是民事主体的互换性。所谓互换性，是指民事主体在市场交易和民事活动中频繁地互换其位置，一个人在某个交易中作为出卖人与相对方发生交换关系，在另一个交易中可能会作为买受人与相对方发生交换关系。这一特性与当时的商品经济发展水平相适应，因为生产和消费的分离程度很有限，社会成员中的生产者同时也是消费者，消费者也同时是生产者，在不同的交易活动中其位置可能不断转换。平等性和互换性这两种特性是相辅相成的，因为经济实力基本平等，所以有互换的可能性和能力；因为可以互换，所以主体间本来就不甚显著的经济实力差别或者优势，会因为主体不断地互换其作为出卖方或买受方的地位而被抵消，大家都有可能作为卖方具有优势地位，也都有可能作为买方而处于不利地位，就整个社会而言是平等的。[①] 这两个基本判断是近代民法诸原则的基石，也是民法自由主义

---

① 参见梁慧星《从近代民法到现代民法法学思潮》，载梁慧星主编《从近代民法到现代民法——梁慧星先生主编之中国大陆法学思潮集》，中国法制出版社，2000，第 169 ~ 170 页。

的依据。具体而言，因为主体具有平等性和互换性，所以法律不必对各主体的具体情形如男女、贫富、强弱作出细致的区分，只需将其抽象为"人"，平等对待即可；国家不必担心某些主体利用自己的优势地位来对其他主体的意思进行强制，可以采取自由放任的态度，让当事人根据自己的自由意思进行平等协商以决定双方的权利义务关系。这就是契约自由。民事主体在民事活动中若不具有故意或过失，即使对他人造成损害结果也不必负责，似乎对受害人而言有失公正；但因为主体具有互换性，此损害结果的受害人在其他场合也可能因无过错而对自己行为造成的损害免责，就整体而言还是公平的。这就是过失责任或曰自己责任原则的合理性所在。

可以看出，正是基于对社会生活所作出的这两个基本判断，作为近代民法支柱的所有权绝对、契约自由和过失责任等三大原则才获得了合理性，从而使古典自由主义理念得到了充分的法律实现，这就是法学家所谓的权利本位时期。在这一时期，通过法国民法典和德国民法典的颁行，个人自由和个人权利得到法律的坚实保障，获得解放的市民阶层能够充分发挥自己的智慧和能力，在谋求自身利益的同时也促进了社会生产力的极大发展，从而使资本主义在经济上创造了前所未有的辉煌。这也可以确证，近代民法的这两个基本判断大致符合当时社会的实情。

然而，这两个基本判断带有明显的时代特征，它们和立基于它们之上的近代民法一样，在确立之时其内部已经蕴含了否定自身的因素。换言之，若是平等性和互换性这两个基本判断不再合于社会现实，则以之为基础的近代民法自然就有修正的必要，而这正是19世纪末以来社会发展的现实情况。

19世纪末以来，随着被近代民法所解放的人类的经济生活迅猛发展，近代民法赖以确立的平等性和互换性已经基本丧失，出现了严重的两极分化和对立。这种对立集中表现为两个方面：其一是生产者与消费者的对立；其二是企业主与劳动者的对立。就前者而言，由于生产组织形式的变革，生产者已经由昔日的手工业者和小作坊主变成了现代化的企业，它们拥有强大的经济实力，在市场交易中和单个的消费者相比处于明显的优势地位；而且由于社会分工的高度细化和生产过程的复杂化，作为生产者的企业只负责生产和销售，并不和消费者互换位置，甚至不和消费者发生直接的契约关系，消费者也没有和其互换位置的能力。在市场交易中，消费者不但经济实力远弱于生产者，而且在产品信息的获取上也完全处于盲目状态，任生产者和销售者摆布。双方之间的关系已经成为一种支配与被支配的关系，平等和互换再也无法实现。就企业主与劳动者的分化和对立而言，在自由主义支配下的市场竞争中，财富逐渐集中到少数"强有力的智者"手中，他们坐拥强大的经济力量，大量劳动者和贫民只能走进工厂，靠出卖自身劳动力维持生存，双方经济力量既不平等，互换的可能性更是微乎其微，正如日本法学家冈村司指责的那样："职工分散孤立，奔波四方以求职务。加以工厂制造大兴，资本家建设大工厂，使用数千职工，用机器制造货物，以低价收买劳力，使昼夜服务，破人肝脑，损人筋骨，惟身家之利是求。多数职工一日不得工资，则不免饿死，故苟得生活之资，虽条件如何苛酷，亦不能不接受。"① 双方关系变成一种劳动者受企业主支配的关系。社会生活已经发生剧烈变化，近代民法基于平等性和互换性而建立起来的规则大厦，势必不能如过去一样稳固。权利本位取向下的保护所有权、契约自由、过失责任等原则，名义上仍属平等保护，然而落实到社会中，已经变成了对有产者的保护和对弱者的抛弃，由此引起严重的社会问题，使整个法律秩序处于不安之中。在这种情况下，对近代民法进行修正就成为实现社会正义的必然要求。

二　社会利益法学的代表人物及其学说

正如美国社会法学派的代表人物庞德指出的那样，法律社会化这场近代民法的重大变革，始于法理学上对权利与利益关系的重新界定。② 可见，法律学说和思想的嬗变对法律社会化的实践具有重大影响。反思、批判近代民法及其学说是法律社会化的必经之路，这一工作是由社会法学派完成的。

西方社会法学派广布于德、法、美等国，后来又传入东方的日本，时间跨度较大，旗下分支众多，如目的法学、自由法学、利益法学、社

---

① 〔日〕冈村司：《民法与社会主义》，刘仁航、张铭慈译，中国政法大学出版社，2003，第88页。

② 参见〔美〕罗斯科·庞德《法理学》第一卷，余履雪译，法律出版社，2007，第355页。

会连带主义法学等，其理论侧重点也不尽一致，但在法律的目的、法律所保护的利益等重要问题上看法大致相同。① 这种核心观点的共通使得社会法学派尽管流派纷繁，但仍可找出一条一以贯之的理论主线。对于20世纪上半叶的中国，这条主线的代表人物为耶林、狄骥、庞德三位西方法学家。三位社会法学巨子的学术思想对近代中国法律思想影响很大。耶林的《为权利而斗争》（时译《权利竞争论》）1900年即被译为中文，载于当时中国留日学生主办的《译书汇编》。不到两年后，上海文明编译印书馆再次重译印行。王传璧在1926年的《法律评论》杂志上发表了《社会法学派袁龄氏学案》，对耶林的法律思想进行了总括性介绍。1947年，潘汉典先生再次翻译《为权利而斗争》（时译《权利斗争论》）并发表于《大公报》。② 其著述在近代中国的持久影响力可见一斑。狄骥的观点在20世纪20年代末被留法学者撰文介绍，③ 集中反映其私法社会化思想的著作《拿破仑法典以来私法的普通变迁》④ 也在30年代得以翻译出版，对中国法学家影响甚大。庞德的社会法学思想亦于20世纪二三十年代传入中国，受到学界的热烈追捧。20年代后商务印书馆陆续出版了庞德的《社会法理学论略》（陆鼎揆译、吴经熊作序）、《法学肄言》（雷沛鸿译）和《法学史》（雷宾南译）等著作。此后，庞德又担任国民政府的顾问为中国法律改革建言，其学术影响在中国更是无与伦比。

在社会法学诸子中，耶林是开风气之先并对社会法学诸流派兴起有重大影响的法学家。耶林对社会本位理论的贡献主要有二。其一是方法论方面，耶林之前的欧洲法律思想家，要么认为法律是先验自然法的复制品（自然法学），要么将法律的起源诉诸模糊的民族精神（历史法学），要么将法律视为主权者的命令（分析法学），均未能触及法律的利益本质。耶林以现实主义的眼光审视法律在社会中的实际效用，将法律和权利的本质界定为调整人与人之间利益关系的工具，从而使法律的社会效果成为法学家关注的对象。其二是价值观层面，耶林认为法律的终

---

① 参见王献平《西方社会法学初识》，《中国社会科学院研究生院学报》1985年第3期。

② 参见〔德〕耶林《为权利而斗争》，郑永流译，法律出版社，2012，"译后记"。

③ 参见章渊若《狄骥氏的私法革新论：从主观的玄学的个人主义的法制，演成客观的实际的社会主义的法制》，《东方杂志》第26卷18号，1929，载何勤华、李秀清主编《民国法学论文精粹》第一卷，法律出版社，2003，第623~638页。

④ 《拿破仑法典以来私法的普通变迁》，徐砥平译，上海会文堂新记书局，1937。

极目的是保障人类生存的社会条件，个人权利和利益必须服从于这一目的，从而为法律对社会利益的侧重提供了理论基础。

耶林的法律思想在其名著《为权利而斗争》和《法律的目的》两书中得到集中阐发。其名著《为权利而斗争》虽然是倡导个人权利的经典之作，但已经能看到注重社会利益的话中之意。耶林认为，具体权利是根据抽象的法律而得到的，是法律赋予权利以生命，但抽象的法律并不能自我实现，必须依靠权利人主张他的权利，才能表明其存在。① 从这样的论述可以看出，在耶林眼中，个人主张权利的意义已经不只是维护其自身利益，它同时使法律得以实现，维护了法律的尊严，从而履行了个人对社会的义务。权利人从利益这一低层次的动机出发，通过主张权利，维护自我生存的人格，进而维护了作为社会生存条件的法律，实现了社会正义。

在另一本名著《法律的目的》中，耶林对社会利益的重视表达得更加清楚。他认为，法律固然必须有保护个人利益的功能，但是人并非仅作为个体存在，他还要为了永久的目的而结成共同体进行社会生活，作为强制性社会规范的法律必须确保和维持社会共同生活。基于这一论断，耶林认为，如果社会需要，法律可以对私人权利进行必要的限制。因为保障社会共同生活是法律的责任，而社会共同生活不容许财产的不当使用，财产所有权之行使目的，不应仅为保护个人利益，同时亦应为保护社会利益，因此没有绝对财产，亦不存在无限的、可以不考虑公共利益的私的所有权，私人财产所有权必须受社会利益的限制。他说："一切私法上的权利，即使是最具个人目的的权利，都要受到社会的影响和制约。没有任何一种权利可以让其主体说：'这是我绝对独自享有的权利，我是它的主人和掌控者。权利概念的效果就是要求社会不要限制我。'……在任何社会或（作为社会利益代表的）法律中，你根本没有完全属于你自己的东西。"② 而个人主义的所有权绝对只会使"利己主义的贪得无厌"更加肆虐，并导致财富的不公平分配。耶林预言，随着社会利益观念的

---

① 参见〔德〕耶林《为权利而斗争》，郑永流译，法律出版社，2007，第12~36页。

② Rudolf von Ihering, *Law as a Means to An End*, Translated by Isaac Husik etc., Boston: The Boston Book Company, 1913, pp. 330、396 - 397, 转引自朱晓喆《耶林的思想转型与现代民法社会化思潮的兴起》，《浙江学刊》2008 年第 5 期。

伸张，私人权利越来越受到限制，个人主义的所有权观念一定会被社会所有权所取代。

狄骥是法国社会连带主义法学的代表人物，相比于社会法学派其他诸子，狄骥的思想被认为是比较激进的。他的主要观点包括社会连带主义、权利的社会职务说等。

狄骥对支配近代民法的自由意志论和主观权利体系进行了猛烈批判。自由意志论来源于德国古典哲学，根据康德和黑格尔的观点，人类作为主体在道德领域中根据自己的意志进行自由选择，正如重量是物体的根本规定一样，自由就是人类意志的本质规定，自由意志是一个无条件的、绝对的假设。这一理论对 19 世纪德国私权理论产生了重大影响，萨维尼据此将权利界定为"个人意思支配的领域"，他认为："如果我们考虑一下包围或者充满我们现实生活的法律状态，我们首先就会发现其中各个人都有一种权力（Macht）：他的意思支配的一个领域，我们同意该支配。这种权力，我们称之为该人的权利（Recht）。"①参与德国民法典起草的温德沙伊德则直接将权利定义为"某种由法律秩序所赋予的意思力（Willensmacht）或意思支配（Willensherrschaft）"。②自由意志论在民法上造就了一个主观权利体系，使得个人的自由意志成为民法中权利和规则的基础。狄骥认为这完全是一种玄想，无法从事实中证明。在自由意志论下，权利是一个意志的权力，"当他愿意一个法律所不禁止之东西的时候，他可迫令一个或几个他人遵服他的意思"，"我有所有权的法权，我有权力迫使他人尊重我任意使用我以所有主名义所持有之物件的志愿。我享有债权的法权，我有权力迫使我的债务人尊重我的意思以履行作为（清偿）的义务"。照这种认识，主观权利必须包含两个意志：一个是可以迫使他人的意志，另一个是超乎另一意志之上的意志。也就是说，意志是具有等级性的。而这一点恰恰在实验的科学上无法得到证实，纯属

---

① 〔德〕弗里德里希·卡尔·冯·萨维尼：《萨维尼论法律关系》，田士永译，载郑永流主编《法哲学与法社会学论丛》第七册，中国政法大学出版社，2005，第 2 页。

② Bemhard Windscheid, Lehrbuch des Pandektenrechts Erster Band, Literarishe Anstalt Frankfurta. M., 1900, achte Auflage, 转引自金可可《论温德沙伊德的请求权概念》，《比较法研究》2005 年第 3 期。

自由意志论者的玄想。① 此外，权利如果真是一种意志能力，那么应当认定为谁的意志？如果说是权利人的意志，幼童、疯癫之人或团体没有其自觉意志，按照自由意志论，他们就不能成为权利主体，从而他们的利益就不能得到法律的保障，然而事实并非如此。如果不是权利人意志而是法律秩序的意志，那么就无所谓权利，只有"法律决定的结果，一种客观法的反映"。② 总之，以自由意志为内容的主观权利不可能成立。

在认定个人主义的权利意志说纯属玄想后，狄骥提出了自己的观点即社会职务说。这种观点是建立在社会连带主义之上的。狄骥认为，从对社会的直接观察中，可以发现两种单纯的事实：其一，人是社会的生物，即"社会人"，只有在社会里才能生活，人们彼此之间有共同的需要，这就是人的"社会性"；其二，人是有意识的生物，同时又是"个体人"，人具有对自己行为的意识力，同时又具有自己的个性，能够选择目的和决定方向而行动，这使得人们的需要和禀性各不相同。狄骥认为，正是这两个要素使社会连带得以形成。"同一社会的人，第一因为有共同的需要，而只能以共同生活确保满足，所以是彼此联系的：这就是相似 Similitudes 的联立或联系。另一方面，又因为人的需要不同，同时禀性亦异，所以彼此统一，藉互相执役以满足他们的不同欲望。这是分工的社会联立或联系。"③ 基于社会连带的事实，无论任何人，在社会这个大团体内，都应该完成相当的职务。人没有所谓的主观权利，相反，因为他是社会的一分子，所以有完成社会职务的义务，并且只是因为完成社会职务的行为有社会价值，方才受法律的保护。④ 相比于玄想的主观权利，社会职务是实验的、社会的，可以直接从社会现实观察得来并且以社会生活本身为依据，因此称为客观法权。⑤

---

① 参见〔法〕狄骥《〈拿破仑法典〉以来私法的普通变迁》，徐砥平译，中国政法大学出版社，2003，第 10 页。

② 参见〔法〕莱翁·狄骥《宪法论　第一卷：法律规则和国家问题》，钱克新译，商务印书馆，1962，第 200~206 页。

③ 〔法〕狄骥：《〈拿破仑法典〉以来私法的普通变迁》，徐砥平译，中国政法大学出版社，2003，第 27 页。

④ 〔法〕狄骥：《〈拿破仑法典〉以来私法的普通变迁》，徐砥平译，中国政法大学出版社，2003，第 28 页。

⑤ 〔法〕狄骥：《〈拿破仑法典〉以来私法的普通变迁》，徐砥平译，中国政法大学出版社，2003，第 25 页。

　　基于社会职务说，狄骥认为传统的权利和自由等范畴都需要重新界定。个人和国家都没有权利，只存在应该执行的社会职务；自由不再是可以做无碍他人自由之一切事情的权利，也变成一种人对社会的义务："凡属人都应完成一种社会职务，因此他有完成这种职务的社会义务。他有尽量发展个人的智德体三方面，藉以最完善完成这种职务的义务，而任何人不能阻碍这种自由发展。"但是人没有毫无动作而懒惰的权利，统治者可以通过干涉而使人工作，并可以规定人的工作，因为这是在迫使他完成其所应当完成其的社会职务。①

　　狄骥批判了个人主义的民法三大原则。首先是否定所有权绝对原则，认为其纯属玄想，且只为个人利益，无法适应社会连带时代的社会现实。② 在社会连带时代，所有权应当是一种社会职务，法律除了禁止所有人滥用权利外，还应该强制促使当事人合理利用自己所有之物。其次是契约自由原则。狄骥认为，在社会连带时代，契约行为不仅要有合法的客体，还必须有利于社会连带目的。否则，即使双方意思表示一致、客体合法，该契约也不能具有法律上的效力。换言之，国家权力或法律可以基于社会连带目的而干预契约的成立。最后是过失责任原则，狄骥认为，在工业社会里，资本家进行生产是在履行一种社会职务。既然他们因履行社会职务而获益，那么让资本要素负担这种风险自然也是公平合理的；这与当事人的主观过错毫不相干，只是一种基于社会分工的客观责任。③

　　庞德是美国社会法学派的代表人物，他认为法律的目的是调整社会中的各种利益关系；同时，法律对各种利益的保护应该有所区别。为此，庞德将利益划分为三种类型：个人利益、公共利益和社会利益。个人利益就是那些以个人生活的名义提出的、直接涉及个人生活和从个人生活立场出发的请求、需求或欲望，包括人格利益、家庭利益和个人物质利益等；公共利益是包含于政治生活中并从政治生活角度提出的请求、需

---

① 〔法〕狄骥：《〈拿破仑法典〉以来私法的普通变迁》，徐砥平译，中国政法大学出版社，2003，第21页。

② 参见〔法〕狄骥《〈拿破仑法典〉以来私法的普通变迁》，徐砥平译，中国政法大学出版社，2003，第146~148页。

③ 参见〔法〕狄骥《〈拿破仑法典〉以来私法的普通变迁》，徐砥平译，中国政法大学出版社，2003，第132~135页。

求和要求，包括作为法人的国家利益和作为社会利益捍卫者的国家利益；社会利益是存在于社会生活中为了维护社会的正常秩序和活动而提出的主张、要求和愿望，包括公共安全利益（包括防止国内外侵略的安全和公共卫生的安排）、社会制度安全利益（如政府、婚姻、家庭及宗教制度等）、公共道德的利益、保护社会资源的利益、社会一般发展的利益（特别是经济和文化进步方面的利益）和个人生活的利益等。

庞德认为，在上述三种类型的利益中，社会利益最应该得到关注。尽管从具体表现来看，社会利益与个人利益和公共利益的部分内容存在交叉，但它是社会集团的需求、要求和请求。[1] 法律作为调整人与人之间关系的规则，就是为了维护社会利益，"即为了维护在文明社会中从社会生活角度所提出的愿望与需求"，"为了维护社会制度的安全以及为了保存社会资源而对人的行为的规定"。[2] 在庞德看来，人的本性中有两种趋向，一种是相互合作的社会本性，另一种是自我扩张的个人主义本性。[3] 自我扩张的个人主义本性使人们在满足自己的愿望和需求时可能会忽视甚至不惜牺牲他人的需要；相互合作的社会本性表现为人们在社会关系中的合作能力，它使人们在认同共同目标的基础上，与他人相互协作。"社会控制的任务以及我们称之为法的那种高度专门化形式的社会控制的任务，就在于控制这种为了满足个人欲望的个人扩张性自我主张的趋向。"[4] 也就是说，重视社会利益是为了发扬人类相互合作的本性，而不是让自我扩张的本性无限制发展，最终毁灭社会的共同生活。

那么，社会利益该如何实现呢？庞德认为，各种不同利益经常交错、叠加和冲突，法律的功能就是对它们进行协调，致力于满足、折中、协调这些互相交错的、经常有冲突的主张或需求。社会利益要得到切实的保障，自然必须处理好和个人利益及其载体——个人权利的关系。庞德并不反对保护个人权利（利益），他认为个人权利也是出于社会利益考虑的一种法律结果；但同时要认识到，正因为社会利益是最终考量，在

---

[1] 〔美〕罗斯科·庞德：《法理学》第三卷，廖德宇译，法律出版社，2007，第18～19页。

[2] 〔美〕罗斯科·庞德：《通过法律的社会控制　法律的任务》，沈宗灵、董世忠译，商务印书馆，1984，第83页。

[3] 沈宗灵：《现代西方法理学》，北京大学出版社，1992，第290页。

[4] 〔美〕罗斯科·庞德：《通过法律的社会控制　法律的任务》，沈宗灵、董世忠译，商务印书馆，1984，第81页。

某些情况下法律为了社会利益也可以限制个人利益。可见在庞德那里，个人利益一般也是借助赋予其效力的社会的力量才具有重要价值，换言之，个人利益也是为实现社会利益而得到法律的保障，社会利益本身就可以代表个人利益。

庞德出于社会本位立场对个人权利的认识亦可从其所描述的法律发展图景窥得其内涵。庞德将人类法律发展分为五个阶段：原始法阶段、严格法阶段、衡平法和自然法阶段、法律的成熟阶段、法律的社会化阶段。后两者是自近代以来法律的发展阶段。庞德所谓的法律成熟阶段大致相当于权利本位时期，这一阶段法律追求的是平等和安全。平等包含两个方面：其一，法律律令运作的平等；其二，发挥个人的才能和运用个人财产的机会平等。安全也包含两个方面的内容：其一，保证每个人的利益不受他人侵犯；其二，只有在本人同意或因本人违反了旨在保障其他人相同利益的规则的时候，其他人才被允许从他那里获益。可见，此时的法律完全与概念法学的理念一致，体现了近代民法个人权利本位的价值追求。法律的社会化阶段主要指19世纪后期西方社会的法律。这一时期法律的重点从个人利益逐渐转向社会利益，法律的目的就是以最少限度的浪费和阻碍尽可能满足人们的要求。[①] 庞德认为，法律的社会化阶段是法律发展的最高阶段。把近代民法和社会化的法律定位为"进化"关系，且认为后者是最高阶段，庞德对个人权利和社会利益位阶差等的认识可谓不言自明。

庞德关于社会利益的理论具有重大意义，对民法社会化主张的出现具有全方位影响。以契约法为例，"庞德的利益平衡说表现在契约法中，就是使个人意思自治的理论让位于多种利益理论——尤其是个人利益与社会利益平衡的理论"。[②] 传统民法包括19世纪初在美国形成的"交易安全"的契约法概念，只关注使自由缔结的契约得到履行，不主张外界干涉。庞德的理论使这种观念得到了重新检视。庞德主张，法律必须为外在于它的利益服务。在契约法中，"交易安全"要求交易双方注重交易的过程和最后的交易结果。因此，契约法上的权利和义务必须以交易

[①]　参见〔美〕庞德《法理学》，邓正来译，中国政法大学出版社，2004，第372～469页。

[②]　傅静坤：《二十世纪契约法》，法律出版社，1997，第203页。

安全为中心，而不能独立存在。任何现存的不符合交易安全要求的契约法规则都应被排斥。庞德赋予"交易安全"的新意在于提出了一种新的法律对策，即立法者或执法者应当通过具体的利益平衡来制定或执行法律。在这一前提下，交易安全不再意味着当事人自由订立的契约必须得到履行，而是意味着对当事人双方都公平合理并有益于社会的合同才必须得到履行。① 可见，与传统契约法从抽象平等出发、纯任双方意思自治的理念不同，具体的事实基础也即当事人之间的具体关系成为法律的关注点，合同的文字表达或文字所表达的规则不再是首要因素。换言之，是当事人之间具体关系的要求，而不仅是契约的条款成为契约当事人权利义务的决定因素。这一问题清楚地显示出，传统的契约自由理念得到了修正，对当事人实质上的平等和意思自由的重视取代了以往形式上的意思自治。

上述社会法学派几位代表人物的理论学说的理论侧重点并不完全相同。耶林在批判以往法律和权利本质学说的基础上指出了法律、权利和利益的本质联系；狄骥否定了权利的意志本质，倡导社会职务说；庞德则指出，法律通过对社会上多种利益的协调来实现社会控制，法律在协调各种利益时应当以社会利益为中心进行衡量。尽管有这些差异，然而他们在批判以往的个人主义法律理念、倡导对社会利益的重视这一点上是一致的。他们的理论和 19 世纪末 20 世纪初以来各国的法律变迁互为表里、相互影响，从而使民法社会化潮流兴起，现代民法出现了不同于以往的风貌。

三 社会法学理论的法律实践——近代民法三大原则的修正

西方近代民法的社会化进程是人类法律史上影响深远的事件，直到现在仍然方兴未艾。这一进程除了法律理论方面的巨大变革，更在各国的法律发展中得以实践。最为典型的表现就是近代民法诸原则的修正。

如前所述，近代民法诸原则建立在立法者对社会主体作出的平等性与互换性这两个基本判断和由此而产生的抽象人格之上。而到了 19 世纪末，这两个基本判断已然与社会的现实产生了距离。社会经济中强者和

---

① 参见刘美希《论私法理念现代变迁的法哲学理论基础》，《法学论坛》2010 年第 3 期。

弱者身份的相对固化和对立十分明显，如作为生产者的大企业与消费者、企业主和工人。这种局面使传统民法的基础有所动摇，于是根据社会发展的现实，民法在维持民法典关于抽象人格规定的同时，又分化出大量的具体人格。这种对具体人格的肯认实质上是承认了社会中存在经济上的强者对弱者的支配，因此民法为了实现正义，必须承担这样一种任务：一方面，对私权的行使界限作更加精细的确定，对因强者权利滥用等造成的事实上的不公平加以救济；另一方面，努力寻找各种契约关系中事实上的不平等现象，并尽力采取措施对其进行平衡。19 世纪末以来，各国对民法上三大原则的修正，正是这种努力的体现。

首先是所有权绝对原则，以最为重要的土地所有权为例，以往法律皆承认当事人享有对自己土地上达高空、下达地心的使用甚至滥用之权利；然而 20 世纪初，在社会利益取向下，这种绝对性被修正了。1855 年和 1856 年，法国科尔马法院和里昂法院已经出现了禁止权利人以损害他人为目的而行使所有权的判例，否定了所有权人的权利滥用。当然，此时的判例仍然是出于保护其他具体的个人权利而禁止权利滥用，但这种理念却为修正传统的所有权绝对观念发出了先声。到了 1919 年，法国的一项法律规定，采矿必须由国家特许，土地所有权人不能随意开采自己土地之下的矿藏；1924 年的一项法律规定，在不妨碍土地所有权人行使其权利的情况下，飞机可以飞越任何土地的上空；1935 年的一项法律规定，政府有权拆除一切妨碍飞行安全的私人建筑物。[①] 德国则在民法典出台之时就对土地所有权人的权能空间进行了限制，防止其无限延伸。《德国民法典》第 905 条规定："土地所有权人的权利扩及于地面上的空间和地面下的地层，但所有权人不得禁止他人排除与所有权人无利害关系的高空和地层中所为的干涉。"这是对所有权的客体作出的限制。《魏玛宪法》第 153 条第 3 款明确规定："所有权负有义务，其行使应同时有益于公共福利。"第 155 条又规定："开拓利用土地为土地所有权人对于公共所负之义务。"至此，法律不但对所有权的客体加以限制，在所有权的行使中，也进行了目的限制（禁止所有权滥用）和法定限制（强制所

---

① 参见王云霞《论〈法国民法典〉的时代精神》，载何勤华主编《20 世纪外国民商法的变革》，法律出版社，2004，第 94 页。

有权行使），所有权的权能表现出不同于传统民法的风貌。

其次是契约自由原则。契约自由是近代私法自治理念的集中体现，也是自由主义民法最突出的特征之一。自社会成员的地位分化、具体人格受到民法的重视之后，这一原则也有加以限制的必要。其实，在《法国民法典》制定之时，第 6 条已有契约要受有关公共秩序和善良风俗限制的规定，然而在个人本位或曰权利本位立场下，公共秩序和善良风俗被民法以尽可能狭义的方式解释，其限制作用较为有限。甚至有的法学家将公共秩序定义为"公共秩序即契约自由的反命题"，意即违反公共秩序就表现为违反契约自由，契约自由成为公共秩序的载体。[①] 可见契约自由原则在传统民法中之地位牢不可撼。到了 19 世纪末，民法对具体人格的不平等有了很深的体认，于是采取多种方式来干预契约关系以实现契约正义。这种干预表现在以下几个方面。其一是通过大量特别立法，对某些契约进行强制规定，当事人自身意思发挥的作用非常有限。如劳动关系契约、不动产租赁关系契约等领域，各国多制定劳工法、土地法等特别法加以调整。这些特别法中，国家基于经济或社会政策的需要，直接对契约双方当事人的权利义务安排进行干预，力图使经济地位不平等的双方利益能够大致平衡。其二是对附合合同的限制。附合合同又称格式合同，在现实中一般是强势一方事先确定契约条款，处于弱势一方的当事人只能作出全部接受或者完全不接受的选择。此种合同中，弱势一方表面上有接受或不接受的选择自由，实际上由于社会经济格局的限制，迫于生计，大多只能接受强者的支配。理想中双方地位平等的契约正义难以实现。法国通过立法对该种合同作出一定限制，保护弱势一方，从而使双方利益得到协调。其三是对契约有效性的认定，不再只注意客体合法，对契约的目的也进行追问。若其有违诚实信用、公序良俗等原则，如为赌博或开设妓院而成立的借款契约等，则亦不能赋予其法律上的效力。其四是在契约的履行中，情事变更原则受到重视。法国民法典本来实行严格的允诺主义，即只要契约成立，当事人即必须严格履行、充分履行，否则不论何种事由皆须承担违约责任。而情事变更原则允许当事人在遇到合同订立时无法预见的事由，导致履行不能或履行显失公

① 参见何勤华、魏琼主编《西方民法史》，北京大学出版社，2006，第 275 页。

平时，可以请求变更或解除合同。该原则较好地综合考虑了双方当事人所处的环境、地位等因素，有利于实现实质公平。

最后是过失责任原则。过失责任意味着责任自负，无过错即无须承担责任。这一原则有利于减轻生产经营者的责任负担，鼓励其努力创造财富，是资本主义发展初期资产阶级的进取精神和价值观念的充分体现。到了19世纪末，由于机器大工业的高速发展，现代社会的意外损害频繁发生，包括工业损害、汽车事故、公害及商品瑕疵等。这些损害与传统损害形态不同，呈现出造成事故的活动具有合法性、受害人众多、事故的发生多为高度工业技术缺陷的结果而难以防范或致害人是否有过错受害人难以证明等新特点。① 在这种情况下，拘泥于过失责任原则，受害人难以得到赔偿，势必不能实现社会公平，甚至可能引发严重的社会问题与社会动荡。在此情况下，无过失责任原则的应用得到了重视。这一原则要求致害人承担法律责任且不以过失为要件，受害人无须证明致害人有过失，致害人亦不能因证明自己无过失而免责，从而对受害人的保护更加有力。这一原则的兴起与工业事故密切相关，各国早先主要通过制定特别规则的形式对其加以调整。如德国1871年《帝国损害赔偿法》第1条规定，经营者必须承担人们在铁路营运过程中所遭受的所有人身损害（实物损害除外），只要损害结果与铁路经营之间存在某种因果联系，赔偿责任即告成立。② 1884年，德国制定《劳工伤害保险法》，推行工业事故社会保险制度，使工业事故的无过失责任得以落实。1900年《德国民法典》颁行，明确规定了过错责任与无过错责任并存。1909年《公路交通法》又对机动车辆的无过失责任加以规定。法国也在1898年颁布的《劳工事故赔偿法》中规定了工业事故的无过失责任原则。

上述民法中三大原则的修正，在相当程度上改变了民法的自由主义和个人主义风貌。传统民法三大原则立足于个人主义立场，体现的是法律对个人人格的绝对尊重。因为绝对尊重个人人格，所以法律的功能就专注于给个人提供一种法律上的权利手段来促成其意思的实现。换言之，民法的目的是赋予个人一种受保护的自由，确保每个人都在一定的范围

---

① 参见马俊驹、余延满《民法原论》（下），法律出版社，1998，第1015页。
② 参见〔德〕卡尔·拉伦茨《德国民法通论》（上册），谢怀栻等译，法律出版社，2003，第82~83页。

内，通过法律行为特别是合同使个人获得一种自主决定的可能性，三大原则皆是这种自主决定的可能性之化身。19世纪末以来对三大原则的修正反映出的理念则是：社会成员的个体差异必须得到正视，法律应该支援社会中的弱者、抑制社会中的强者，防止其滥用权利支配弱者，从而努力使社会成员之间接近真正的平等；基于这一目的，国家的权力不得不广泛介入个人间的法律关系，对私法关系进行必要的监督和干预。在这一过程中，为使国家的这种干预保持在法律限度内，立法者将公权力的强制行使明确规定在各种私法规范中，使原为平等关系的私法规范呈现出相当程度的公法色彩。① 这一趋势使社会中的个人尤其是强者，在行使其权利时受到国家基于社会目的的干预和限制，权利内容和行使方式受限，自由度相比于传统民法有所下降。

然而，民法社会化在西方无论是法学理论领域还是法律实践领域的发展，始终以社会利益为考量，对近代民法中的自由主义和个人主义进行更为全面的思考和修正，而绝不是否定启蒙运动以来的价值体系。耶林从未否定私权的重要性，他只是在努力弥合个人权利与社会利益之间的距离，狄骥虽属社会法学之激进者，然在其思想中，仍然主张社会成员即使在完成社会职能的过程中也不能侵害他人自由，保障私权的立场于此可见。② 庞德虽强调法律的重心从个人利益转向社会利益，但对于在社会冲突中应该优先考虑哪些利益这一问题，他强调尽可能保护所有的利益，并维持这些利益之间的、与保护这些利益相一致的某种平衡或协调。③ 也就是说，社会利益应当比以往得到更多重视，但法律的绝对目标并非维护社会利益，而是根据社会需要协调和平衡各种利益。可见，庞德的社会利益论是基于个人主义泛滥之上的一种反动。而且他还特别指出"个人生活中的利益"是社会利益的重要内容之一，这种利益要求每个人都能按照其所在社会的社会标准过一种人的生活。④ 这就充分体

---

① 参见施启扬《民法总则》，台北三民书局，1996，第20~21页。

② 参见〔法〕狄骥《〈拿破仑法典〉以来私法的普通变迁》，徐砥平译，中国政法大学出版社，2003，第35页。

③ 参见〔美〕博登海默《法理学：法律哲学与法律方法》，邓正来译，中国政法大学出版社，1999，第229页。

④ 参见〔美〕博登海默《法理学：法律哲学与法律方法》，邓正来译，中国政法大学出版社，1999，第399页。

现了其思想是基于社会利益对以往个人主义的极端发展进行纠偏，而不是罔顾个人利益。至于对法律实践中三大原则的修正，亦非表示这些原则在法律社会化时代的失灵。所有权绝对原则、契约自由原则、过失责任原则，无论其受到何种修正、呈现出何种与以往不同的风貌，仍然是民法大厦的基石。它们所蕴含的对个人人格的绝对尊重、对个人自由意志的保护和对个人能力的认可，皆来源于人类对自身的理性认识，民法正是建立在这一理性认识之上的一个庞大体系。唯其如此，只要民法是权利保障之法这一性质未变，则无论是民法的概念、原则还是权利义务关系的安排甚至是各种技术规则，都要受三大原则的支配。到了社会化时代也不例外。只不过基于社会现实情况，三大原则发挥作用的方式不同于以往而已，其保护权利的功能和目的并未改变。因此，社会本位虽属民法在 20 世纪的新发展，但从权利保障的功能来看，其不足以构成和个人本位的本质区分。正是出于这个原因，日本法学家北川善太郎在划分民法历史阶段的时候认为，中世纪民法与近代民法是两个不同历史时期的法律类型，而近代民法与现代民法则不存在这样的区别，后者是前者在 20 世纪的延续和发展。[①] 考虑到民法社会化潮流传入中国后耐人寻味的变化，这一点更有强调的价值和必要。

　　从近代中国民法社会化的思想准备来看，传统整体主义思潮、国民党的国家社会本位政治哲学以及西方社会法学理论都为这一进程提供了思想资源。这几种不同来源的思想与个人权利本位在群己观、自由观、权利义务观诸方面皆存在明显差异，在重视整体利益方面则表现出不少相合之处。但这并不表示，中国的思想与西方社会法学完全同路。严复、梁启超等启蒙思想家未受到西方社会法学影响固不必论，即使受社会法学影响的国民党政治法律观念，也与其存在诸多"貌合"之下的"神离"。从表面上看，国民党的国家社会本位以国家、社会整体利益为出发点，反对个人权利本位的法律原则，再结合形式上现代化的政治法律设计，其主张与倡导社会本位的西方社会法学存在诸多重合之处。另外，在孙中山等人对国家社会本位哲学尤其是法律思想的阐发中，西方社会

---

① 参见〔日〕北川善太郎《关于最近之未来的法律模型》，李薇译，载梁慧星主编《民商法论丛》第六卷，法律出版社，1997，第 286～287 页。

法学的影子时常可见。如孙中山、胡汉民对人的社会性及权利是社会义务的论证表述与狄骥如出一辙;① 胡汉民关于社会利益的界定,也与庞德不谋而合。② 同时,相比于严复、梁启超等启蒙思想家,国民党政治哲学与法律实践的关联更为紧密,其法律思想也服膺西方法治理论,借用了许多西方法律范畴作为分析工具,并试图将西方社会法学派的学说作为自身的理论支撑,故至少在表面上与社会法学理论存在较大相似性,甚至被认为属于同一法律思想体系。③ 然而,对两者进行更深入的剖析、对比可以发现,近代中国强调社会整体利益的法政思潮与社会法学理论存在重要的差异。

从历史线索来看,西方社会法学兴起是出于解决西方各国国内社会问题的需要。19 世纪末以来,个人权利本位法律引发的贫富分化、劳资对立等社会问题凸显,使得法律必须对个人权利进行干预以谋求社会整体稳定。故其表现于外,主要是对近代民法的三大原则——所有权绝对原则、契约自由原则和过失责任原则进行某些技术上的和局部的修正,对个人权利的过度膨胀进行抑制,对社会利益的重视相对增强。其实质是对个人权利和社会利益的关系进行更为全面的思考。④ 它强调从社会需要出发协调各种利益,实质上仍以更好地保障个人权利为最终目的,企求国内社会问题在法律框架内的解决。而近代中国的相关思考,始终是目光向外的,以谋求中国在世界体系中的自由、独立为最终依归。为达到这一目的,在群己关系上侧重整体而相对忽略个体。对社会本位理念的强调也是以群体哲学主宰法律制度的后果。正是由于这种差异,胡汉民在介绍西方国家的社会本位立法趋势时,推崇中寓有批评,认为其妥协性思想居多,对个人本位的变革"亦不过于社会共同福利之最低限

---

① 参见〔法〕狄骥《〈拿破仑法典〉以来私法的普通变迁》,徐砥平译,中国政法大学出版社,2003,第 18 页、第 21 页。

② 参见胡汉民《三民主义之立法精义与立法方针》,载《胡汉民先生文集》第四册,台北"中央文物供应社"1978,第 789~790 页;〔美〕罗斯科·庞德《法理学》第三卷,廖德宇译,法律出版社,2007,第十四章"利益"。

③ 参见乔丛启《社会义务本位法律观——孙中山法律思想的核心内容》,《中外法学》1989 年第 2 期,第 41 页。另外,民国时期的法学家亦有类似认识。参见 Louis Josserant《权利相对论》,王伯琦译,中华书局,1944,"译序"。

④ 参见王伯琦《民法总则》,台北编译馆,1963,第 32~33 页。

度内，抑制个人自由"而已。① 这从侧面反映出两者的内在区别。

从理论效果来看，社会法学理论并未否定法律立足于私权保护的底色，对社会利益予以关注的目的也是对个人权利更好的保护。这是因为，西方社会法学的理论基础依然是启蒙思想，其中居于本源地位的是自由。自由是实现人的解放不可缺少的前提和基础。人是自由的，因而每个人就是他的存在的目的本身，而作为目的本身存在是人的全部尊严的源泉；同时，人是自由的，每个人都必须被允许按自己的意志行动。这一不可侵犯、不可让渡的权利属性是每个人的一切其他权利的基础。从根本上说，人的一切权利及其绝对性——不可损害、不可剥夺、不可替代——都来源于自由。② 正是出于对自由价值的认可，个人权利保护在近代法制中才拥有了无可置疑的正当性，强调社会利益的修正并没有颠覆自由的地位。而近代中国的群体本位极为强调人的社会性与互助性，与此相适应，认为法律就应确立体现社会性和互助性的原则，即以保障和促进整体生存、维持人类社会为目的。在这一目的下，自由的价值虽未被直接清除，却被重新定义为"积极地服务人群，而发展自我的意思"，③ 从而从属于群体自由，个人权利亦服从社会利益，它们得到有限重视的原因也是被视为整体利益的载体或局部表现，从未被赋予高于社会利益的价值，更遑论被认定为国家和社会利益的源泉。

近代中国对西方政治法律思想的采择，多以有利于救亡图存为根本标准。这使其对西方思想的吸收带有浓厚的工具主义特征，从严复、梁启超到国民党思想体系莫不如此。严复、梁启超等发起为"私"和"个人"正名的潮流后不久，便基于救亡的现实需要放弃了对整体主义的清算，转而借助进化论等西方理论资源强调"合群之德"的重要性。到国民党登上历史舞台，基于现实斗争考虑更是强调"牺牲小我、成就大我"的价值，西方社会法学的一些观点因为合于此种需要，故而得到青睐。也正是在此背景下，将启蒙时代以来已经牢固树立的权利、自由作

---

① 胡汉民：《社会生活之进化与三民主义的立法》，载《胡汉民先生文集》第四册，台北"中央文物供应社"，1978，第798页。
② 参见黄裕生《康德论自由与权利》，《江苏行政学院学报》2005年第5期。
③ 张载宇：《先总统蒋公论民主与法治》，载《先总统蒋公思想研究论集》，台北"中国文化大学"，1981，第377页。

为其价值基础的西方社会法学理论被国人吸收的过程中，自由的价值被隐去了，国家、民族、社会的整体利益却被大书特书。这种定位既与中国历史上向来重公轻私的社会传统有关，也是近代中国救亡压倒启蒙的必然结果。① 这种特征对中国近代的法律社会化在理论和实践上都产生了直接的影响。就理论而言，中国近代的社会本位在很大程度上表现为一种"国家社会本位"，自由、权利等利益的承载者被从个人转移到国家，对于作为民法基础的市民社会之培育未给予应有的重视。在实践中，由于国家本身（而非人本身）被认为是目的，诚如英国自由主义者霍布豪斯所言，"当国家被抬高到成为一个高高在上、不关心它的成员的实体时，它就变成了一个伪造的上帝"。② 国家和社会合二为一的"国家社会本位"使得国家——实际是其代表者国民党政府——垄断了社会利益的表达权，导致政府利益甚至统治者的利益往往以"社会利益"的名目获得正当性。它虽然在救亡时代增强了整个社会的动员能力，但不能防范统治者在"社会利益"的名目下侵害个人权利以遂其私，使"社会本位"实际变为官僚资本统治本位。南京国民政府时期的法制实践，很大程度上印证了这种后果的严重性。

---

① 从"救亡设计"的角度来说，与未受社会法学思想影响的严复、梁启超等中国启蒙思想家相比，国民党的群己观更大程度上是后者的延续，与其属于同一思想体系。

② 〔英〕L. T. 霍布豪斯：《形而上学的国家论》，汪淑钧译，商务印书馆，1997，第132页。

第二章 民法社会化的现实动因

如前所述，近代中国的民法社会化最终可归结到救亡图存的历史背景中，然而，当一种理念进入法律制定的过程中时，立法与其他社会行动毕竟可以找出相对明晰的界限，因此，对于在立法中采社会本位的缘由还可以进行具体分析，以找出较为直接的关联。这就涉及民法社会化的现实动因。民国时期的民法社会化是否具有现实上的依据和必要性？对于这个问题，当今学界的回答几乎都是否定的，学者大多认为当时中国未经个人权利和自由的充分伸张，对社会本位并无迫切需求，民法社会化只是基于理想和趋附西方法学理论的需要，因此是一种不合乎法律发展规律和社会现实的做法。① 根据这一观点，讨论中国近代民法社会化的现实依据似乎成了一个伪命题，然而笔者认为并非如此。

当今学界否定近代民法社会化的现实性，主要是基于对当时中国民众权利和自由状况的判断，即缺乏个人权利和自由的伸张，因此当务之急应当是采取权利本位的立法理念，促成权利观念的培育。这种看法当然具有启示意义。不过，作为立法过程之一环，立法者无论采纳何种法律本位，无疑都是综合主客观因素的结果，既有立法者以法律塑造社会的理想，又受到各种现实状况的制约。对民国民法社会化"基于理想和趋附西方法学理论"的论断，表示学界认为立法者主观选择和构想的成分更多，社会现实中并无必然如此的规定性，也就无所谓现实依据，至少是现实依据不足。然而，"义务本位—权利（个人）本位—社会本位"三阶段论虽然是西方法律经验的总结，但运用到中国社会时同样具有民法理论的性质，而某一法律本位在特定社会的正当性只有通过社会现实和社会需要的检验方能获得，并不在于是否符合西方民法发展的脉络。

---

① 参见李秀清《20世纪前期民法新潮流与〈中华民国民法〉》，《政法论坛》2002年第1期；俞江《近代中国民法学中的私权理论》，北京大学出版社，2003；宋四辈《近代中国民法的社会本位立法简评》，《湘潭大学学报》（哲学社会科学版）2004年第4期；孔庆平《个人或社会：民国时期法律本位之争》，《中外法学》2008年第6期。

诚如王泽鉴先生所说，民国民法典的制定，"充分显示着一个古老民族如何在外来压力下，毅然决定抛弃固有传统法制，继受西洋法学思潮，以求生存的决心、挣扎及奋斗"。① 王先生对民国民法事业的定性是十分准确的。既然是一种在外来压力下求生存的挣扎和奋斗，民国民法典的制定就不再是单纯的民事立法活动，仅从民法理论来作出评判也就不能昭之公允。笔者认为，民国的民法社会化固然表面上和西方民法最新潮流相吻合，但并不仅仅是趋附或误用法学理论的结果，而是有许多基于现实问题的考量。可以说，推动民法社会化、采取社会本位在更大程度上是立法者对当时中国的内外问题所作的法律回应。基于前述学界通说已成为一种"前见"，笔者在对该问题进行论述的过程中，会时时注意对通说的检讨，以利于问题的廓清。

第一节　基于中外交往现状的选择

一　半殖民地的无奈选择

民国法学家在认识民法社会化这个问题时，大都将社会本位是新时代的立法趋势和潮流作为理由，少有人进一步论证中国为何被这种源自西方的"历史必然性"所规定。这也是当今学界对其进行批评的重要原因之一。其实，只要探究被那种趋附潮流的话语所遮蔽的真实情况，我们就会理解：民法社会化其实是中国在当时状态下的不得不为之举。对于这一点，蔡枢衡先生有深刻的洞察。他认识到，中国从总体上讲是一个农业社会，还没有进入资本主义的初级形态——产业资本主义，但在立法上采取的是资本主义的发展形态——金融资本主义的法制即社会本位法制，其间自然有许多不适合。然而这是由中国的处境所决定的无奈之举，"在我们变法之前，别人已由产业资本主义进到了金融资本主义的阶段。自社会发展的过程说，继农业社会而起的是产业资本主义社会。从而我们所应该实现的也只是产业资本主义社会，而不是金融资本主义社会。不过，十九世纪末的世界已经是金融资本主义的世界。我们在二

---

① 王泽鉴：《民法五十年》，载王泽鉴《民法学说与判例研究》第五册，作者自刊，1996，第 2 页。

十世纪接受二十世纪新颖的法制，自然也只能和团体主义色彩浓厚的德国法接近，而不能和体现个人主义精神的法国法同其特色"。① 之所以如此，是因为近现代国家与传统国家不同，具有一种二重性：对内是独立体，对外却是国际体系中的一个环节。这是一对矛盾因素，它们在某一国家的消长，因该国对外独立自主性的大小强弱而不同。中国的自主性被不平等条约严重破坏，无论是对内还是对外，所保有的作为独立体的选择自由已经极为有限，只能对内停滞于农业社会阶段、对外作为外国工商业的附属品，为其生产原料、购买过剩商品和接受过剩资本。这就是半殖民地社会之特色。"这种殖民地身份使农业社会秩序成为工商业社会秩序中的农业社会秩序，同时也就是使中国的社会秩序成为外国工商业社会秩序的附属品。换句话说，中国社会秩序的范围不能把国境作范围；中国社会秩序中的性质不能把农业社会秩序作标准。中国社会秩序是超农业的；中国社会秩序的范围也是超国界的。所以中国法律秩序，内容是外国工商业，而不是中国的农业；中国法律秩序的根据是高度发达的外国工商业社会，而不是自给自足的商业农业社会。这是近三十年来中国之殖民地性。也可以说：三十年来的中国法就是这个殖民地身份的反映。"② 从蔡先生的认识可以看出，中国之所以不能自外于民法社会化潮流，根本原因是中国处于半殖民地地位。这种地位表示：其一，中国已成为国际秩序中的一环，但是属于被支配的一环，自身拥有的选择极为有限，只能唯列强马首是瞻；其二，半殖民地状态使中国法律的秩序依据超出了国界，形成一种非常复杂的情势。本来，中国总体上还处在农业社会，法律所规范的对象更多应是农业社会的社会关系，即使本着发展的观点，充其量也只能以产业资本主义为秩序依据。然而，因为中国处于被列强支配的半殖民地地位，在列强进入金融资本主义阶段后，他们把中国的农业生产纳入金融资本主义轨道为其服务，这不仅使中国的社会经济带上了资本主义工商业色彩，而且也使中外交往变得极为频繁。这对中国立法造成的影响有两方面：一方面，中国法律的经济基础有了金融资本主义因素；另一方面，中国法律所规范的对象内外交错，

---

① 蔡枢衡编著《中国法律之批判》，正中书局，1942，第7页。
② 蔡枢衡：《中国法理自觉的发展》，清华大学出版社，2005，第47页。

由于列强的强势，中国在处理中外交往的法律依据时不得不考虑他们的普遍做法，尽量与其保持一致，以免"彼执大同之成规，我守拘墟之旧习，利害相去，不可以道里计"。① 因此，从内外两方面来说，中国法律必须以资本主义工商业为秩序依据。在主要国家已经采取社会本位立法的大环境中，中国若独采个人本位立法，无疑会大大增加立法精神的差异带来的冲突和不适合。这种认识也是当时立法者的共识，立法院的"立法计划"在谈到法典制定时将"近世交通频繁，国内的社会生活俨成国际的社会生活"作为立法背景，② 同样也表现出这种清醒认识：立法不仅要顾及国内情势，也要受到国际因素的制约。

不仅如此，在当时法律家看来，中国摆脱半殖民地身份后，由于"立法由国家所处的大环境决定"这一论断仍然有效，中国法律的选择也只能是社会本位。法律家其实认识到中国从传统法制直接进入社会本位法制，中间缺少了个人自由的发展这一环节，因此不是一种常态发展。但抗日战争胜利后，随着中国半殖民地性的消除，社会本位的法律仍然具有合理性，中国不必也不可能回头再进行个人本位立法。因为中国独立后仍然是世界经济链锁中的一个环节，不可能也不应该在世界各国已经进入金融资本主义和统制经济时代后再去独自发展产业资本主义，这会自取劣势，因此个人本位法制的经济基础无从建立。另外，抗日战争胜利以后，社会本位法制即使依然保持原有的形式和内容不加变更，但半殖民地性和买办性完全丧失。买办性消失之后的中国法律，对中国的国家富强、社会发展和民众福利都会起到明显的促进和保障作用。③

二　"师夷长技"的最新立法例——收回司法主权的驱动

中国自鸦片战争以后，司法主权遭到践踏，列强以中国法律尚不文明为借口攫取了领事裁判权。这给中国人戴上了沉重的精神枷锁，也让法律精英们痛心疾首。因此，撤废领事裁判权、收回司法主权成为当时有责任感的法律人奋斗的目标。而列强放弃领事裁判权的条件则是中国

① 《中华民国民法制定史料汇编》上册，台北"司法行政部"，1976，第241页。
② 立法院第三次全国代表大会"立法计划"，转引自俞江《近代中国民法学中的私权理论》，北京大学出版社，2003，第3页。
③ 参见蔡枢衡编著《中国法律之批判》，正中书局，1942，第38~44页。

法律向列强看齐，"中西一律"。民国初年任大理院推事的郑天锡说：
"我国之法典，或不无少含有政治的意味，以为我国因急欲收回领事裁判
权，难免于法典多所粉饰。"① 南京国民政府成立后，民商法典等重要法
典的迅速出台，同样是撤销领事裁判权的急切愿望驱动的结果。不同的
是，相比于清末和北洋时期，当时现代法学理论在中国已经有了数十年
积淀发展，法律人的认识也大为提高。他们主张尽快撤销领事裁判权已
不仅是出于民族尊严和国家主权考虑，更重要的是他们意识到司法主权
的完整是推行法治事业的重要前提；不撤销领事裁判权，国内法治事业
必将受到莫大影响，不能顺利进行。如有人指出，领事裁判权的存在会
使中国法院不能公平判决；多种法源并存造成的法制不统一、程序繁难
会使国人因受教育程度低而怯于诉讼，含冤莫伸；外国法律在中国土地
上适用会降低本国司法的尊严，使中国人看轻法律的效用。② 因此对收
回司法主权更加孜孜以求。同时，当时中国和意、比、葡、西、丹等国
缔结的通商条约，以中国政府在 1930 年 1 月 1 日前颁布民商法典为撤销
领事裁判权的条件。③ 如此急迫的期限使中国政府和法律家迅速行动起
来，以极大的热情投入民商法典的制定之中。因为直接关系到领事裁判
权的撤销，当时的法律精英们将立法上升到了完成"国民革命之使命"
的高度，"撤销领判权为我们今后去废除不平等条约的第一幕，也就是我
们中华民族正式争回已失去的自由平等的第一幕"。④ 在这种使命感之下
进行的立法工作，"工作效率之高，立法速度之快，殊足惊人，有时一日
竟能通过法律二百五十余条，通常亦在百条左右"；立法工作强度很大，
"各委员逐日工作，迄未间断，虽在盛暑，亦照常开会，甚至有晕厥倒
地，不省人事者"。⑤ 当时的日本法学家中岛玉吉由衷赞叹法典起草体现
了中国国民革命的锐气："朝野上下，皆新近气锐，排除万难而为之，实

---

① 郑天锡：《大理院判例之研究》，《法律评论》第 36 期，1924。
② 参见赵颐年《撤废领事裁判权回顾与前瞻》，《法学杂志》第 8 卷第 3 期，1935。
③ 参见立法院秘书处编《立法专刊》第一辑，民智书局，1929，第 82～93 页。
④ 胡汉民：《誓雪半主权国与次殖民地之耻》，载《胡汉民先生文集》第三册，台北"中
央文物供应社"，1978，第 473 页。
⑤ 蒋永敬：《民国胡展堂先生汉民年谱》，台湾商务印书馆，1981，第 465 页。

非我国意骄气馁行将衰老者，所可同语者也。"①

立法既被赋予国民革命的意义，同时司法主权的完整和独立又被法律人看作建设国内法治事业的先决条件，这两种取向的合力指向撤销领事裁判权。而在国力不强的现实下，满足列强提出的条件、达到所谓的"文明国家"立法标准就成为政府和法律家唯一可以期待的途径。杨兆龙先生曾说："或者有人以为：我太乐观，太相信外国人是有良心的。这句话，我却不敢承认；我的意思并非这样，我很知道外国人常会——尤其在办外交时——背着良心说话。他们既然很重视领事裁判权，当然不惜强词夺理地拒绝我们的要求；不过我们如果能加以反省而纠正自己的弱点，他们至少要失掉一些刁难的机会；那么，我们进行交涉，一定要容易些。况且我们如果将自己的弱点加以纠正，在华外侨的生命、自由、财产便有了保障。领事裁判权之撤废，于他们正当的利益并无所损，必不值得他们的坚决反对。这时候我们如带一些强硬的态度或使一些外交手腕，他们当能让步。"② 基于这样的信念，立法依然沿袭了清末以来"折中世界各国大同之良规，兼采近世最新之学说"的套路，至于这些"大同之良规""最新之学说"在中国实现的可能性大小，立法者们无暇去细想，也不认为这是当下应该首要考虑的。在他们看来，求得列强的认可而撤销领事裁判权是当时立法的首要任务，而采纳最新立法例则是一个迅速取信于外人的捷径。胡汉民曾经跟日本公使谈到，日本应该迅速放弃在华领事裁判权，因为现在中国的立法，已经远比日本废除领事裁判权之时完善和精良，其中最主要的原因就是几十年来"世界上法学的新进展甚多。许多新材料，新学理，我们现在尽量采纳了"。③ 有的法学家也认为，尽管中国凭国力无法撤销领事裁判权，但出色的立法工作已为实现该目标提供了坚实的基础："近年以来（法律——笔者注）修订整理成绩猛进，尤其是新订的法典，采撷大陆最新的立法例，与瑞士可称媲美。"④ 可见，新学说和新理念的采纳在当时法律人心目中是作为

① 参见〔日〕中岛玉吉《读中华民国法制局亲属法及继承法草案》，惠予译，《法学季刊》第 1 卷第 1 期，1930。
② 杨兆龙：《领事裁判权之撤废与国人应有之觉悟》，《经世》第 1 卷第 12 期，1937。
③ 参见胡汉民《誓雪半主权国与次殖民地之耻》，载《胡汉民先生文集》第三册，台北"中央文物供应社"，1978，第 478 页。
④ 参见赵颐年《撤废领事裁判权回顾与前瞻》，《法学杂志》第 8 卷第 3 期，1935。

一种展示立法先进性、打消列强借口的方法来使用的。因此，社会本位之采纳可以说是"师夷长技以制夷"在法律领域的一种体现。① 蔡枢衡先生也指出，中国三十年来的立法完全是比较各国立法、"依从最新立法例"产生的，"若从本质上看，惟新是求的精神实在是无我的表现，也就是次殖民地的反映"。② "无我"即唯他人马首是瞻，换句话说，当时的中国追求最新立法例、采纳社会本位实际上是为求得列强认可、改变半殖民地性质所作出的努力。

第二节　对中国社会的迁就与回应

除了对中外交往现实的考虑，中国近代的民法社会化也是迁就国内现实、回应国内社会需要的结果。具体来说，社会本位对整体利益的强调，合乎中国"重公轻私"的社会心理，可以使法律实施获得较好的社会基础；社会本位可以增强社会凝聚力，对改变国人"一盘散沙"的状况不无助力。此外，国内现代化生产方式引发的社会问题，也需要法律予以回应解决。

一　传统观念的续接——社会心理之适应

法律制定之后能否得到施行，与社会心理是否适应高度相关。一种在法律家看来陈义颇高的法律，若与民众观念、社会心理存在巨大差距，在施行的过程中必然遭受很大阻力，甚而沦为一纸空文。社会本位在民国时期成为强势话语，一个重要原因是相比于个人本位，它和中国传统的"公""私"观念及民众心理更能实现对接。正如吴经熊所说："俗言说的好，无巧不成事，刚好泰西最新法律思想和立法趋势，和中国原有的民族心理适相吻合，简直是天衣无缝！"③ 社会本位和传统民族心理是否天衣无缝有待斟酌，但观念重合颇多、外观相似确是事实。以至于当

① 王人博教授认为，"师夷长技以制夷"的原则决定了整个近代中国文化的变量。参见王人博《宪政文化与近代中国》，法律出版社，1997，第42页。
② 参见蔡枢衡编著《中国法律之批判》，正中书局，1942，第40页。
③ 参见吴经熊《新民法和民族主义》，载吴经熊《法律哲学研究》，上海会文堂新记书局，1933，第28页。胡汉民也认为社会本位立法符合中国传统的王道精神，参见《胡汉民先生文集》第四册，台北"中央文物供应社"1978，第854页。

时法律人认为，采取社会本位表面上是学习西方，其实正是在发挥中国的民族性。

中国传统社会中，"私"相对于"公"，长期以来有私自、私家、个人或私人财产诸义。早在《诗经》的表达中，"私"虽然还是一个中性词，但关于"私"的表述皆隐含了先公后私之意，此后贬义逐日俱增。到宋以后，程朱理学兴起，愈发强调公私之辨，"私"往往与小人相联系，"公"则是君子所为。"私"又与"私欲""人欲"相联系，而与天理、仁、礼对立。要做到仁，则"私意必去"。几千年的中国主流观念，无一刻不在打压"私利"二字。因此直到 20 世纪初，中国社会还是"出一言焉，行一事焉，托于公则群称道之，邻于私则群非笑之，且不独非笑之，抑必排之、斥之、谬辱之"。① 连受过新式教育的知识分子也不例外，一般人"几乎以谈到个人为可耻，认为个人思想是十八九世纪的落伍思想，不值一顾了"。② 由于从来没有在中国社会里单独地被作为一种价值解放出来，"私"和个人权利在民国时期仍然不足以抗衡"公"的名义，人们总是将社会利益作为高级目的而贬抑个人权利。民法社会化潮流中一些体现团体性而对个人利益进行限制的制度设计正好与这种心理相对接，社会本位便自然具有了正当性。

除了重公轻私的心理之外，在一些具体的制度设计上，社会本位法制也与中国传统民情有较多契合。这是因为，西方社会本位固然以个人为出发点，但以社会为归宿点却不容否认。"社会原是一个抽象的概念，所谓社会，其实质上的形态，是个人与个人间的关系，而我们的伦常观念，其所表露的形态，亦是个人与个人间的关系，不过这个人具有特定的身份而已。就在这个人与个人间的关系这一点上，我们的道德观念与西洋最近的道德观念在形式上补缝了。"③ 所谓"个人与个人间的关系"在法律责任承担上表现得较为突出。以家族团体责任制度为例，我国传统的家族是社会的经济单位、政治单位，亦是责任单位，这是由君臣、父子、兄弟的关系引申出来的必然结果。正是着眼于家族团体责任，我国传统刑法上规定的族诛连坐制度，直到清末方始废除。新法制在刑事

---

① 参见俞江《近代中国民法学中的私权理论》，北京大学出版社，2003，第 98～102 页。

② 参见王伯琦《近代法律思潮与中国固有文化》，清华大学出版社，2005，第 62 页。

③ 王伯琦：《近代法律思潮与中国固有文化》，清华大学出版社，2005，第 52 页。

领域以罪止一身为原则，但在民事方面，连带责任及无过失责任观念普遍地渗入。民法规定，无行为能力人和限制行为能力人如有侵权行为，由其法定代理人负连带责任，依《春秋》之义，子罪本应执其父，"一室之中，父兄之际，若身体相属，一节动而知于心"（《盐铁论·周秦》）。从父兄子弟的伦常关系来看，使法定代理人（一般为父母）负连带责任，社会上一般观念绝不会认为不当，这一点东西方法制一致。"倘使我们的'民法'更急进一步，规定法定代理人应负无过失之绝对责任，我想非特不会发生问题，且可更符合社会的一般舆情。"① 再如雇佣人与受雇人的连带责任，臣有罪，执其君，亦是《春秋》之义；《礼记·礼运》云："仕于公曰臣，仕于家曰仆。"主仆关系与君臣关系相类，仆的责任由主人来负也很自然。除了侵权上的连带责任和无过错责任，我国民众的固有观念与社会本位暗合者还包括所有权共享和对所有权的限制、限制私人交易与限制契约自由等，涵盖了民法物权、债权、侵权责任等基本领域。②

正是这些广泛的暗合，大大加强了社会本位法制施行的社会基础，使它推行起来比个人本位法制更容易得到拥护。根据王伯琦先生的看法，社会本位立法没有个人权利的出发点，倒也使它在施行时少了个人观念的牵制。③ 他还认为，西方民法社会化趋势下与民众意识产生的距离是个人权利到社会利益间的距离，而中国民法社会化与民众意识的距离是"无我—有我—总体"，即义务本位到个人本位再到社会本位的距离，"无我与总体，个人义务与总体利益，其间的距离虽更长，但是很不显明，在概念上往往可以弄到不分，因此亦可不自觉其有距离"。④ 正是因为民众不觉得社会本位法制与自己的习惯观念有距离，所以"国父的民生主义可为大众接受，大量的社会立法，可以行之无阻，其故在此"。⑤

由此可见，这种理论上超前的社会本位立法在施行上恰恰和民众心理的惯性相适应，因此易于收到实效；若是采取个人本位立法，则会和

---

①　王伯琦：《近代法律思潮与中国固有文化》，清华大学出版社，2005，（第52页。

②　参见张生《民国初期民法的近代化》，中国政法大学出版社，2002，第155～156页。

③　参见王伯琦《近代法律思潮与中国固有文化》，清华大学出版社，2005，第57页。

④　参见王伯琦《近代法律思潮与中国固有文化》，清华大学出版社，2005，第75页。

⑤　王伯琦：《近代法律思潮与中国固有文化》，清华大学出版社，2005，第57页。

民众的心理相抵触，使民众产生"身处异邦"之感，在施行时可能会遇到较大阻力。当然，诚如学者普遍指出的那样，中国传统法律观念和社会本位表面上的形似并不能掩盖两者在基本精神和价值上的天渊之别；但不应忽视的是，当今学界批评社会本位立法不利于个人自由和权利观念培育的反面，数十年前却存在另一种声音，即批评中国民法对传统的家族主义、社会本位、济弱扶倾、抑强奖善的精神舍弃太多，导致法律与社会的脱节。① 在这种情形下，利用社会本位和中国传统法律的形似来减少社会的抗拒、推进新式法律的施行，不失为中国这样一个继受法国家使外来法制落地生根的一个可行途径。

二　社会结构的依据——自由状况的误读与真知

民法制定前后，在国民政府的立法文件中常常可以看到这样的词句："我国人民，本以自由过度，散漫不堪，尤须及早防范，藉障狂澜。本党既以谋全民幸福为目的，对于社会公益，自应特加注重，力图社会之安全。"② 这是民国立法者对当时社会现实的认识和感受。从这种表述可以看出，立法者对社会、个人权利和自由的关系并非没有认识，他们的看法是，中国人民已经自由过度，因此必须以社会公益为重心，这一结论隐含了这样一种意识：如果个人自由已得到充分伸张，那么法律就该以社会为本位。而在他们看来，中国正属于个人自由已经太多的情况，所以现时的立法绝不能再任其发展，对个人自由进行限制的社会本位立法正当其时。

由此可见，民国立法者并非如论者所批评的那样不了解个人权利和自由是社会本位立法的前提。相反，社会本位在社会现实和社会结构上的依据一直受到他们的关注。在他们看来，这个依据就是中国人自由已经太多的论断。只不过，这个结论和今人的普遍印象和主流观点不能相

---

① 持此观点的人颇多，如德国教授魏格礼（Dr. Oskar Weggel）即说西方人普遍认为中国民法是个人主义中心的立法，对传统的社会和团体精神舍弃太多，不适合民众的思想意识和生活背景。参见 Dr. Oskar Weggel《中华法学研究在德国》，载《中国法制史论集》，台北"中华法学协会"、台北"中国文化学院法律研究所"，1967，第 534 页。张镜影也持此观点，参见张镜影《儒家思想与中国民法》，载谢冠生、查良鉴主编《中国法制史论集》，台北"中华大典编印会"，1968，第 243～251 页。

② 谢振民编著《中华民国立法史》下册，中国政法大学出版社，2000，第 756 页。

合，因此被认为是救亡图存过程中的策略性表述，未能受到认真对待。要检视民国立法者的认识是否合于现实，需要从社会结构角度对国人的自由状况进行分析，以澄清近代民法社会化的现实依据这一问题。

如本书第一章所述，"国人不必以争取个人自由为务"的观点并不仅仅是南京国民政府的认识。清末以来，许多仁人志士对中国这样一个大国与西方列强交手时接连败北、割地赔款的事实痛心疾首，认为这全是中国人"一片散沙"所致；同时，"自由"等启蒙观念传入中国之后被误用的事实更加重了他们的反感。因此思想界形成这样一种共识：中国人自由已然很多，因此在谋求自强的过程中不能再以个人自由为目标，而应当首先追求国家和民族的独立自由。严复就认为中国"人人皆有自主之权"，"以视吾民，谁无自主之权哉？"；中国向来"朝廷之所制，与天下之所行，判然大异"，"选举之政、财赋之政、兵政、刑政、漕政、盐政，无在不然。百姓自视，不以为非，政府知之，无从相责。盖中国之民，乃以自由而病矣"。① 故此"小己自由，非今日之所急，而以合力图强，杜远敌人觊觎侵暴，为目存之至计……故所急者，国群自由，非小己自由也"。② 可以看出，严复不主张个人争取自由，他认为中国人已经相当自由。这种认识有社会结构上的依据，历代举凡各种事务，国家都任由百姓自理，政府对人民并未进行严格的直接治理，这是中国传统社会结构的特征。

孙中山对国人自由的看法与严复一致，他的论述最为系统，对以后国民政府的制度设计的影响也最深。孙中山认为，中国革命的目的与西方有所不同。欧洲的启蒙思想家之所以将自由作为革命的目的，是因为"当时欧洲的君主专制发达到了极点"，"欧洲人民在那种专制政体下所受的痛苦，我们今日还多想不到。比之中国历朝人民所受专制的痛苦，还要更利害"；而中国古代的君权对人民的控制相对松散，"中国古代封建制度破坏之后，专制淫威，不能达到普通人民……自秦以后，历代的皇帝都只顾皇位，并不理民事，说到人民的幸福，更是理不到……人民对于皇帝只有一个关系，就是纳粮，除了纳粮之外，便和政府没有别的

---

① 王栻主编《严复集》第二册，中华书局，1986，第482～483页。
② 王栻主编《严复集》第五册，中华书局，1986，第985页。

关系。因为这个原故，中国人民的政治思想便很薄弱，人民不管谁来做
皇帝，只要纳粮，便算尽了人民的责任。政府只要人民纳粮，便不去理
会他们别的事，其余都是听人民自生自灭"。① 他具体论述传统社会控制
模式说："中国乡族之自治，如自行断讼、自行保卫、自行教育、自行修
理道路等事，虽不及今日西政之美，然可证中国人禀有民权之性质也。
又中国人民向来不受政府之干涉，来往自如，出入不问；婚姻生死，不
报于官；户口门牌，鲜注于册；甚至两邻械斗，为所欲为：此本于自由
之性质也。"② 因此他总结说："中国自古以来，虽无自由之名，而确有
自由之实，且极其充分，不必再去多求了。"③ 基于中国人向来自由太多
这一认识，孙中山主张在以后革命的过程中不能再以自由号召民众。他
认为，中国民众没有自由的思想，他们自古以来享受了太多的自由，简
直像呼吸一样平常，反而不再去关心它，所以大多数中国人对来自西方
的自由思想不明底里，产生不了强烈的共鸣。"因为提出一个目标，要大
家去奋斗，一定要和人民有切肤之痛，人民才热心来附和。欧洲人民因
为从前受专制的痛苦太深，所以一经提倡自由，便万众一心去赞成。假
若现在中国来提倡自由，人民向来没有受过这种痛苦，当然不会理
会"，④ 此其一。中国人听到"自由"这个词往往产生误解，将其和固有
名词的"放荡不羁"等同理解，认为自由就是个人自行其是，这无疑会
助长分散主义、分裂主义和无政府主义，使本来一片散沙的中国人更加
缺乏凝聚力，⑤ 此其二。当时中国革命党组织涣散、思想不一致、行动
不统一导致革命失败的教训更使孙中山对这种看法深信不疑。孙中山的
论述当然考虑到了斗争需要，但也是观察中国社会历史的结论。他关注
了政府和民众的关系，认为传统皇权和政府对民众的控制很弱，很多社
会事务由民众自治进行，所以民众有较多自由。这种视角已经超越了斗
争策略，具有了对社会结构进行考察以判断国人自由状况的眼光，对认
识这一问题有重要意义。

---

① 孙中山：《三民主义》，岳麓书社，2000，第88~90页。
② 《孙中山全集》第一卷，中华书局，1981，第235页。
③ 孙中山：《三民主义》，岳麓书社，2000，第95页。
④ 孙中山：《三民主义》，岳麓书社，2000，第91页。
⑤ 参见孙中山《三民主义》，岳麓书社，2000，第87页。

　　南京国民政府建立以后，立法事业的领导者胡汉民继承了孙中山对自由的判断，并把这种判断作为立法的基础。胡汉民说："中国所以不能自由平等，就是由于国内散沙的自由太多，而受法律所取缔、所保护、在法律范围以内的自由太不充分。"中国人向来"不在法律里面求自由，而和法律对抗起来却非常自由"。因此他认为现在"为多数人的自由来取缔少数人的自由，是法律最大的要求"；"法律是求正义上的自由而消灭一切不适当、不道理的自由；法律是求整个的真实永久的自由而消灭一切零碎的、彼此相抵消的自由"。为了达到这个目的，立法的价值取向就不能再因袭启蒙时代以前，而对 19 世纪末 20 世纪初的新潮流视若无睹，这种新趋向、"历史的必然"就是强调社会整体利益和团体价值的社会本位。① 可以看出，身兼政治家与法律家身份的胡汉民，将国家与个人的关系具体化为法律与个人自由的关系。他所谓国人不在法律中求自由，是说国人没有遵从政府权力管制的倾向，即从国家权力对个人管制这个角度而言，国人实在是太过自由了。从这一判断出发强调社会本位，其实质是加强社会利益的代表者——国家对个人的管制。可见，胡汉民也是从社会结构的角度来认识国人的自由状况，并表露出以社会本位来改造这种社会结构的意图的。

　　近代对自由的认识及国人自由状况的判断，确实带有极为强烈的现实印记，挽救危亡的历史任务影响了思想界的思考。但从孙中山和胡汉民的论述可以看出，前述判断又不仅仅是政治家基于现实斗争而在理论上所作的有意曲解。究其实质，"自由"是社会中人与人之间的关系形态，认为自由太多是对社会关系形态作出的判断，孙中山和胡汉民通过社会组织结构上的依据来论证这种判断。值得我们注意的是，认为中国人太自由的观点在清末民国时期并非政治家所独有。对中国社会进行了精深研究的费孝通先生也有类似看法。在其经典著作《乡土中国》中，费孝通先生将在中国乡土社会中发挥作用的权力分为三种类型：横暴的权力、同意的权力和教化性的权力。横暴的权力指代国家权力，其载体为皇权；同意的权力相当于民主，指乡民协商；教化性的权力是中国乡

---

　　① 参见胡汉民《法律与自由》，载《胡汉民先生文集》第四册，台北"中央文物供应社"，1978，第 807~809 页。

土社会中极为重要的一种权力类型，它既非民主，又异于不民主的专制，这种权力建立在"长老统治"的基础上，是一种"爸爸式的权力"。这种由乡土社会的经济条件和社会组织决定的权力在乡土社会中作用最大。他分析说，在传统乡土社会中，由于生产力极度低下，农村积蓄殊少，有作为的皇权并不能从农村得到用以壮大自身的经济利益。"横暴权力有着这个经济的拘束，于是在天高皇帝远的距离下，把乡土社会中人民切身的公事让给了同意权力去活动了。……乡土社会里的权力结构，虽则名义上可以说是'专制'、'独裁'，但是除了自己不想持续的末代皇帝之外，在人民实际生活上看，是松弛和微弱的，是挂名的，是无为的。"① 据此可见，费孝通先生也认为皇权即国家权力对乡土社会民众的控制是非常松散的。至于同意的权力即民主，这种权力是以分工为前提的，由于小农经济不依赖于分工，所以其范围可以小到关门的程度，作用亦很有限。② 相比较而言，第三种权力即教化性的权力在乡土社会中占有重要地位，这种权力既不是横暴性质，也不是同意性质，它以"长老统治"为基础，是一种父爱主义的权力。行使的通常过程是长者（载体为家族、宗族、村社、乡里等）据传统教化幼者，将其陶炼为乡土社会的分子，使其能够在乡土社会特定的文化方式中参与和经营群体生活。费孝通认为这种长者的教化，"一方面可以说是为了社会，一方面可以说是为了被教化者，并不是统治关系"。③ 因此，有人说中国虽没有政治民主，却有社会民主；或者说中国的政治结构可以分两层，上层是不民主的，而下层是民主的，费先生表示赞同。④ 从费先生的分析可以看出，说横暴的权力即国家权力在传统社会中的作用极为有限，当无大谬。

若前述对中国社会结构的分析大致不错，民国立法者对法律本位的选择就必须考虑传统社会结构，确定中国在成为近代民族国家过程中的努力方向。从世界范围内来看，近代化的过程也是一个国家权力深入基层社会的过程。根据狄德罗、伏尔泰、卢梭等启蒙思想家的认识，理想的社会图景应该是国家与公民个人直接发生联系，"人们无需再与旧制度

---

① 费孝通：《乡土中国》，北京出版社，2005，第91页。
② 参见费孝通《乡土中国》，北京出版社，2005，第91页。
③ 费孝通：《乡土中国》，北京出版社，2005，第96页。
④ 费孝通：《乡土中国》，北京出版社，2005，第92页。

的那个中间身份集团打交道，而只和国家本身发生联系。这个国家有义务通过它的立法把公民从封建的、教会的、家庭的、行会的以及身份集团的传统权威中解放出来，并赋予全体公民以平等的权利"。① 只有中间身份集团被打破，国家直接对民众实行治理，松散的社会秩序才能得到有效改观，现代民族国家才能建立。这正是西方国家在近代以来的世界局势中占据优势的重要原因。民族国家较传统国家远为有效地集中了行政权力，所以即使是较小的国家，在动员社会和经济资源方面的能力也远超前现代体制的传统国家。② 在中国近代化的过程中，现代民族国家的建构从清末新政以来一直在努力推进，其核心内容就是让国家的行政权力深入基层社会，加强国家对乡村社会的监控和动员能力。③ 在这一背景下，如何对传统社会结构更有效地实现近代化改造，成为民国立法者选择法律本位时必须认真思考的问题。个人本位以国家自由放任为特色，在社会精英看来，它使国家权力对社会成员实现直接和有效治理的效果显然值得怀疑。梁漱溟先生就认为，中国历史上没有国家对个人的过强干涉，所以用不着申扬个人自由来纠正，而中国社会的散漫却是事实，所以"就应当救之以合，若再仿行个人主义，走分争对立的路，岂不是让他更散，更不能有秩序了吗？"④ 而社会本位强调社会整体利益，其实现途径重视公权力的作用，带有强烈的国家干预色彩。在当时社会精英们看来，社会整体利益的代表者只能是国家，因此倡导社会本位，由国家对整个社会进行全方位干预合乎理性并且也会是有效的。传统社会结构与其在近代化进程中的任务不合，这就是孙中山、胡汉民等认为中国人自由太多，从而必须强调整体利益的社会现实依据。

　　当然，上述看法与"五四"以后直到今天占主导地位的相关论断可能有所不同。这恐怕是当今学界忽视民国立法者在社会结构层面的考虑、认为社会本位与当时中国社会不合的原因之一。主流观点认为，传统社会中国人的自由和权利状况是极其悲惨的，最广为人知的当数毛泽东的

① 参见〔德〕K. 茨威格特、H. 克茨《比较法总论》，潘汉典等译，贵州人民出版社，1992，第 153 页。
② 参见〔英〕安东尼·吉登斯《现代性的后果》，田禾译，译林出版社，2000，第 55 页。
③ 参见梁治平《乡土社会中的法律与秩序》，载梁治平《在边缘处思考》，法律出版社，2003，第 38 页。
④ 参见《梁漱溟全集》第五卷，山东人民出版社，1992，第 858 页。

"四条绳索"说:"中国的男子,普通要受三种有系统的权力的支配,即:(一)由一国、一省、一县以至一乡的国家系统(政权);(二)由宗祠、支祠以至家长的家族系统(族权);(三)由阎罗天子、城隍庙王以至土地菩萨的阴间系统以及由玉皇上帝以至各种神怪的神仙系统——总称之为鬼神系统(神权)。至于女子,除受上述三种权力的支配以外,还受男子的支配(夫权)。这四种权力——政权、族权、神权、夫权,代表了全部封建宗法的思想和制度,是束缚中国人民特别是农民的四条极大的绳索。"① 这一论断在新中国成立后已成为不言自明的真理;而"中国人自由过多"的观点不是被认定为"资产阶级革命家的局限性",就是被认为出于斗争需要的宣传策略,其社会结构上的依据未能被认真对待。笔者认为,前述两种观点实质上并不冲突。若从传统社会结构本身来审视,前述两种论断都是对中国社会深刻观察之后得出的结论,虽截然相反,却难说孰是孰非。两者之所以出现分歧,是因为在考察传统国家、社会、个人三者的关系时着眼点不同,属于就不同层面作出的论断。当今的正统观点明显侧重于观察社会共同体与个人的关系,更多地看到个人在宗族、乡里、行会等共同体的治理下受到的种种束缚,个人的人格被吸收,只有"本分"而无权利;尤其在"革命"的大背景下,个人权利被侵害的事实甚至被不断放大,并被赋予一种必然性,从而成为革命正当性的来源。② 孙中山等人的观点侧重于观察国家和社会的关系,他们注意到在以分散和孤立为特征的小农经济条件下,传统社会的宗族、村社、乡里、行会等社会共同体分担了不少本应由国家权力承担的公共管理职能,具有较大的自治性质,对于来自国家的专制力量具有相当大的消解作用,国家政权的力量通常仅到县级而止,对广大农村中民众个人的直接治理较少。③ 国家权力留给个人行动的空间相当大,国家无法将个人纳入国家目的的轨道。这样的后果正如孙中山所说,中国

---

① 《毛泽东选集》第一卷,人民出版社,1991,第31页。

② 对这一问题的一个有益研究是吴润凯对"湖南新娘自杀事件"的解读,通过对这个民国时期轰动一时的案件进行分析,他向我们展示了事件发生后新文化精英是如何争得话语权,从而把此事塑造为妇女解放的标志性事件。参见吴润凯《新娘赵五贞之死》,《书屋》2008年第2期。

③ 黄仁宇曾对皇权不能直接治理农民和缙绅的原因作了深入的分析,参见黄仁宇《万历十五年》,生活·读书·新知三联书店,2006,第60页。

人"只有家族和宗族的团体，没有民族的精神，所以虽有四万万人结合成一个中国，实在是一片散沙"，任人宰割。①可见，民众在更大程度上从属于社会共同体，而国家则缺乏对社会成员的有效控制和动员。因此，就国家权力的介入程度而言，中国人确实相当自由。在近代化过程中，要改变传统社会结构的弊端，加强国家权力对公民个人的统治能力。社会本位便是比个人本位更有效的法律治理途径。

三 谋求社会问题解决的需要

民国时期，立法者之所以在民法的价值取向上采社会本位，对个人本位弊端的反思和警惕是一个重要原因。这在当时经立法者不厌其烦地再三阐发。对于这一点，当下学界提出了广泛的批评，最主要的理由是，西方百年来通过个人本位法律促进了财产权的保护和自由竞争，达致了资本主义经济的巨大发展，因此可以转而解决个人权益过度膨胀所带来的社会问题；而民国时期的中国根本未实现个人权利的完善保护，权利观念和个人自由并未得到发扬，当务之急应是促进个人权利的伸张，而非对权利滥用进行限制。这样的论点，同样是忽略了中国在社会转型背景下的复杂情势，尤其忽略了当时中国社会的另一面。民国时期民法社会化的兴起，不但是出于理论上的择优，也是解决社会问题的需要。正如法学家所言："中国是世界的一环，在这世界法律社会化的趋势之下，中国如欲以立法来解决许多新起的严重的社会问题，当然应当研究中国的社会情形，从新制订与社会相适应的新法律（即社会本位之法——笔者注）。"② 笔者认为，即使仅就当时中国社会本身而言，民法社会化除了具有改变国家与社会的松散关系、增强国家权力的功能之外，至少还有以下两方面的因素使其不失存在的意义。

1. 民国时期中国社会对弱肉强食的过分推崇需要得到纠正

晚清以来，中国在对外交往中处于被动挨打的弱势地位，传统仁义礼智、济弱扶倾的大同思想在挽救危亡中失去了吸引力。国人逐渐意识到当代的世界秩序是以力为中心的，国际社会进行的是一场去掉理想和

---

① 参见孙中山《三民主义》，岳麓书社，2000，第5页。
② 萧邦成：《社会法律学派之形成及其发展》，《法轨》第2卷第1期，1935。

价值的生存竞争。自由与权利皆来自强力，弱肉强食，适者生存。这种思潮，梁启超的言论可为代表："自有天演以来，即有竞争，有竞争则有优劣，有优劣则有胜败，于是强权之义，虽非公理而不得不成为公理。……两平等者相遇，无所谓权力，道理即权力也；两不平等者相遇，无所谓道理，权力即道理也。"① 这种思潮的弥漫和风行，也促成了国内社会思想观念的转变。自洋务运动以来，"所输入于我国者，以唯物主义之天演论，最占势力于社会……生存竞争之说，浸润人心，邻厚君薄之言，已为社会上不可动摇之定律。故当时各地方各团体各阶级各个人之间，几无所在而不用其竞争"；民国成立以后，"一切外交军事政治法律，殆无不可以金钱关系概之，物质势力之昂进，已达于极点"。国民彷徨于唯物质论的魔障中，"述达尔文、斯宾塞之绪余，局蹐于此惨酷无情之宇宙中，认物质势力为万能，以弱肉强食为天则，日演日剧"，② 社会充斥着一种弱肉强食的霸道秩序。掌《东方杂志》笔政凡九年的杜亚泉，曾对当时的社会情势感到悲愤："今日之社会，几纯然为物质的势力，精神界中，殆无势力之可言，……盖物质主义深入人心以来，宇宙无神，人间无灵，惟物质力之万能是认，复以惨酷无情之竞争淘汰说，鼓吹其间，……一切人生之目的如何，宇宙之美观如何，均无暇问及，惟以如何而得保其生存，如何而得免于淘汰，为处世之紧急问题。质言之，即如何而使我为优者胜者，使人为劣者败者而已。如此世界，有优劣而无善恶，有胜败而无是非。"③ 这种情况正如庞德在阐扬社会法学思想时所概括的：人的自我扩张本性压倒了社会性，从而有危及人类社会共同生活的风险。在这样的一个社会中，无论大多数社会成员的权利状况如何，强者对弱者的宰割必然会普遍出现，法律的取向注重弱势者的保护、着眼于整个社会的安定进行利益调和，恐怕不能说没有必要。当

---

① 梁启超：《国家思想变迁异同论》，载梁启超《饮冰室合集》第一册，中华书局，1989，第20页。

② 参见杜亚泉《精神救国论》，《东方杂志》第10卷第1号，1913。

③ 杜亚泉：《精神救国论》，《东方杂志》第10卷第1号，1913。对于民国初年物质至上、强权横行、弱肉强食的社会格局，杜亚泉多次发文抨击，这些文章多发表于《东方杂志》，如《吾人将以何法治疗社会之疾病乎》《论社会变动之趋势与吾人处世之方针》《迷乱之现代人心》等。参见许纪霖、田建业编《杜亚泉文存》，上海教育出版社，2003，第248~254、283~289、362~367页。

时任国民政府高官的著名法律人张知本对此曾说："近年以来，吾国社会上之骚扰，已达极点。其主要原因，自应归诸一般人民生活上之不安。欲求安之之道，即不能不从法律问题入手。"① 他倡导"社会法律学"以求安定民众生活，正是出于对这一社会需求的体认。

2. 新型社会关系的出现需要法律加以应对

民法社会化在西方的勃兴，主要肇因于资本主义机器大工业发展之后，社会中出现了私权过度膨胀、损害他人利益和社会公益的事实，这些事实在经济地位不同的人们之间表现得尤为突出。比如大公司与消费者、地主与佃农、工厂主与工人等。在传统民法三大原则支配下，后一类人只能眼睁睁地看着前者的权利膨胀，挤压自己的权利空间，直至自己生计维艰。这些事实大量存在，带来剧烈的社会冲突。为了社会整体安定，法律就要着眼于社会的利益，对当事人的利益加以平衡和调整。也就是说，资本主义大工业的发展是民法社会化的社会经济前提。那么，当时中国的情形如何呢？按照今日普遍的印象，当时中国总体上还是一个农业社会，工商业不发达，城市和农村发展极不平衡，人口比例占大多数的农村人口还保留着以往的生活方式，这些都表明社会本位在当时并无急切的需要。然而，今人的印象只不过是一种"时代意见"，而我们更需要"历史意见"——当时人们的切身体会和看法。② 关于这一点，蔡枢衡先生有以下论述：

> 社会是不断进步的。不仅新法施行后即已成为中国的法律，并且时至今日，事情又大大不同。因为《大清新刑律》产生后，接着是帝制的清室退位，民主的民国成立。此外历史上还有过新教育的改革和发展，有过新兴工商业的发达，有过以新知识者、学生及工商业者为要角的五四运动，有过奉行三民主义的国民革命北伐和统

---

① 张知本：《社会法律学》，上海会文堂新记书局，1937，"自序"。

② 这两个概念是钱穆先生提出的。他还说："历史意见，指的是在那制度实施时代的人们所切身感受而发出的意见。这些意见，比较真实而客观。待时代隔得久了，该项制度早已消失不存在，而后代人单凭后代人自己所处的环境和需要来批评历史上以往的各项制度，那只能说是一种时代意见。时代意见并非全不合真理，但我们不该单凭时代意见来抹杀以往的历史意见。"参见钱穆《中国历代政治得失》，生活·读书·新知三联书店，2001，第6~7页。

一，有过新社会科学知识的种子散布，现在还有完成启蒙运动最后一幕的全民抗战在继续着。这些历史的新事实都是有利于新法律的巩固和发展的。我以为国府奠都南京后，新法的政治基础已经由外在的变为内在的了。①

除了社会变革之外，他也对中国社会经济与新法制的相合性表达了自己的看法："欧战前后已经有新兴民族的产业作为新法的社会经济基础了，问题只在量而不在质。时至今日，劳工大众、自由职业者、学生、新流水作业的工商业者和新知识者已经意识或无意识成为新法忠实的推行实践者，尤其是再显明不过的事实。"② 按照蔡枢衡先生的看法，新法已经有了社会经济关系"质"的基础，或有不足但也只是量的问题。此一问题极为重要。因为批评社会本位的主要理由在于当时社会并无迫切需要，而断定没有迫切需要的理由则又集中于中国资本主义经济关系和由此决定的权利自由非常薄弱。平心而论，当时新型社会经济关系的"量"究竟如何？是否达到了催生社会本位法制的"足够"程度，这是笔者极想解决而又无能为力的问题，相信也是认为未达到"足够"的研究者难以解决的问题。因为，究竟一种新型社会关系的量达到多少才足以使一种新法制的出现成为必要，这从来都是一个见仁见智的问题。而就立法与社会的联系而言，笔者认为，一种新的社会关系只要出现（即有其"质"的存在），即使量还很小，法律仍然有必要加以应对和规范，否则就会出现法律上的盲点；若是墨守旧法，就会导致不公平结果的出现。民国时期的中国，资本主义工商业经济即使总量不大，但已经有了一定程度的发展；而无论是在城市还是在农村，经济地位不平等的社会主体如地主和佃农、工厂主和工人之间的关系都是法律不能忽视和拒绝处理的，对于这些人的利益，法律有必要加以平衡；对于弱势的佃农和工人，法律也有必要加以倾斜扶持，不能因为这些关系在整个社会中的比重微小而予以忽视；或者因为要保护地主和工厂主的权利而放任当事人意思自治。诚然，就整个社会而言，权利观念需要培育和发扬；然而

---

① 蔡枢衡：《中国法理自觉的发展》，清华大学出版社，2005，第75~76页。
② 蔡枢衡：《中国法理自觉的发展》，清华大学出版社，2005，第75~76页。

在具体的社会关系中，大工业发展所引起的社会问题日益凸显，强者和弱者的不平等比比皆是，这就是当时中国社会的复杂之处。如果因为要遵循西方民法的发展线索，坚持"充分保护权利—出现权利滥用—限制权利"的程式而放任强、弱之间不公平结果的出现，无疑是走了西方国家类似"先污染，后治理"的老路。这一点，当时领导立法的胡汉民在谈到平均地权和节制资本的必要性时已明确指出："我们不能以为它在目前无关重要，便有所忽略，使立法上失了主义的根据，而重蹈他国的覆辙。"① 也正因为此，作为民法学家的梅仲协先生对民法的社会本位立场大为赞赏。他说，20世纪的立法原则，已经有由个人资本主义转入社会连带主义的趋势，近年来新工业的种子亦渐渐在中国萌发。为防止资本主义的流毒，现行民法（即《中华民国民法》）特采取德、瑞、苏俄的立法例，对于契约自由的限制（第74条）、权利滥用的不受保护（第148条）、无过失损害赔偿制度的确立（第187条）等，均有明文规定。"较诸陈腐之旧有草案，其进步为何如耶。"② 这种赞赏正是出于法律有效应对新型社会关系的认识。在同一社会中，旧的社会情势和新的法律需要并存之时，究竟该如何处理？法律是迁就社会中的落后因素、放慢步伐，还是着眼于新的社会关系而立法，以此促成旧的因素转变？这同样见仁见智。当时的法律人以历史在场者身份作出的论述很值得我们重视。如吴学义先生说："吾国今日，既采用革命的立法政策，旁顾时代环境之进步与要求，复咄咄逼人，断不能阻挠一部分之长足进步，而强使驻足相待，以近合于他部分之墨守成规者。再由国家政策着眼，又不能因城市与乡村，而为各异之立法与判决，则舍彼就此，亦属不得已之事。何况革命的立法，足以促进社会之改善……"③ 可见，立法者绝不是忽略了"旧"，而是权衡新旧，选择了"新"。这种"新"同样有社会现实的依据。

综上所述，近代中国的民法社会化是许多现实条件作用的结果，除了社会需要和民众心理的对接是基于法律实效的考虑，其他因素无不和

---

① 胡汉民：《民法物权编的精神》，载《胡汉民先生文集》第四册，台北"中央文物供应社"，1978，第865页。
② 梅仲协：《民法要义》，中国政法大学出版社，1998，第20页。
③ 吴学义：《夫妻财产之立法问题（三完）》，《法律评论》第7卷第44期，1930。

中国所处的环境紧密相关。既有作为半殖民地的有限选择，又有试图以法律改变这种现状以图自强的奋斗。这种肩负了历史使命、考量了政治形势的立法与本国社会生活现实的悬隔自不能避免，[①] 但也绝不仅仅是一种基于理论的理想建构。与西方国家相比，中国近代的法典制定恰恰并未经过充分而深入的法学学术论争，多是一种以现实为依归的策略性操作。[②] 只不过这个现实并不主要是中国社会经济状况和民情（尽管也有顾及），更多是中国在当时的中外交往中所拥有的有限选择。这可以说是当时最基本的现实。这个现实决定了中国政府的历史使命和时代任务，也决定了立法的方向。从这个意义上讲，以民法本位的"三阶段"论为标准，认为当时中国应以保障个人权利为重心的主张，虽然不失为民法学人文关怀的表现，但就当时中国国家和社会的情势而言，却并不对症。

---

① 立法与现实产生不适合并非中国独有的问题，几乎所有继受法国家甚至是未进行法律继受的国家，新的立法与社会现实都会出现一定的冲突，只是程度的问题。蔡枢衡先生甚至认为这种不适合现象正是法律活动"合法则性"的体现，是"应有而不可无"的。参见蔡枢衡编著《中国法律之批判》，正中书局，1942，第32页。

② 中国近代法典制定过程中的争论参见张生《中国近代民法法典化研究》，中国政法大学出版社，2004，第187~196页。

第三章　民法社会化的理论诠释

欲深入理解中国近代民法社会化，对其与民国法学理论之间的关系进行考察是一个必要条件。其故有二。一为逻辑的原因，法学理论为法律思想之系统的学术表达，而民法理论既影响民法产生，又是对民法的理论诠释。不明了民法理论的源流，也就无法完整、透彻地理解民法。二为历史的原因，南京国民政府时期的民事法律，是政府和法学家合作的结晶。可以说，当时法律人在理论和实务两界形成了一个坚强的共同体，无论是在立法还是司法这些法律实践活动中，法学家都具有重要影响。如史尚宽先生担任立法委员和民法起草委员会委员，陈瑾昆先生担任最高法院推事和司法行政部民事司司长，胡长清先生参与民法典纂修，黄右昌先生担任立法委员和司法院大法官等。由于这种关系，法学家对民法社会化的认识在很大程度上决定了其在民法中的实现程度，而这些认识的集中展现即民法理论学说，故有进行考察之必要。

第一节　西方社会法学在民国的传播

在 20 世纪 20 年代，当社会法学理论这股"西风"吹入中国之时，中国本土民法学已经有了十余年的积淀。在这十余年中，由于民法典尚未出台，民法学中法典崇拜的注释法学倾向并不十分明显，法学思想也没有定于一尊，很多舶来的主义和学说并存且互动争鸣。[①] 到了 20 年代后期，随着国民革命的蓬勃开展和南京国民政府的建立，三民主义在法学中的地位可谓一飞冲天，被奉为圭臬。法学家们服膺三民主义，坚信三民主义能促进社会的迅速发展，使中国走向富强，[②] 故不遗余力以法学理论论证其合理性并探索践行之道。在这种情况下，刚传入不久的社

---

① 清末民初中国民法学发展历程的详细讨论，参见俞江《近代中国民法学中的私权理论》，北京大学出版社，2003，第 13~23 页。
② 参见张生《中国近代民法法典化研究》，中国政法大学出版社，2004，第 190 页。

会法学理论适逢其时，为三民主义获得理论正当性和技术操作性提供了绝好的思想武器，立刻获得法学家一致推崇。由于两者在主张上有颇多相合之处（见本书第一章），法学界认为，社会法学思想"其归结处在于置重共同生活之圆满，与平等、博爱之观念既不背驰，与民生主义之论旨复相契合，则此学派之在我国，其具有重要之意义更属不言而喻"。① 此外，社会法学受到推崇也和其自身表现出强大的解释能力有关。在当时法律人看来，西方法学流派之中，社会法学之外的其他学派都已变为明日黄花：纯粹哲理法学派拘墟于学理，不务实际，近于闭门造车；历史法学派偏于理想，与实际人生毫不相蒙，随着社会变迁变成糟粕。相形之下，社会法学派注重法律对社会生活的现实功用，"于是远识之士，知非改易趋向"，"此说一倡，如以大刀阔斧，将深根固蒂之旧哲学，悉举而摧陷廓清之，非天下之大勇，固不能矣"。② 社会法学遂成备受推崇的理论。法学家的工作，除大量译介社会法学诸子的著述外，便是探讨三民主义的法学意涵并确立其理论前提地位，为三民主义与社会法学在理论和实践上的接引与结合而奋斗。这种特点使近代中国民法学对诸多民法问题的认识带有自身的特点，也对民事立法的规则设计产生影响。

　　需要说明的是，在法学家对三民主义和社会法学进行理论接引之前，孙中山和胡汉民等人已经注意到西方法律的这一新趋势，并屡屡在言论中加以吸收以阐扬国民党国家社会本位的政治哲学（见本书第一章第一节）。南京国民政府建立以后，服膺三民主义的法学家们积极进行了传播、吸收社会法学理论的工作。在当时的法律人看来，"个人主义或自由主义的法制，虽是人类自觉自尊的表征，但时至今日，已成末流，代之而兴的，是社会主义的法制。……这种变迁，是时代洪流中必然的现象"。③ 法律社会化既是世界法律发展的必然结果，中国法律也要被这种必然性所规定："中国是世界的一环，在这世界法律社会化的趋势之下，

① 〔日〕牧野英一：《法律上之进化与进步》，朱广文译，中国政法大学出版社，2003，"弁言"。

② 王传璧：《社会法学派袁龄氏学案》，《法律评论》第4卷第5期，1926，第4页。对各派的评说，参见汤唯《法社会学在中国：西方文化与本土资源》，科学出版社，2007，第71~72页。

③ 参见〔法〕路易·若斯兰《权利相对论》，王伯琦译，中国法制出版社，2006，"译序"。

中国如欲以立法来解决许多新起的严重的社会问题，当然应当研究中国的社会情形，从新制订与社会相适应的新法律。"① 这种法律就是社会本位之法。由此，社会法学在中国成为备受推崇的理论，社会法学派的著述被大量译介和传播。日本是东方国家中继受西方法律的先行者，除了理论原发地的欧美社会法学，日本社会法学的理论探索经验也受到了重视。

一　欧美社会法学

近代欧美社会法学在中国的传播中，耶林、狄骥、庞德三位法学家的理论尤为突出。耶林的《为权利而斗争》在 1900 年即被译为中文，载于当时中国留日学生主办的《译书汇编》。不到两年后，该作品由张肇桐翻译，上海文明编译印书馆再度印行。此后该作品又经潘汉典先生于1947 年翻译，发表于《大公报》。② 除了"为权利而斗争"的论点外，1926 年，王传璧在《法律评论》杂志发表了《社会法学派袁龄氏学案》，对耶林的法律思想进行了总体性介绍。稍晚于耶林的狄骥，其思想在 20世纪二三十年代也极受推崇，著名法学家周鲠生评论说，狄骥的著述"超然于传习的学派之上，从唯实主义的精神，抨击旧说，推翻一切，立论精刻，独有见地……凡有志精研法理之人，都不可不细读"。③ 早在 20年代末，已有留法学者将狄骥的私法社会化思想加以介绍。论者盛赞狄骥的理论完全合乎社会事实，应该作为一切法制的基础；理解了狄骥的理论，以前民法学上争论不休的难题都可以迎刃而解。④ 集中反映其私法社会化思想的著作《拿破仑法典以来私法的普通变迁》也在 30 年代翻译出版，对中国法学家影响甚大。不论是法理学还是部门法理论中，狄氏的社会连带主义和"社会职务说"都被大规模传播。如关于个人、社会与法律的关系，郑保华先生曰："人类共同生活上所需要之重大原因，计有两种：一种是各个之需要，无不从同；一种是各个之需要虽则从同，

---

① 参见萧邦成《社会法律学派之形成及其发展》，《法轨》第 2 卷第 1 期，1935。
② 参见〔德〕耶林《为权利而斗争》，郑永流译，法律出版社，2012，"译后记"。
③ 周鲠生：《法律》，商务印书馆，1925，第 35 页。
④ 参见章渊若《狄骥氏的私法革新论：从主观的玄学的个人主义的法制，演成客观的实际的社会主义的法制》，《东方杂志》第 26 卷 18 号，1929，载何勤华、李秀清主编《民国法学论文精粹》第一卷，法律出版社，2003，第 623～638 页。

却也有不同之存在，且各人之才能，亦多互异。有此两种原因，人类方因互助及满足各人欲望起见，经营共同生活。此种共同生活之中，即具有分工作用，凡在社会上参加共同生活之分子，各自皆须对社会尽一种分工之责。彼等所任之责任，苟有社会之价值，方为法律保护之标的。"① 与狄骥的相关论述如出一辙。关于权利的本质，时任立法委员的杨幼炯说："人类要求生存，便有其必不可少之生存的职务；为因要能尽其职务，始能解决其生存问题，又必须某种推行其职务所必需之权利。故权利只是维持人类生存之工具，而非人类之目的。"② 在作为私法基础的所有权问题上，多数民法学者认为，未来世界所有权立法的方向，必然以社会连带学说为指导："近世各国所有权立法普遍所采之原则，即所有权义务化、社会化是，亦即前述社会职务说之理论。"③ 庞德的社会法学思想亦于 20 世纪 20 年代传入中国，受到法学界的热烈追捧。当时知识界影响较大的陶希圣对于法律与中国社会关系的研究就是经由狄骥的社会连带主义和庞德的社会法学思想加以强化的。④ 1926 年，商务印书馆出版了庞德的《社会法理学论略》，由法学博士陆鼎揆翻译，吴经熊作序。译者认为，欧陆法制成熟已久，墨守个人本位的陈规不能适应社会的进步，产生了种种流弊。社会法学派的理论可谓"匡时之良药"，应当加以重视。⑤ 1928 年，庞德的《法学肄言》由雷沛鸿翻译并在商务印书馆出版，郑毓秀为之作序。该书体现了庞德对法学基本范畴的认识，被认为是其法学研究的纲领和先导。译者认为庞德的学说"足以促进世界法律思想之改造，而隐然为其领袖"；郑毓秀则认为此书是研究法律哲学问题的先导之作，将之译介到中国实属明智之举。⑥ 这些书此后又多次再版，在中国法学界影响很大。1940 年，庞德的《法学史》又由雷宾

① 郑保华：《法律社会化论》，《法学季刊》第 4 卷第 7 期，1931，载何勤华、李秀清主编《民国法学论文精粹》第一卷，法律出版社，2003，第 137 页。

② 杨幼炯：《今后我国法学之新动向》，《中华法学杂志》新编第 1 卷第 1 期，1936，载何勤华、李秀清主编《民国法学论文精粹》第一卷，法律出版社，2003，第 392 页。

③ 吴芳亭：《所有权观念之演变》，《中华法学杂志》新编第 1 卷第 7 期，1937，第 95 页。

④ 白中林：《寻找思想史上的陶希圣》，载陶希圣《中国社会之史的分析（外一种：婚姻与家族）》，商务印书馆，2015，第 280 页。

⑤ 〔美〕滂特：《社会法理学论略》，陆鼎揆译，商务印书馆，1926，第 3 页。

⑥ 〔美〕滂恩：《法学肄言》，雷沛鸿译，商务印书馆，1928，"郑序""译者序"。

南译介到中国，该书系统阐述了庞德关于法学研究的视角转换、今日法学主要问题等观点。著名法学家吴经熊对庞德的著作和思想评价极高，认为庞德"以社会利益之理论，作为立法之理论及司法判决之根据，无有比其更适合，更含蓄，更平稳者"。① 中国法学家张知本所写的第一本社会法学专著——《社会法律学》，法学博士何世桢所撰的《近代法律哲学的派别和趋势》以及陈霆锐、王传璧等法学家的著作，都明显受到庞德学说的影响。丘汉平的《法治进化论》、田浩征的《法律目的论》等较有影响力的著述，几乎是原封不动地沿袭了庞德关于法律分期的观点，认定法律社会化是人类法律发展的最高阶段。西方社会法学传入中国之后所产生的反响，按照蔡枢衡先生的说法，使中国法学呈现出一幅半殖民地风景图："在法哲学方面，留美学成回国者，例有一套 Pound（庞德——笔者注）学说之转播；出身法国者，必对 Dugiut（狄骥——笔者注）之学说服膺拳拳；德国回来者，则于新康德派之 Stammler（施塔姆勒——笔者注）法哲学五体投地。"②

　　然而，在西方社会法学传入中国的过程中，有些细节颇值得后来的观察者注意。其一是前述三位社会法学代表人物在法学中的不同境遇耐人寻味。耶林的思想，在中国法学家否定中国传统法制的时候得到阐扬，其"权利竞争论"也是新法制的一面旗帜。然而在随后中国社会法学的高歌猛进中，狄骥和庞德的思想却受到了更多重视。这大致是因为，从本质上讲，耶林还带有较多传统自由主义法学的色彩，不如狄骥和庞德更符合法学理论中对社会利益大书特书的需要；并且就研究方法来说，耶林尚未能脱离理性哲学的窠臼，他提倡法律以社会利益为基础，但忽略了法律要达到社会利益目的必须以各项社会条件尤其是经济条件为基础，被认为有舍本求末之嫌。③ 其二是在西方社会法学著述被译介的过程中，中国法学家对其思想进行了取舍。西方社会法学分支众多，然其理论主张在以下几个方面大体一致：首先认为国家、法律都是社会现象，

---

① 吴经熊：《庞德之法学思想》，狄润君译，载《震旦法律经济杂志》第3卷第5-6期，1947。
② 蔡枢衡：《中国法学及法学教育》，载许章润主编《清华法学》第4辑，清华大学出版社，2004，第14页。
③ 张知本：《社会法律学》，上海会文堂新记书局，1937，第16页。

而非主观理念，也非上帝或神的启示，从这一前提出发，他们反对研究法律的本质，主张从法律的社会效果来研究法律，比较偏重法律的社会实践；其次在价值上认为法律的目的是社会利益，反对纯以个人权利、自由为主要着眼点，更强调社会利益；最后在法律适用过程中反对法典崇拜，重视法官的自由心证和自由裁量权。[①] 可见，西方社会法学派的理论主张是一个涵盖法律本体、法学研究、价值判断和司法过程等诸多领域的体系。重视社会利益的价值判断只是其中内容之一，虽然这种价值判断与其他方面有密切关联，但价值观和方法论的分野终究可以窥见。然而在 20 世纪二三十年代的中国，法学家对社会法学的价值观竭力推崇，对其方法论层面的主张却并未表现出相应的热情。诸如重视法律的社会实践效果、法律当随社会生活的进化而变革等主张，在中国法学家那里，只不过是用来证明法律已进入社会化时代、应当以社会利益为重的论证手段而已，从而变成了社会利益这一价值解释和信念解释的附属物，失去了知识学上的独立价值。

二 日本社会法学

对当时社会法学在中国的传播而言，日本法学家的著述颇堪注意。近代以来，自中国法律现代化进程开始之时，日本法学就在中国具有特别的影响，无论是法学作品的译介，还是法学人才的交流和养成，很多西方法的近代化因素皆是经过日本得以被中国法律所吸收。[②] 特别是在 20 世纪二三十年代，日本作为实现法律近代化的东方国家，其经验对中国的意义远胜西方列强，对法律社会化潮流的反应也更受国人青睐。

相较而言，日本对西方社会法学的接受略早于中国。第一次世界大战引起了民众对于生活源泉的注意，法国的工团主义、英国的基尔特社会主义等思潮开始盛行，马克思和恩格斯的学说也有人"诚恳地研究"，私有财产制度、契约自由与过失责任受到了质疑。1920 年，通过法学家

---

① 参见王献平《西方社会法学初识》，《中国社会科学院研究生院学报》1985 年第 3 期。

② 如 20 世纪二三十年代在知识界影响力很大的陶希圣，其关于法律与社会关系的探讨受狄骥、庞德思想的影响很大，而他初次接触狄骥与庞德的学说是通过日本法学家末弘严太郎和牧野英一的著作。参见《陶希圣年表》，转引自白中林《寻找思想史上的陶希圣》，载陶希圣《中国社会之史的分析（外一种：婚姻与家族）》，商务印书馆，2015，第 280 页。

末弘严太郎和高柳贤三的努力，埃利希的社会法学思想被介绍到日本。随后，西方社会法学派的惹尼、狄骥、庞德的作品也通过翻译而影响日本法学界。这一过程主要发生在1920—1928年。① 从后来的发展来看，平野义太郎、小野清一郎、牧野英一、我妻荣等著名学者皆参与其中，有各自的著述问世。在日本社会法学思想的传播中，冈村司的《民法与社会主义》和牧野英一的《法律上之进化与进步》是影响较大的两本著作。

冈村司的《民法与社会主义》（冈村司先生所谓社会主义即社会本位——笔者注）于1930年由刘仁航和张铭慈两位先生翻译出版，时任立法院法制委员会委员长焦易堂为该书作序，可见其受重视之程度。焦序比较到位地表达了官方法律人对这一问题的关注和认识，序曰："民法者，保护私人之权利，以维持社会之秩序者也。社会主义者，研究祛除社会不平等现象，以谋所以改善社会者也。其方法虽异，其目的则一。故研讨社会主义者，不可不顾及民法，以为改善社会之工具。而草拟民法者，尤不可不详考社会主义，以为立法之根据。当今之世，有数大问题存焉：一曰所有权问题。一曰劳动问题。一曰家族问题。凡此数者，胥与改善社会有莫大之关系。如无切实解决方法，则社会之永久安宁，终难实现！"② 在焦易堂看来，民法和社会本位的最终取向一致，即都是为了社会共同生活的维持。作为接受过现代法学教育的法律人，焦易堂并未否认民法保护私权的功能，却认为保护私权是民法谋社会改善、维持社会生活的一种途径。这种工具性的认识隐然消解了民法为私权保护之法的意义，大致也是近代中国社会法学理论的共识。然而如从冈村司先生的论述出发，我们发现该序所表达的中国法学家的共识并不完全合于冈村司先生的本意，而有郢书燕说的偏离。

同样具有法制后发的背景，但与很多中国学者认为法制后发国家私权不彰、无须采社会本位以防个人主义之弊不同，③ 冈村司先生多次指

---

① 参见〔日〕高柳健藏《日本之法律教育》，赵颐年译，载孙晓楼《法律教育》，中国政法大学出版社，1997，第279页；何勤华《20世纪日本法学》，商务印书馆，2003，第14页。
② 〔日〕冈村司：《民法与社会主义》，刘仁航、张铭慈译，中国政法大学出版社，2003。
③ 这种论点持有者在民国时期以王凤瀛先生为代表，参见王凤瀛《二十世纪民法之趋势及吾国立法之方针》，《法学会杂志》第8期，1922；王凤瀛《说研究法律之方法》，《法学季刊》第1卷第8期，1924。当代中国则何勤华、李秀清、俞江等知名学者均持此观点。

出，个人本位之法在西方发达国家已属流弊甚明，对于后发国家而言，在吸收西方经济发展模式的同时，对于个人主义的极端发展必须防微杜渐。否则会产生严重社会问题甚至引发"二次革命"，造成不必要的社会牺牲。① 这种对法制后发国家法律社会化之必要性的论述，在法制成熟国家的法学理论界，可能不过是一家之言，但对于当时中国倡导社会利益学说者而言，他们却因此获得了强大的思想武器和推进动力。而冈村司先生通过法律社会化谋求解决社会问题、避免社会革命的主张，适与国民党政府在现有秩序框架内解决社会问题、减小共产主义影响的期望不谋而合。同时，冈村司先生对西方社会连带主义作了发挥，认为社会连带分横向的空间连带与纵向的时间连带，横向的空间连带，在现阶段以国家为单位，若能使一国团体的连带机能充分发挥，则本团体可取得相对于其他团体的优势；纵向的时间连带则上承祖宗家世、下启后代绵延，在法律中一般是亲属法和继承法调整的对象。② 这种划分所具有的意义，不但符合中国在救亡图存之际全民团结、一致对外的需求，也与国民党的三民主义存在较多的相合。凡此种种，冈村司先生的学说受到追捧自在意料之中。

　　既然认定民法社会化对法制后发国家亦有重要价值，冈村司先生对民法上的所有权、劳动契约和家族三个重要问题以社会本位为视角进行了检视。他的基本观点如下。以往个人主义法制下的所有权制度、契约制度和家族制度，在特定的历史时期发挥过巨大作用，促进了人类社会的极大发展。然而时至今日，这种价值取向及其制度已经带来大量严重的社会问题，亟须进行社会化的变革。对于所有权，应该以社会连带主义为基点，认识到所有权并非个人的绝对权，而是社会性的相对权，因此应当根据社会生活的需要加以设置和变革；劳动契约领域，国家应立法对劳动者进行倾斜性保护，同时通过大量订立团体劳动契约来充分释放劳工集体本身的力量以保障其权益；婚姻家庭领域，应当承认完全的婚姻自由，准许自由离婚，男女平等同权，为受到父母（尤其是父亲）

---

① 参见〔日〕冈村司《民法与社会主义》，刘仁航、张铭慈译，中国政法大学出版社，2003，第 2 ~ 3 页。

② 参见〔日〕冈村司《民法与社会主义》，刘仁航、张铭慈译，中国政法大学出版社，2003，第 91 ~ 92 页。

亲权严重束缚的子女松绑等。冈村司先生关于民法社会化的论述涵盖了民法的财产法与身分法两大部分，相比于西方社会法学派，对身分法的重视是日本学者问题意识的超越和创造性的体现；而对于同属东方的中国社会法学，冈村司先生的以下理论主张值得格外注意。

其一，冈村司先生的民法社会化理论中，个人本位和社会本位并非截然对立的两种事物。以私权中最为重要的所有权为例，冈村司先生主张所有权社会化，但在他看来，所有权的历史线索应当这样认识：古往今来的一切所有权制度，皆包含共有和私有两种因素，所有权的形态因利人和利己两种价值取向此消彼长而形成。所谓所有权从原始社会的共有制时期进入后来的私有制时期并不是一个绝对分明的、具有颠覆性的过程。共有制时期并不能否认个人所有权的存在（如某些生活资料），只不过其理念偏于利人；今日私有制大行其道，但亦包含共有制的精神而不能将其彻底否定，只不过其理念偏于利己。因此，寻求所有权社会化，只是将所有权中利人、利己精神重新加以调和，并不是对前一阶段的截然否定。① 可见，从所有权角度而言，社会本位是个人本位法制中固有的要素重新消长的结果。

其二，倡导重视团体利益，但绝非无视个人利益。冈村司先生认为，个人权利固为社会利益而存在，然而团体也不能蔑视和恣意剥夺个人权利；为了团体利益的需要，虽可以对个人权利实施某些必要的限制，但此种限制必须有一定限度；若超过必要限度，则此种为实现团体利益的限制反而会有害于团体利益，此时就应当保护个人权利，否则就是团体自灭之道。② 冈村司先生非常清楚地认识到，为团体利益而限制个人权利，必须有其限度；并且还认为，在某些情况下保护个人权利就是保护团体利益，对私权的重视于此可见。

其三，社会本位的目的是使社会利益得到应有的维护，然而与个人利益有明确的主体不同，社会利益究竟应当由谁加以确定，谁又可为其代表？在现阶段人类社会中，这一主体通常只能是国家。冈村司先生承

---

① 参见〔日〕冈村司《民法与社会主义》，刘仁航、张铭慈译，中国政法大学出版社，2003，第 36 页。

② 参见〔日〕冈村司《民法与社会主义》，刘仁航、张铭慈译，中国政法大学出版社，2003，第 79 页。

认了这一现实，但同时对国家作为社会利益的确定者和代表者表现出相当的警惕。他认为，国家为社会利益目的可以通过法律的强制力限制个人权利，但是国家的载体是政府，政府同样是由个人组成的，因此会产生以社会利益之名损害个人或有害团体利益的风险。① 从后来社会本位理论在某些国家的实践中滑向国家主义甚至法西斯主义的现实来看，冈村司先生在此时即抱有这份警惕，可谓远见卓识；而他所畅想的需要一个一心谋团体生活、值得信任的政府来更好地践行社会本位，实际上已经隐隐提出了政治体制和社会利益保障的关系这一重大问题，提醒人们：只有宪制政府方能承担起恰当践行社会本位理论的任务。换言之，只有立宪体制下具有政治正当性的政府，才能在更大程度上保证对社会利益的恰当界定和保护，不至于蜕变为官僚本位和特权本位，对私权进行恣意践踏和剥夺。

冈村司先生的法学思想传入中国后产生的影响，从后来民国法学家的论述来看，其强调限制私权、重视公益的一面被大力阐扬；而理论的另一面，即重视个人权利保障、警惕国家作为社会利益代表者的风险，这些闪光点却隐而不彰，被有意无意地忽略了。这一事实，值得后人注意和感慨。

牧野英一先生的论述则独出心裁，他采取的是将个人本位和社会本位冶于一炉的路径。尽管和许多学者一样，牧野先生对法律发展的三阶段论即"义务本位—权利本位—社会本位"表现出一定的认同，但对其特质的见解却不落俗套。他认为，尽管把近代以来的法律进化过程归结为法律的个人化和权利化（亦即通说所谓个人本位或权利本位）并无大谬，但是法律自诞生时起就必须以人类团体生活的存在为前提，离开团体生活而单言法律之个人化和权利化，其用语本身即不免矛盾。"所谓法律之个人化、权利化者，系谓法律离其为权力阶级之法律，而为一般庶民之法律也。于此意味之个人化、权利化，实则即系社会化的事实矣。"② 根据牧野英一先生的认识，所谓权利本位或个人本位其实也须以

① 参见〔日〕冈村司《民法与社会主义》，刘仁航、张铭慈译，中国政法大学出版社，2003，第79页。

② 〔日〕牧野英一：《法律上之进化与进步》，朱广文译，中国政法大学出版社，2003，第96页。

社会为最终依归，因为权利出自法律，而人类社会的团体生活是法律的基础和本原，所谓法律个人化、权利化只不过是法律将其社会基础由权力阶层扩大到了社会民众，仍未脱离基于整个社会的性质，从这个意义上讲，个人化和权利化只不过是社会化的一种表现而已。牧野英一先生的论点，实际上是对法律社会化进行了"扩大解释"。按照他的看法，无论权利内容变化与否，只要权利主体大量增加，就可认为是社会化，如此一来，通说所谓的权利化和个人化亦成为社会化的内容。当然，如此解释固然拉近了权利本位和社会本位的距离，但无疑会稀释狭义上19世纪末以来法律社会化的特性和意义。正是意识到这一点，牧野英一先生还是对个人本位和社会本位的法律进行了比较和辨析，虽然结论仍是二者同为社会化之表现，但其指出了二者在相同属性下程度上的差异。他说：

> 先就法律个人化之现象观之，其于提高一定个人地位之点虽系个人化，然此一定个人之地位既已提高，则在他一定个人之权利地位即须有所限制。由其限制之点言之，所谓个人化者，实不外乎吾人在现代之法律组织所主张之社会化矣。更就法律社会化之现象观之，其于限制从来之法律的特权阶级之点虽系社会化，然在他方则因从来之特权阶级既被限制，结局乃使社会上一切他之个人地位均行上升。是此意味之社会化，又实不外乎个人化矣。①

牧野英一先生以权利的限制和扩大来理解人类法律历史发展的不同阶段，无疑触及了法律本位问题的实质。法律本位，即法律的价值取向不外乎是对社会成员权利义务关系进行配置和调整的原则。社会中好像存在一个类似于"权利总量守恒"的机制。法律的本位无论如何调整，其结果总是有人权利扩大，那就相应有人权利缩小。从这一前提出发，得出所谓法律个人化与社会化并非对立的结论实属意料之中。具体来说，正如牧野英一先生所言，通说所谓的法律个人化即个人本位，是对以往

---

① 〔日〕牧野英一：《法律上之进化与进步》，朱广文译，中国政法大学出版社，2003，第98~99页。

法律下的特权阶级如贵族、僧侣及其特权进行限制甚至废除，从而使本来受特权压迫的广大社会成员权利上升；法律社会化则是对个人本位下形成的新特权阶级如大资本家、土地所有者之权利进行限制，受其支配的相对人如工人、佃农、消费者之权利则会上升。就某些主体的权利受到限制、其相对人权利上升这一点而言，二者并无差异（尽管后者特权阶级的出现是市场自由竞争的结果而非如前者那样纯基于国家武力），故牧野英一先生认为对于二者"实可包括而理解之"。

既然如此，那么，19世纪末以来兴起的法律社会化是否就没有特别的意义、可以和个人化等同呢？在牧野英一先生看来则又不然。尽管通说所谓个人化在他眼中其实也是一种社会化，但这种社会化在表现形式上毕竟太注重个人的意义，社会的意义几乎被忘却。故为了求得个人和社会的平衡，有必要在法律中强调社会意义的因素，即倡导社会本位。①可见，倡导（狭义的）社会化才是牧野英一先生的真实意图。不过，既然已经作出了个人本位和权利本位亦属社会化的论断，在阐扬社会本位时，重视二者的相通性是必然的结果。牧野英一先生认为，社会化的目的并不是否定个人权利本位，恰恰相反，是因为过去的自由主义在新的社会现实下已经无法像过去那样完满地保护个人权利，故必须作出变革即走上社会化之途。他说："夫社会本位论之适用，如果对于个人之地位加以不当之压迫，则诚为社会本位论之弊害，诚系滥用，然吾人所谓法律社会化者，乃系惟因常考虑其个人化的作用而始得正当之作用者也。而所谓个人化的作用者，即系保护个人使个人可能适当主张个人之人格也。"② 社会化的进行，可以使社会主动对个人权利的满足进行救济，个人在社会的干预和帮助下，能更好地获得主张其权利和人格的平等机会；社会中的弱者，也不至于为了争取自己的权利而走向破坏现有社会秩序的歧途。③

综观牧野英一先生关于法律社会化的论述，他一方面认为19世纪末

---

① 参见〔日〕牧野英一《法律上之进化与进步》，朱广文译，中国政法大学出版社，2003，第99～100页。

② 〔日〕牧野英一：《法律上之进化与进步》，朱广文译，中国政法大学出版社，2003，第100～101页。

③ 参见〔日〕牧野英一《法律上之进化与进步》，朱广文译，中国政法大学出版社，2003，第101～103页。

以来兴起的法律社会化有其自身特性，即能够彰显社会自身的存在和利益，从而促进社会共同生活；另一方面又认为这种法律社会化与自由主义和个人化、权利化并非背道而驰，二者同属广义的社会化之不同阶段。其用意和理论含义皆十分深远：扩大社会化的内涵，将人类社会法律进化的过程皆认定为社会化的进程，即使众谓个人本位和权利本位者亦包含在内。如此一来，19世纪末兴起的法律社会化并非异物，只不过是与个人本位一脉相承的社会化过程之新进展，此论无疑减少了社会化实现的阻力。此外，因为将二者认定为同一事物在不同阶段的表现，二者精神上的共通自不待言，个人本位亦是以社会生活为最终依归，社会本位则是为了在新的社会现实下更好地实现社会成员个人权利的保护。

从冈村司先生和牧野英一先生的著述出发作一管窥，20世纪初日本法学中的法律社会化理论除了对婚姻家庭领域的重视较为突出，大体与西方社会法学思想保持一致。比如认为社会本位是对个人本位的修正而非否定，私权对社会利益有重要的意义，社会本位要重视私权保护等。他们并未将社会本位绝对化，时时注意阐述社会本位与权利本位的共通和紧密联系，体现了处于法律社会化潮流中的日本，已成为一个法制上相对成熟、有自身反思能力的国家。这与日本自19世纪70年代末开始的"自由民权运动"之启蒙密不可分。在这场运动中，推进民主改革、实行民主宪政的要求获得社会各阶层普遍响应，近代政治思想和法律观念也得以普及，"自由主义和个人主义等取代了过去的儒教和神道而流行起来，天赋人权的思想也受到提倡"。① 至社会法学传入的20世纪20年代，这一过程已历四十余年，当有不少积淀。与日本相比，中国继受西方法学较晚，传统概念法学及其价值未得充分阐述便与社会法学不期而遇，自然会影响对法律社会化特质的全面把握。由于反思不够，中国法学关于社会化的论点几乎成为社会利益这一信念的附属物，失去了其知识学上的独立价值。从冈村司先生和牧野英一先生的理论反思来看，日本社会法学较为忠实、全面地把握了西方社会法学的理论内涵，西方社会法学在中日两国的继受可谓同源而殊途。

---

① 参见〔日〕依田憙家《简明日本通史》，卞立强、李天工译，北京大学出版社，1989，第213页。

　　然而，在了解中日近代社会法学思想之差异的同时，我们也不能对日本社会法学的论断过于乐观。作为日本社会法学的代表人物，牧野英一和冈村司两位先生特意为权利本位与社会本位架起了沟通的桥梁，未尝不是对社会法学在日本异化的一种预警。明治维新以后面向西方的日本，在形式上的议会政体之卵翼下，启蒙思想的价值也曾被知识界阐扬。然而，20世纪初的日本，无论是有一定发挥空间的舆论还是学者们的知识，都不能抵制军国主义要求国民向国家权力屈服的趋势。军国主义指使下的国家权力，要求学者不得发表批评，甚至不能违背"国策"作独立的研究。正如许倬云先生所言：日本的大学曾经教育了一个时代的现代公民，他们也知道国民屈服国家权力是一条会导致自我毁灭的道路。然而，许多深受启蒙思想影响的学者和公民在政府强烈的压制下，不得不低头屈服。① 1930年，平野义太郎因批评《维持治安法》而被迫辞去东京帝国大学教授职务；1933年，泷川幸辰因其著作触犯了日本法西斯势力，被逐出京都帝国大学；1935年，美浓部达吉因提出"天皇机关说"而被剥夺议员职务，其著作也被全面查禁。② 可以说，社会法学并未在日本获得独立发展的乐土。从冈村司和牧野英一的著述出发，我们尽管能够看出日本社会法学在主动拥抱国家权力方面的稍显克制，但就那一时期社会法学的社会改造作用来讲，在军国主义的裹挟下，启蒙价值隐而不彰，国家权力以"整体利益"的名目将民众捆绑在军国主义的战车上。

　　在大量译介和吸收欧美、日本社会法学思想的基础上，20世纪二三十年代的中国，就法学研究的格局而言，社会法学也逐渐表现出学派气象。尽管当时国内的社会法学著述仍然在很大程度上是西方社会法学的"搬运工"，但在大量的研究成果中已经可以看到超越"搬运"的努力。这些努力包括：使用固有的语词表述社会本位思想；将社会化思潮与中国传统思想进行接引、比较；思考三民主义意识形态与社会法学的关系；探索中国法律在社会化时代应有的作为；等等。当时除了张知本所著的《社会法律学》这样系统的著述外，还有大量的文章发表在各大期刊上，其中包括政法界领导人如胡汉民、居正等人的成果（胡汉民《社会生活

---

① 许倬云：《文明变局的关口》，浙江人民出版社，2016，第123～124页。
② 参见何勤华《20世纪日本法学》，商务印书馆，2003，第15页。

之进化与三民主义的立法》、居正《为什么要重建中国法系?》）。学者的论文更是不胜枚举。从今人纂集之《民国法学论文精粹》粗览，有郑保华的《法律社会化论》、孙晓楼的《今昔法律的道德观》、丘汉平的《法治进化论》、陈进文的《法律的新生命》、维华的《法理学与近代法律变迁之趋向》、吴经熊的《关于现今法学的几个观察》、杨幼炯的《今后我国法学之新动向》、黄右昌的《现代法律的分类之我见》、梅汝璈的《现代法学之趋势》、刘陆民的《建立中国本位新法系的两个根本问题》等。① 这些著述已走出单纯译介西方社会法学的阶段，开始进行社会法学的本土思考。中国法学家们认识到了法律本位在 20 世纪的变化，试图以社会法学思想来指导中国的法律变革，并开始用社会法学观念思考中国的法律现实，力图推动中国法学研究的持续进步。② 这些思考贯彻了社会法学"法律以社会为重心"的原则，法律人针对中国社会的现实，提出了种种匡正时弊的法律思考，使中国社会法学初现学派气象，也是近代中国法学发展的高潮。

第二节　民法学中的社会本位表达

西方社会法学传入中国后得到的广泛推崇，确立了近代中国民法社会化的基本框架和基础范畴。在民法社会化的理论表达中，民法学的角色更为直接。民法学家从民法学的专业角度热烈拥抱社会法学理论，除了对民法社会化的总体特征作了努力研求外，还力图在民法规则体系中构建一座社会本位大厦，使社会本位在民法学中得到全方位贯彻，从而对中国民法理论产生了重要影响。以下从民法基础理论、民法中的权利、所有权和契约自由几方面分述之。

一　民法基础理论

（一）私法（民法）与公法的关系及其定位

公、私法的划分是大陆法系由来已久的传统，这种划分不仅出于学

---

① 何勤华、李秀清主编《民国法学论文精粹》第一卷，法律出版社，2003。
② 该方面情况的详细讨论，参见陆燕《庞德的法学思想在近代中国》，硕士学位论文，重庆大学，2007，第 13 页。

术研究的便利，也是分析法律规范之效力的重要前提。正如日本法学家美浓部达吉所言，对于某一法律，若不究明其属于公法或私法，则难以明了由其指定所生之效果与内容。"公法和私法的区别，实可称为现代国法的基本原则。"① 简言之，公法为权力与服从关系，强调国家权力主动作为；私法则强调平等协商与私法自治。法学家对于公、私法两分的坚持，其目的是使国家权力尽量减少对私法关系的干预，实质是对私法自治和私权自由的坚持。民法为私法的一般法，对私法与公法关系的认识，关系到民法在整个法律体系中的地位，也决定国家权力对私权的影响。19 世纪末 20 世纪初，随着社会变迁引起的法律发展，出现了否定公、私法划分的主张。如法国社会法学派的代表人物狄骥力倡社会连带之说，认为一切法律皆是规定人与人之间的社会连带义务关系，既无权力服从关系，亦无权利义务关系，只有社会连带关系，因此反对公、私法之划分。② 很明显，狄骥主张否定公法和私法的两分是出于社会本位立场，也反映出法律分类问题其实隐含着"公"与"私"的价值判断。这一立场在民国法学中亦得到了积极的响应。如欧宗祐先生曰：

> 现时一般之通说，以规定关于国家本身之组织及主权作用之法律为公法，与国家组织及主权作用无关，而纯粹规定私人间相互关系之法律为私法。然 1919 年德国新宪法于"共同生活"章中规定婚姻亲子之关系，是明明于公法之中，规定国家组织及主权作用以外之私人关系也。公、私法此种区别之标准，已被其根本动摇。③

根据欧宗祐先生的观点，公、私法的划分因宪法中规定了私人关系而被根本动摇。然观其论述，不无可议者。首先是作为欧先生质疑对象的公、私法划分标准，似为主体说与关系说之结合。然而这两种学说即使在坚持公、私法二元划分立场的学者中间，亦早已饱受批判而式微，殊不足以作为公、私法划分最主要和最具说服力的标准，从而作为否定

---

① 参见〔日〕美浓部达吉《公法与私法》，黄冯明译，中国政法大学出版社，2003，第 3 页。

② 参见谢怀栻《外国民商法精要》（增补版），法律出版社，2006，第 53 页。

③ 欧宗祐编《民法总则》，商务印书馆，1933，第 8～9 页。

公、私法划分的解构对象意义有限。再者，欧先生据以质疑公、私法划分的事实依据为宪法中规定了属于私人关系的婚姻亲子关系，出现了公、私法的混同。事实上，公、私法的划分是对具体法律关系性质的辨别和大致总结，而不追求对法典性质的精准判定。就整体而言属于公法的法典或法律文件，规定平等的私人关系者所在多有，行政机关的命令和国际公约可以作为民法法源即为显例。① 因此，欧先生之论述，不免有拘泥于法典的整体性质之弊。但无论如何，欧先生的观点体现了民法社会化思潮对传统公、私法二元划分和民法理论带来的巨大冲击。

梅仲协先生和黄右昌先生则对传统公、私法二元划分提出了否定说。梅仲协先生的论述相对和缓。他首先承认传统法律为公、私法的二元划分有社会生活现实的依据；但是这种传统的分类方法，在社会本位时代已经丧失其重要意义。"盖此种分类，仅适合于个人主义之理论，将个人之法律界限，与国家之法律领域，划然分判。而现代法律思想，认法律为整个的，任何法律，均有其共同之目的。目的维何？维持国家生活之秩序是已。所谓私法之领域内，尝有若干重要之点，不唯关涉个人已也；其影响所及，系乎整个国家之将来，安得一任个人之好恶，而不加以干涉耶？故吾人今兹所谓公私法者，专为求说明上之便利：其着重于个人者，为私法，着重于国家权力者，为公法。"② 梅仲协先生虽然没有放弃使用"公法""私法"的概念，但已明确说"专为求说明上之便利"，这使公、私法的划分失去了确定法律规范效果的本来意义，实质上也是一种否定说。在梅先生看来，在他那个时代，所有法律都是为了维持国家生活的秩序。过去所谓私法规范的对象有很多关系到整个国家的未来，并非纯属私人关系，因此不能纯由私法自治。其结论是，国家权力必须加强对民法和私法关系的关注及干预，权利义务的分配也要国家基于整个国家之未来进行确定。黄右昌先生对于公、私法二元划分的否定旗帜鲜明。他首先对公、私法划分的三种主要学说（目的说、关系说、主体说）进行了评析，认为这些学说或在理论上无法自圆，或在法律社会化

---

① 参见王伯琦《民法总则》，台北编译馆，1963，第3~9页；史尚宽《民法总论》，中国政法大学出版社，2000，第8~10页；梁慧星《民法总论》第三版，法律出版社，2007，第25~30页。

② 梅仲协：《民法要义》，中国政法大学出版社，1998，第4~5页。

时代已经失去解释力。他提出的新观点是：在三民主义前提下，所有法律皆为民众的法律，强分为公法或私法是对三民主义的违背。黄右昌先生对否定公、私法二元划分是作了系统努力的，尽管后来被证明并不成功。① 从黄先生的具体论述来看，与其说是学术分析，不如说是一种表态："盖建立中国本位新法系，自当确认三民主义，为法学最高原理，民族民权民生即民有民治民享……所有法律，都是民众的法律，乃必强为分曰：何种法律，为国家与国家之关系，或国家与人民之关系，谓之公法；何种法律，为人民与人民之关系，谓之私法，岂不与建国大纲第一目及三民主义相刺谬耶！"② 这种表态除了表达对于公、私法划分聚讼纷纭、莫衷一是的不耐烦情绪，也从侧面反映了三民主义对包括民法在内的各种法律地位之影响。扛出三民主义和《建国大纲》的大旗，其用意是以意识形态来推演结论，从而为学术争论画上一个句号。这个结论就是，和其他一切法律一样，民法也要以三民主义为圭臬，为促进民众的社会生活——民族自由、民权平等、民生幸福发挥作用，因此无所谓公法和私法。

（二）关于民法的历史发展

在社会本位取向下，民法学者多认同民法发展的三阶段论，即由义务本位而权利本位，复由权利本位而社会本位。胡长清先生的论述较具代表性。

（1）义务本位时期。此为法律最初之本位时期，良以人类进化之始，即在固结团体，以御强敌，而固结团体之要件，首在牺牲小己，事事服从，于是形成义务之观念，法律遂以此义务观念为其中心观念。（2）权利本位时期。迨后，个人主义逐渐发达，法律遂由义务本位进于权利本位。于此时期，一般通说均谓法律为规定权利之工具，而以法律学为权利之学。且有执法律与权利同时存在之说，以法律为客观的权利（Objectives Recht），权利为主观的法律（Subjectives Recht）者。（3）社会本位时期。个人主义发达之结果，于

---

① 黄右昌先生曾于1930年自刊了《法律的新分类》这本小书，系统阐述了对公、私法二元划分的否定。具体论证及对该书的评论，参见俞江《近代中国民法学中的私权理论》，北京大学出版社，2003，第70~74页。

② 黄右昌：《民法诠解——总则编》上，商务印书馆，1944，第2页。

不知不觉中酿成种种之流弊，于是学者主张，法律最终之目的不在权利之保护，而在于社会生活之安全与健全，法律之中心观念亦随之而变，此即所谓社会本位者是也。①

其他民法学家如王伯琦先生、黄右昌先生的论述也大同小异，兹不赘述。② 这种学说今日已广为学界接受，看似平淡无奇。但结合民国法学理论的特征，其中隐含的两个判断却大有深意：其一是民法发展的三阶段是一种进化关系，从而社会本位相较于权利本位是人类法律发展的更高级阶段；其二是社会本位是单位时间内（"那个时代"）民法发展的最高和最终阶段，因此对各国民法具有一种必然的规定性。可见，三阶段论的必然结果就是对社会本位的推崇。另外，这种进化的描述还涉及如何理解权利在人类历史发展中的地位，黄右昌先生的结论是："权利非法律之绝对本位，法律之进化，虽由义务本位移于权利本位，究非以此为终局，即法律因义务之强行而拥护权利，然义务之强行，及权利之拥护，尚非法律终局之目的，而为其手段。其终局之目的，即不外社会生产利益之保护促进，故法律非义务本位，亦非权利本位，而以社会本位，为法律之理想，虽未可一蹴而企，然其为自然之趋势可知也。"③ 这种论说反映出，对民法历史的研究，在民国民法学中并非简单的对过去现象的总结，其隐含了对民法发展趋势和重要范畴的判断：民法进入社会本位时代，是对权利本位的超越，也是民法发展的必然趋势。

凡研习民法，必言罗马法，因罗马法为世界民法尤其是大陆民法之源头，如何认识罗马法，对于理解作为其发展结果的近现代民法非常重要。民国法律人对这一问题的研究也显示出民法社会化的影响，表现最极端者为黄右昌先生。黄右昌先生以其所谓社会本位在中国的最高表现形式——三民主义来附会罗马法。在其著作《罗马法与现代》中，黄先生述及罗马法的历史发展，以"罗马法上之民族主义""罗马法上之民权主义""罗马法上之民生主义"为研究版块，并称罗马法为世界民法

---

① 胡长清：《中国民法总论》，中国政法大学出版社，1997，第43页。
② 参见王伯琦《民法总论》，台北编译馆，1963，第31～32页；黄右昌《民法诠解——总则编》上，商务印书馆，1944，第52～53页。
③ 黄右昌：《民法诠解——总则编》上，商务印书馆，1944，第53页。

之"先知先觉者"，德意志、法兰西、英吉利法为"后知后觉者"，其分析框架乃至用语皆对孙中山的言论亦步亦趋。黄先生对此并不讳言，在各节之后，皆明言"参照总理民族主义第一讲""参照总理民权主义二讲"等。① 作为民法学家，黄先生不可能不了解罗马法的历史线索，但黄先生将其与三民主义进行了如此简单的比附。这表明黄先生对三民主义的服膺，也使其罗马法研究带有三民主义的"前见"。黄先生对罗马法的研究也不是对过去现象的简单总结，正如该书引言中所宣称的，是"从罗马法以观察现代"，因此许多观点的现实指向性极其明显。如论述了"罗马法上之民生主义"后，黄先生得出结论，他认为马克思的阶级斗争学说并不具有普适性，显然是将民生史观作为解释人类社会发展的真理。② 正因为这样的立场，黄先生对罗马法研究的结论就很清楚了，那就是：三民主义在作为民法源头的罗马法中即有其踪迹，而今法律社会化时代，民法以集社会本位之大成的三民主义为依归实属必然。

上述民国法学家对民法发展历史的见解，对民国民法的价值取向及制度建构影响甚大。通过对历史的回顾，表明权利神圣无论在古代还是现代都不是事实，而只是近代的暂时现象，民法始终以社会利益为最终依归，实际上就是对私权神圣的消解，从而影响民法中对权利的定位。

（三）民法法源问题

民法法源问题是一个社会民法秩序建立中至关重要的问题。它意味着哪些规则可以在司法实践中得到适用，从而具化为社会中可以触摸的规则；得到适用的各法源，它们位阶的高低与适用次序的先后体现了不同属性的规则在立法者心中的地位。换言之，民法法源的确定，体现了立法者的价值判断，也对人们行为模式的形成有着直接的决定作用，故属于民法的重大问题。民国法律继受大陆法系传统，故民法法源问题主要是成文法、习惯和法理之间的关系问题。

民国法律人对习惯与国家法的关系认识相当一致，皆认为国家法处于主导地位，习惯只补充法律之不足。胡汉民解释其原因为："因为我们知道我国的习惯坏的多，好的少。如果扩大了习惯的适用，国民法治精

---

① 参见黄右昌《罗马法与现代》，北京大学出版社，2008，第 1～14 页。
② 参见黄右昌《罗马法与现代》，北京大学出版社，2008，第 9 页。

神更将提不起来，而一切政治社会的进步，更将迂缓了。如果那样一来，试问我们如何去推行我们的主义与政策呢？"①故此国民党中央政治会议在立法原则中确定：凡法律中无规定者，方可适用习惯。同时，对于"法律"与"习惯"的内涵，民国法学家有如下认识：其一，此处的"法律"应界定为国家成文法而不包含习惯法；其二，"习惯"应界定为习惯法而不是单纯习惯。② 这是因为，习惯法虽然与习惯一样亦以长久存在的社会行为为基础，但其最主要的构成要素是社会共有的"法"之确信，也就是公平、正当的确信，而不能仅因为"经久长行"甚或"积习难改"就把它从社会事实提升为应然规范。③ 社会共有的"法"之确信，显然只能通过国家宣示，如此一来，习惯即使可以产生法律效力也是在渗入了较多的国家法因素之后，因此其外延被进一步压缩。国家法居于主导地位不但表现为习惯对于国家法仅有补充其不足的效力、习惯仅在国家法未作规定时才有发挥作用的可能，而且意味着国家法对习惯可以进行筛选，只有得到国家法认可的习惯才具有法律上的效力。如陈瑾昆先生认为，习惯成为法律，必须具备四项要件：①须有习惯存在；②须不背于公序良俗；③须法律无规定；④须经国家承认。④ 胡长清先生则认为民法上所谓习惯的成立要件有二：其一为须有事实上的习惯存在；其二为须由国家明示或默示承认后具备法之效力。两位先生的表述虽然有异，其理则同。胡先生认为，学者所言习惯须为法律所未规定之事项，重在表示习惯仅有补充法律的效力，而非习惯的成立要件。至于公序良俗，"习惯之具有法之效力，既系由于国家所承认，则背于公序良俗之事，自无自而生"⑤。可见胡氏认为，国家法在对习惯法进行筛选的过程中，所秉持的标准就是公序良俗，因此，经过国家法筛选后认可的习惯，必然是合乎公序良俗的，没有再进行强调的必要。

---

① 胡汉民：《新民法的新精神》，《胡汉民先生文集》第四册，台北"中央文物供应社"，1978，第848页。

② 如史尚宽、胡长清、李宜琛、王伯琦等。参见各位先生所著之《民法总论》或《民法总则》。

③ 参见苏永钦《民法第一条的规范意义》，载苏永钦《跨越自治与管制》，台湾五南图书公司，1998，第298页。

④ 参见陈瑾昆《民法通义总则》，北平朝阳学院，1930，第11~13页。

⑤ 胡长清：《中国民法总论》，中国政法大学出版社，1997，第31页。

从以上论述可见，简单来说，对习惯持保留态度的原因在于：习惯更多是民众社会生活中实践理性的总结，在立法者看来"不合党义、违背潮流者"不少；国家法则是政府和法律家合作的结果，是国民革命本旨的贯彻。故此，国家法应居于主导地位且应对习惯"严其取舍"。这种定位不仅仅是确立了一种民法法源格局，同时也宣示了一种理念："社会利益"的表达权和代表权应当由政府和法律家来掌有；相对于民众追求自身利益所形成的习惯，国家法更懂得对社会利益的权衡和维护。基于上述认识，在其后立法实践中，压缩习惯适用空间而提高国家法地位的倾向又被进一步强化。民法立法原则确定，能够得到适用的习惯必须为善良习惯，其审查权交给法官掌握，若法官认为习惯不良者则依法理。①

相比于对习惯持保留态度，法学家对法理的地位则颇为重视。王伯琦先生将法理定义为"为谋社会共同生活，事物不可不然之情理也"。②周新民先生则认为："法理即法律的一般原理；换言之，即由法典全体推出的原理。"③可以看出，一方面，法理的价值取向为谋社会共同生活；另一方面，法理与国家法有较深的亲缘关系。基于这两方面原因，法理得到了法学家的大力推重。在民国法律人看来，《中华民国民法》第1条规定的法律、习惯、法理皆为社会生活的法则，而"法理又为法律及习惯法形成之原素"，故其地位更加基本和重要。④法理可以补充法律、习惯之不足而成为裁判依据；在解释成文法时，法理亦是最为重要的依据。同时，法理被等同于狄骥所谓的"准则法"来昭示其确定性，即在特定社会特定时间，社会上一般人所共认的不可不然之原理原则，不可不遵守之行为规范。⑤在个人本位时期，拿破仑法典所确立的所有权神圣、契约自由、过失责任三大原则，即为当时西方社会一般人所共信必须遵守的原理原则，也就是当时所谓的法理。到了社会本位时期，对三大原则的修正和社会利益的追求，则应该成为该时代的法理，毫无疑义。无论是法律制度的建构和成文法律的解释，还是司法实践中无法律和习惯

①　参见《中华民国民法制定史料汇编》下册，台北"司法行政部"，1976，第378页。
②　王伯琦：《民法总则》，台北编译馆，1963，第6页。
③　周新民：《民法总论》，上海华通书局，1934，第16页。
④　王伯琦：《民法总则》，台北编译馆，1963，第5页。
⑤　王伯琦：《民法总则》，台北编译馆，1963，第6页。

时法理的采择，皆应体现对社会利益的追求。

从法学家对法理的认识来看，法理之所以重要，不仅是出于法律适用上的原因，更因为它是社会价值共识的重要载体。而在当时法学家看来，达成合理的价值共识就是对社会利益的维护。同时，法理的形成与习惯不同。习惯在社会上已有其存在，只待法官确认；法理却有待法官主动去整理、批判而形成。① 这决定了司法官在法理运用中具有决定性地位，有利于司法官将国家所倡导的价值共识灵活地运用于司法实践。究其实质，对法理的重视和对习惯的保留态度其实是出于同一逻辑，就是民事秩序建构中的国家权力至上，其目的是通过立法者和司法者的活动，对新的主义和政策加以实践，以求得社会的改造。

二　民法中权利的本质及权利行使

（一）权利的本质

出于社会本位立场，民国法学家在权利的本质问题上的观点与孙中山、胡汉民等否认自然权利的思想相一致，更强调国家权力和法律的作用。余棨昌先生认为："权利者，法律许吾人正当为某行为之状态也。……权利者由法律而生，无法律亦自无权利也。学者谓权利于法律未有以前既已存在，法律不过承认之者，实谬说也。"② 欧宗祐先生认为："所谓权利，乃人格者由法律之担保以贯彻其利益之主张之可能性，换言之，乃人格者享受特定利益之法律上的力之谓也。"③ 史尚宽先生则认为："权利云者，依法律之担保，得贯彻主张某利益之可能性也。或谓之法律赋予人格者（自然人法人）之力。"④

几位先生对权利本质的立场应属法力说。在民法学说史上，法力说是结合利益学说对古典自由意志论的扬弃，开启了权利学说从自由意志论向社会化立场的过渡。这种学说认为权利在概念上应与法律上的实力相结合，"法力"即权利的本质。从几位法学家的论点来看，他们无不

---

① 参见苏永钦《民法第一条的规范意义》，载苏永钦《跨越自治与管制》，台湾五南图书公司，1998，第 298 页。
② 余棨昌：《民法要论总则》，北平朝阳学院，1920，第 11 页。
③ 欧宗祐编《民法总则》，商务印书馆，1933，第 55 页。
④ 史尚宽：《民法总论》，中国政法大学出版社，2000，第 18 页。

强调国家权力或者说法律对权利的重要性，认定国家权力即法律既是权利产生的前提，也是权利实现的根本要素和保障。至于自然法学派的权利先于法律等学说，则被斥为谬说。在这种认识之下，古典的自由意志权利论被全面动摇。国家权力（法律）既是权利发生的本源，权利的内容和边界自然须由国家权力来确定。民法中国家对私权干预的增强，实属这种观点的题中应有之义。正如有学者评论的那样，法力说在试图进行折中、统合的过程中失去了对生命价值的追问。① 在宪政尚未确立的情况下，这种观点的极端化发展，其结果正如马克斯·韦伯所指出的那样："所有私人的利益不是作为有保障的主观的权益要求，而是仅仅作为那种规章（指法律——笔者注）效力的反映，才有获得保护的机会，那就不存在着'私'法了。只要达到这种状况——它以往从未普遍存在过——，那么整个的法都溶解到行政管理的一个目的上：'政府'。"②

　　在法力说的基础上，有的法学家接受社会连带学说，直接以社会职能为基础对权利进行了定位，此即权利的社会职能说。社会职能说的首倡者为狄骥（见本书第一章）。狄骥认为，法力说虽试图超越古典自由意志说之玄想的弊端，但其采折中立场，将权利认定为意志和利益的混合物，意志仍然是构成权利的必要因素，没有意志，权利就不能发生效力。这其实又回到了意志说的套路。③ 因而应当从社会职能的角度来认识权利。他的观点为相当一部分中国法学家接受。如黄右昌先生认为："权利的内容，不是个人的利益，不是个人的自由意思，而应当是一种社会职能，社会为达其社会的及经济的目的而赋予个人以各尽其职责的能力，此即所谓权利。"④ 周新民先生曰："个人在现代社会中，是仍有社会的经济职能。但个人为行使其社会的经济的职能，必能有法律上的能力而后可。法律为使个人行使其社会的经济的职能所赋予的能力，便是权利。"⑤ 可见，按照社会职能说，个人权利只不过是社会为了实现其职能所赋予的法律上的能力，实质即为了社会目的而加之于个人的义务。

---

① 参见易继明《民法之学：关于权利的学问》，《法学》2004 年第 4 期。
② 〔德〕马克斯·韦伯：《经济与社会》（下卷），林荣远译，商务印书馆，1997，第3～4页。
③ 参见〔法〕狄骥《宪法学》下，张明时译，商务印书馆，1928，第320～344页。
④ 黄右昌：《民法诠解——总则编》上，商务印书馆，1944，第52页。
⑤ 周新民：《民法总论》，上海华通书局，1934，第55～56页。

社会职能说的提倡，其本意是为了纠正权利滥用的弊端。然而，正所谓过犹不及，这种学说从以往的偏重权利骤而转变为偏重社会利益，在这两者之间未能达成平衡，并且将社会利益夸大为唯一目的，将权利作为实现社会利益的附属职能，遂以社会利益名义湮没权利之独立性，最终难免背离权利学说的根本价值。①

（二）私权的行使及其限制

民法社会化理论对私权行使的影响首先表现在对私权行使意义的认识上。按照民法的传统认识，私权的行使无非权利内容得以实现、利益得以获得的过程。民国民法学不可能否定这一点，否则就从根本上否定了私权；然在社会本位学说的影响下，他们对私权行使的正当性极为注重。如余棨昌先生谓："权利之行使者，为其权利正当得为之行为之谓也。"② 徐谦先生认为："权利之行使者，即有权利之人依正当之行为，以实现其权利为目的之动作也。"③ 所谓正当行为，指的是权利人在实现自己权利的过程中，不得有损害社会及他人利益的目的和行为，否则要承受法律上的不利益。在《拿破仑法典》代表的传统时代，对于权利人的法律行为，只要求有合法的客体即可得到法律保护。进入社会本位时代之后，权利行使的目的要素及其社会价值受到充分重视，不但权利要具有合法的客体，而且权利的行使必须具有一个正当的目的。"这个目的须为社会联立上的目的，且为具有社会的价值，而符合特定国家之客观法的目的。"④ 也就是说，私权行使的意义在于社会公益，故此，私权行使不但要合法，而且要合乎社会公益。民国法学家所强调的正当性，其意正在于此。

民法社会化对私权行使理论的另一影响，是强制私权行使和禁止权利滥用得到了强调。拿破仑法典以来的近代民法理念，在私权以自由行使为原则这一问题上具有高度共识，只认可对私权行使进行法定限制为例外。社会本位学说兴起后，出于对个人主义的检讨和反思，社会利益

---

① 参见俞江《近代中国民法学中的私权理论》，北京大学出版社，2003，第97页。

② 余棨昌：《民法总则》，北平朝阳学院，1920，第304页。

③ 徐谦：《民法总论》，上海法学编译社，1933，第468页。

④ 〔法〕狄骥：《〈拿破仑法典〉以来私法的普通变迁》，徐砥平译，中国政法大学出版社，2003，第91页。

被解释为法律的主要目的。这深刻影响了民国法学家的思想，他们对自由行使为私权的首要原则不再那么笃信不疑，而是重视强制私权行使和禁止权利滥用的作用。周新民先生认为："法律认许个人的权利，其目的非仅保护个人的利益……为保护社会的利益起见，往往对于权利人行使权利，有加以限制或强制的必要。"[①] 唐纪翔先生则认为："权利虽许权利人自由行使，但亦须无害社会之公益，若因权利之行使与不行使，而害社会之公益，亦为法律所不许……盖现今之法律思想以社会之公益为第一位，以个人之权利为第二位，个人之权利，不但应消极地在不害公益之方面行使之，且应积极地在维持社会公益之方面行使之。"[②] 对所有权行使正当性的强调，使法学家将强制私权行使与禁止权利滥用抬高到和自由行使同等的地位，认为其皆为私权行使的原则。总之，使权利附有适当行使之责任，"无论自权利之本质或社会之道德言之，皆无违失"。故此，"行使权利即系义务，实行义务即行使权利之见解，或更适合权利义务之本质"。[③] 在民国法律人眼中，一方面，权利已不仅仅是权利主体的自由，也成了他们的社会义务，故为了社会利益有强制其行使的必要；另一方面，正如唐先生明确表述的，社会利益和个人权利二者有价值位阶上的差异，社会利益为第一位，个人权利为第二位。个人权利只有在无悖于社会公益的前提下方能自由行使。可见，虽然民国法律人没有否认私权的自由行使原则，但是因为对社会利益的强调，强制私权行使和禁止权利滥用成为与其并列的原则，自由行使原则的地位下降，私权行使所受到的限制则大为增强。

三　所有权和契约自由

（一）所有权

1. 关于所有权的历史

胡长清先生将所有权的发展分为绝对自由—相对自由—不自由三个时期。绝对自由时期以法国人权宣言和拿破仑法典的"所有权神圣不可

---

① 周新民：《民法总论》，上海华通书局，1934，第440页。
② 唐纪翔：《民法总则》，中国大学讲义，1943，第243～245页。
③ 李宜琛：《民法总则》，中国方正出版社，2004，第280页。

侵犯"为典型表达，受"所有权自由无限制"的观念支配。相对自由阶段以德国民法典和瑞士民法典的规定为代表。为了解决所有权缺乏限制引发的社会问题，德国民法典规定："权利之行使，不得专以损害他人为目的。"瑞士民法则规定："行使自己权利，……须以诚实及信用为之……权利之显然滥用，不得受法律之保护。"可以看出，德、瑞民法典的规定是通过限制权利滥用来对所有权进行限制。在民国法学家看来，限制所有权的滥用仍属所有权外部的限制，殊不足以补救所有权自由无限制之流弊。① 于是乃有第三阶段——所有权不自由时期之来临。该阶段以1919 年德国魏玛宪法和 1923 年苏俄民法为典型。魏玛宪法第 153 条第 3项规定："所有权包含义务，于其行使，应同时顾及公共之利益。"苏俄民法则于第 1 条规定："私权，以不违反社会的经济的目的而行使者为限，受法律上之保护。"在法学家看来，这些规定使所有权丧失了其"所有权人之权利"的性质，变成了一种实现社会职能的途径。② 亦即成为所有权人对社会的义务。除德、苏外，芬兰、西班牙、波兰和土耳其诸国新宪法亦作类似规定，一时蔚为潮流，各国关于所有权的立法"日趋于社会主义之领域，则可无疑义也"。③

2. 所有权社会化与社会所有权化

社会本位立场下对所有权的认识，其实就是对"所有权必须限制"的认识。在民国法律人看来，由于所有权绝对原则造成的社会弊病，"彼确保个人物资利用之法制，而让个人财产权之尊重为神圣不可侵犯之理论，在今日已呈动摇"。④ 中国民法以三民主义为指导原则，关涉土地所有权的"平均地权"为实现民生主义的主要方法之一，出于社会化立场对所有权加以干预和限制实属当然。⑤ 为此必须实行所有权社会化和社会所有权化。所有权社会化之理论侧重权利行使，与所有权自由不可侵

---

① 按狄骥的看法，限制权利滥用虽与传统民法主张权利自由行使的理念有一定区别，但实质并无不同。仍属维持传统民法的自由意志理念、否认社会职务说的一种方式。参见〔法〕狄骥《〈拿破仑法典〉以来私法的普通变迁》，徐砥平译，中国政法大学出版社，2003，第 155 页。

② 参见胡长清《中国民法总论》，中国政法大学出版社，1997，第 3 ~ 4 页。

③ 郁元英：《所有权之变迁》，商务印书馆，1933，第 14 页。

④ 曹杰：《中国民法物权论》，中国方正出版社，2004，第 3 页。

⑤ 李光夏：《民法物权论》，上海书报社，1944，第 8 页。

犯的观念相反，所有权社会化主张所有权之行使，不得以妨害他人为目的，同时须顾及公共之福利，比如有效利用土地就是土地所有人对公众应负的义务。社会所有权化则注重不动产尤其是土地所有权的归属问题。因为土地是人类生活必不可少而又稀缺的资源，不应使多数土地集中于少数人之手。与苏俄不承认私有、将一切土地收归国有不同，社会所有权化理论与孙中山平均地权的办法一致，"对于从前大地主享有之巨额土地，于其超出相当限度，认为与社会利益发生冲突，乃施行土地征收办法，将被征收之土地分配于人民耕作"。① 其目的是一般民众能有享受土地利益的平等权利。

基于所有权社会化和社会所有权化的视角，法律人对民国民法进行了检视，提出了更具社会化色彩的主张。在民法社会化时代，所有权"已不容许国家续采放任政策，亦不容许私人无限度攫取利润。人民虽尚享有私产，但其一生活动，仍须直接或间接以维护人民生活，社会生存，国民生计，群众生命为其鹄的"。② 基于此，必须从以下两方面对所有权加以限制。其一，私人物权之标的物，应予限制。依民国民法，除不能由个人专独支配及少数经法律规定应属公有之物外，地球上之一切，均得为私有，这与民生主义的要求尚有距离。"国父素来主张发达交通、矿产、及工业三种大实业，因每年收入甚大，故必须由国家经营，然后所得利益，可归大家共享。"③ 民生主义既要做到生产及分配相当程度的社会化，则如上述种类之物应"使超脱私人之支配权力，而丧失其融通能力"，即不能归私有，而应归国家所有。其二，所有权之内容及行使，更应予以限制。"盖民生主义之社会，其目标不再造成少数人之丰衣足食，而在求普遍之家给人足，业如上述。则非但不应使所有人享有绝对之权利，抑应使其负促进国计民生之义务；易言之，所有权应不是一种权利，而是一种社会之效能 fonction socicle（假狄骥用语）。"《中华民国民法》关于土地所有权，基于社会利益目的已在第 773 条规定："如他人之干涉，无碍其所有权之行使者，不得排除之。"在法律人看来，这种规定在

① 参见黄右昌《民法诠解——物权编》上，台湾商务印书馆，1977，第 2 页；曹杰《中国民法物权论》，中国方正出版社，2004，第 4 页。

② 张企泰《中国民法物权论》，大东书局，1948，第 5 页。

③ 张企泰《中国民法物权论》，大东书局，1948，第 5 页。

私人资本制度之社会是一种革新立法，但仍系从私人权能出发；民生主义社会要求将出发点自私人利益移至社会利益，故下列表达似更相宜："所有人应根据整个社会利益，切合共同生活需要，以自己之责任，充分用益其物，并得处分之。"①

综观民法学家的论述，社会本位时代必须在两方面对过去的所有权绝对原则进行改造：其一是所有权的权能方面，法律必须限制私人所有权的自由行使，使其不但不能有损于他人，而且必须为增进社会利益而积极加以利用；其二是所有权的归属方面，对于土地等重要物资，必须严格防止某些个体的无限制所有，应当使所有权归于国家，从而让社会民众能平等享有这些财产的利益。

3. 所有权本质法定说

在民国民法学关于所有权本质的认识中，法定说为一种强势学说。法定说认为，所有权须经法律认定，否则"所有"仅是一种单纯的事实；只有经过法律认定后，方具有权利性质，故所有权乃法律所创制，不能先于法律产生。对于所有权的思想和事实先在于法律、法律仅是对其进行确认而非创设的观点，持法定说者认为："夫法律固不能创设事实，然就某种事实而予以保护，则为法律之任务。基于同一之理由，法律若以个人所有在某一时代有不适于需要，自亦可限制个人所有之范围。现代国家之立法即在努力限制个人所有权之范围，使其与社会利益不相冲突……要之，个人所有权之根据，非在于天赋，非在于神授，亦非出于占据掠夺等原因，其范围应依于各时代之事情以社会一般之福祉为标准而定，至如何得适合于社会一般福祉之结果，是在法制本身之建设问题，不待赘言矣。"②

按照法定说的认识，法律是社会事实的筛选和确认机制，某种事实能否得到法律的保护，取决于它是否因合于时代需要而被法律确定为权利。所有权之所以得到保护，不是因为在法律之前早已存在的所有之事实，而是因为其被确认为法律上的权利；所有权的权能范围如何，也是由法律以社会福祉为考量进行确定的。可见，法律是决定所有权权能状

---

① 参见张企泰《中国民法物权论》，大东书局，1948，第 5～6 页。
② 曹杰：《中国民法物权论》，中国方正出版社，2004，第 29 页。

况的唯一依据。在现代社会，时代的需要就是国家通过法律限制个人所有权，使其不与社会利益发生冲突。究其实质，国家通过法律的确认是一个声称代表全体的立法者意志对作为个人的所有者意志进行强制的过程。对于这一过程的结果，陆仲良先生明确说："不动产所有权法以社会主义（即全体主义）为主……自应以全体利益为前提，宁以个人利益殉全体，不可以全体利益殉个人。此种社会立法精神，固不必苏俄共产主义之民法有之，殆为近代文明各国所同具，是以近代各国，关于不动产所有权之立法，无不饱含强行规定，在不妨碍'奖励'个人之'创造力'及'勤劳'范围内，绝对不许个人意思自由。"① 这种认识突出强调的是国家权力对社会利益的代表权及因此获得的对所有者个人意思的优越地位，也是民国民法中法律和习惯的地位问题之判断标尺。

总之，在民国法学家看来，所有权不再是人的自然权利，而是法律所赋予的权利，其权能来自法律的规定。这其实是将所有权在伦理上的正当性排除出法律的规定和实践，所有权的面貌因受到积极（强制行使）和消极（禁止滥用）两个方面的限制而发生变化，从而使"所有权绝对"变为所有权应受限制，也即"权利相对论"。有的学者甚至认为所有权已经义务化，成为所有权人对社会所负的义务。② 这显然已经背离了所有权制度的本意，泯灭了权利和义务的区别。之所以会得出如此极端的结论，一个重要的原因是，"权利绝对"和"权利相对"二者之间的差异被人为夸大了。所有权社会化论者的主张，立基于对所有权绝对原则极端发展的批判，而"所有权绝对"被他们（如胡长清先生）解释为：传统的所有权是毫无限制的权利。然而，认为古典意义上的"所有权绝对"是指所有权的权能毫无限制，这在观念和制度上都是没有依据的。自罗马法以至于《法国民法典》和《德国民法典》，所有权从来都不是、也不可能是无限制的，作为一种法律权利的所有权，其是法律对"所有"的社会事实进行筛选和确认的结果，它在纳入法律规则的过程中已经含有了一种被法律限制的成分，因而"限制"本来就是所有权所固有的。更何况，被认为确立"所有权绝对"原则的《法国民法典》

---

① 陆仲良编著《不动产（土地、定着物）所有权》，世界书局，1944，第11页。

② 参见吴芳亭《所有权观念之演变》，《中华法学杂志》新编第1卷第7期，1937，第95页。胡长清先生、黄右昌先生也持此种观点。

第 544 条明确说明：所有权是对物绝对无限制地使用、收益、处分的权利，但法令所禁止的使用不在此限。只不过，由于罗马法中扩张所有权行使的主张在法国大革命后追求自由和人权的气氛中得到张扬，从而使这一点未得到重视而已。民国法学家对此并非毫无认识，如曹杰先生就接受日本民法学家冈村司的观点，认为所有权自产生以来一直是私有和限制私有两种因素的此消彼长。然而他认为在社会化时代应强调所有权必须受法律限制，其意谓："民法中插入此种文字（指所有权须受法律限制），乃基于特别理由，盖所有权为神圣不可侵犯之思想中于人心已久，甚有误信以法令亦不可侵之者，故加规定以防一般人之误信。"[1] 可见，这种表述是出于彻底清除人们的所有权绝对之想象、阐扬所有权社会化的策略。这样的用意想必在当时民法学家的思想中并不少见。这种论点的阐述途径其实是一种逻辑互换，即将"所有权是有限制的"这样的一个事实陈述句变成命令句"所有权必须加以限制"。[2] 这样做的后果是，民法学家不顾近代民法中所有权已经有所限制的事实，对所有权的限制大书特书，认为对所有权进行限制应成为物权法的一般原则；所加的限制足以打破所有权的神圣性，甚至使其由一种绝对权变为相对权。

　　然而，被法学家们忽略的是，作为一种社会制度的所有权，既是观念的，也是功能的。作为观念的所有权，其绝对性是一个不可分解的整体，因而也谈不上限制；只有作为功能的所有权，才有分解为占有、使用、收益、处分等权能加以认识的可能，如果非要说所有权的限制，也只是在功能的意义上，可见"限制"对所有权的影响在特定层面才有意义。更何况，民法上所谓权利的绝对性与哲学上所谓的绝对性并不相同。民法所谓"所有权绝对"系指绝对不可侵性、绝对自由性和绝对优越性三种特性。绝对不可侵性指所有权是一种绝对不可侵夺的权利，并且具有排他的、唯我独尊的性质。绝对自由性是指所有权人可以依自己意志对自己所有之物自由使用、收益和处分。绝对优越性则是指当所有权和通过契约成立的用益物权形成对立时，所有权处于绝对优越地位。一般而言，上述三种特性相辅相成、彼此关联。不过在学理上，不可侵性属

---

① 曹杰：《中国民法物权论》，中国方正出版社，2004，第 31 页。
② 参见俞江《近代中国民法学中的私权理论》，北京大学出版社，2003，第 222 页。

于公法学上的概念，常被明定于宪法之中，而自由性与优越性则属私法学上的概念，常表现于民法典之内。① 不可侵性、自由性与优越性的三位一体，体现了无论是公法还是私法对所有权皆采取严密保护的态度。到了社会化时代，法律对所有权的权能进行了若干限制，包括公法上规定特定条件下国家可以实行征收和管理，从私法上禁止所有权人滥用权利，并加强了用益物权的地位。这些变化确实使功能意义上的所有权权能有所弱化，但作为一种法律上的权利，所有权并不因此即丧失其为绝对权的特性。所有权的上述三种性质仍然存在，仍属于可以对抗一切人的权利。即使主张所有权社会化最为激进的狄骥，也承认所有权社会化后，只能说所有权"所根据的法律意念有了变化。虽则如此，个人所有权仍旧受到保障而抗拒一切的侵害，就是公共权力的侵害亦在抗拒之列"。② 因此，所有权绝对原则受到限制并不表示所有权失去了其绝对性而成为一种相对权。

（二）契约自由的社会性

契约法或债法是财产法的另一重要内容，传统的契约自由理论在民国时期的民法学中也得到了检讨和批判，被赋予了社会化内涵。

1. 契约自由须为社会共同生活服务

近代契约法以"同意"为成立的基础，而"同意"的正当性则来自启蒙运动以来的人本精神，对"同意"的尊重，其实是对个人意思的尊重和人格独立的尊重。换言之，个人自由是契约法的灵魂。民国民法学中对契约社会化的阐发也是从批判个人自由开始的。民国法学家认为，个人和个人一起协力谋共同生活之继续，这才是有史以来人类社会的现实。至于天赋人权、社会契约之类的说法，多涉玄虚，就科学观点而论难以确证。基于此，传统价值下的个人自由就有重新理解的必要。"所谓个人自由，无非为一种得各自充分发挥其聪明智慧能力之生活状态。人之生活，既不能脱离社会，各个人之生活，必须为相互的、共同的社会生活，其聪明智慧能力之发挥，既所以增进其个人之生活，亦所以增进

---

① 参见梁慧星《原始回归，真的可能吗?》，《比较法研究》1995 年第 3 期。

② 〔法〕狄骥：《〈拿破仑法典〉以来私法的普通变迁》，徐砥平译，中国政法大学出版社，2003，第 151 页。

整个人群之生活。个人与社会之间，必须求得其平衡。"① 根据这样的认识，个人自由也是一种谋求社会连带的要素；在社会连带主义的语境下，所谓个人与社会的平衡，亦只不过是个人维持其基本生活条件，以谋求人类整体生活持续为最终目的。个人生活的增进，也只有在人群共同生活关系中方能获得实现。作为个人自由最集中体现的契约制度也由此被重新定位。"契约制度，原为双方当事人各自发挥其聪明智慧能力、以谋协力共同生活之制度。其制度在本质上即属相互的、平衡的。如其不然，即失其制度之本旨，国家积极起而干涉亦所宜然。"② 契约关系是个人以其法律行为实现自由的主要方式，既然个人自由最终是为了社会共同生活，那么契约法也应该以社会为依归。但由于过去自由主义思想在契约法中留下的影响极为深重，为了对此进行纠偏，国家就应该承担积极干涉的责任，使契约双方当事人达到利益平衡，以利于整个社会。

2. 契约法的社会化内涵

对契约法的社会化内涵，民国法学家总结道："现代之契约立法，以为契约自由应加以必要之限制，以保护公益，促进社会生活之发展，法律对于当事人之立约，不特注意于其立约时地位之平等，且于契约之存续期中，亦力求其发生效果之无背于公平原则，有时且认为当事人于契约终止后仍有诚信之义务，以维持公平调和利益之用意不可谓不周密。"③ 据此，契约法在社会本位趋势下，所体现的变化主要有两方面。

其一是当事人地位平等问题。近代契约法秉持自由学说，其依据为社会成员身份的平等性与互换性。19 世纪末以后，这种平等性与互换性逐渐丧失，社会的分化使得抽象的"人"作为契约主体实现真正的契约自由愈来愈难。④ 这样，"于实力不甚相当之当事人间，假契约之名，而行唯命服从之实——如近代之资本主与劳务者间所缔结之劳务契约——以及地主与租赁人间所缔结之耕作地租赁契约——名虽契约实则不外资本

---

① 王伯琦：《民法总则》，台北编译馆，1963，第 124 页。

② 王伯琦：《民法总则》，台北编译馆，1963，第 124 页。

③ 陈樟生：《现代契约法之指导原理与立法趋势》，《法律评论》第 15 卷第 9 期，1947，第 7 页。

④ 参见梁慧星《从近代民法到现代民法——二十世纪民法回顾》，《中外法学》1997 年第 2 期。

主及地主之命令，劳务者及租赁人之服从"。① 这就使得契约的基础——
"同意"变成了一方的随心所欲和另一方的被迫听从，违背了契约自由
的初衷。为此，国家必须起而干涉，揭开抽象的"人格平等"之面纱，
以法律确定当事人的各种具体身份，如资本家和劳动者、地主和佃农等，
并对弱者的权利加以倾斜性的救济，以保证双方实现真正的平等。团体
劳动契约、耕地租赁等特别法律的出现，正是出于这个目的。

　　其二是契约的效果公平问题。契约在传统契约理论中具有等同于法
律的效力，一旦订立，除非双方合意修改，否则当事人无论出现何种情
事，皆不能免除履行义务。民国法学家对这种理论不以为然，在他们看
来，这种理论"对于个人权利之保护，可谓切矣；惟近代法律，自以社
会为本位之后，对于个人权利之保护，再不能如个人主义时代之巩固
者"。传统契约理论坚持"不能以国家权力改变契约内容"，这种观点
"不外尊重个人之意思也，惟近代法律思想，已自意思自由主义，而至意
思自由限制主义。个人意思，其内容，结果有社会之利益者，莫不加以
限制者"。② 社会本位时代的契约法，不能再以债权人的权利保护为关注
的重点，而应当关心结果的公平。例如契约签订后，债务人履行不能时
能否减免其履行义务？在民国法学家看来，固守契约内容、不减免债务
人的义务是拘泥于个人本位时代的做法，已经不合于当下社会潮流。因
为债务人多为社会的弱者，减免其义务有利于社会的安定，故应当进行
减免。这其实相当于国家权力对契约内容的修改。除给付不能外，关于
显失公平的规定、确立公序良俗等原则亦是对传统契约自由理念的修正。

　　民国民法学理论对社会本位法学思想的继受，是中国民法现代化进
程中的重要事件。它不仅仅是为二三十年代中国的民法理论带来了一种
新思想，更重要的是这种思想在法学领域取得了定于一尊的地位，也深
刻影响到南京国民政府时期的民事法律实践。然而需要指出，民国民法
理论中的社会本位表达，并非西方社会法学在中国民法学中的简单映照。
在诸多相同主张之外，其与理论母体之间的差异也不可不察。民国法律
人在传播社会法学理论的过程中，对学说和学说要素皆进行了有意的拣

---

① 吴振源：《契约之社会性与法律》，《法律评论》第 5 卷第 11 期，1927，第 3 页。
② 许藻镕：《财产法中几个问题》，载许藻镕编《法学论文集》，北平朝阳学院，1931，
　第 31 页。

选和重述，自由与权利的底色多被隐去，注重社会利益的价值判断被突出强调。这种变异在民法学中最明显的理论后果是，民国法律人在论及社会本位之时，皆有将其与个人本位对立之倾向。这种倾向表现在两个方面：其一是社会本位与个人本位的赓续关系上，认为前者是后者的取代物，社会本位在"废除"个人本位的前提下方可建立；其二是在认识社会本位保障私权的功能时，忽视了其与个人本位的一致性，认为社会本位以社会利益为重，以个人权利为轻。这种中国化的社会本位理论，实际上以"个人权利与社会利益必然对立不相容"的假定为前提，故在社会与个人间舍此就彼。而源自西方的社会法学理论，是出于对极端个人主义纠偏的需要，固然有重视社会整体利益之倾向，但并非将社会利益作为唯一追求，更不是要否定启蒙运动以来的价值体系和规则体系——个人自由和个人权利。对社会利益的注重，其实是对权利本位更加全面的思考，认为非如此不足以更好地、最大限度地保护社会成员的权利和利益。① 然而在社会本位理论传入中国之后，法律人在阐扬社会本位理论重视整体利益的一面时，却对作为其底色的个人权利和自由作了切割，不是干脆被隐去，就是作为社会利益不太完美的对照物，或是被定位为整体利益的局部表现。这使近代中国的民法社会化理论在社会利益和个人权利这一对重要范畴上失去了平衡，往往显得武断和绝对，也大大稀释了民法学作为权利保障之学的特性。可以说，民国法律社会化理论表现出的其他特点，诸如对国家权力的推崇、对所有权和契约自由等矫枉过正的重新定位，都植根于个人本位与社会本位的对立。这种认识的极端化发展，使得个人权利在大写的"社会利益"面前失去了正当性，民众即使依照法律合法地取得财产，也被认为是一种卑劣欲望的实现，这种"权利耻感"动摇了私权尤其是财产所有权的正当性基础，使其被视为需要千方百计加以限制和束缚的洪水猛兽，最终结果就是从根本上动摇了民法和民法学的根基。

---

① 关于西方法学思想在启蒙以后的转向，俞江教授有深刻的观察。在他看来，启蒙运动以后，个人权利和自由已根深蒂固，故其他法学流派如实证主义法学声称要把价值判断清扫出法学研究的领地其实是"虚晃一枪"，不会改变法制的底色。笔者认为，社会法学的角色也是如此。俞江教授的观点，参见俞江《近代中国民法学中的私权理论》，北京大学出版社，2003，第190页。

第三节　社会法学理论的本土化变异

20世纪20年代以来，法律人对西方社会法学理论不遗余力地传播，同时努力加入本土化因素，使得中国的社会法学理论表现出一定程度的变异性。这种变异性的出现，从根本上说，是民国法学理论成长过程中所面临的内外现实情势使然。一方面，国内社会问题日趋严重导致了激烈的阶级冲突，革命风潮弥漫整个社会，促使法律人探索解决之道，法律社会化被视为现有秩序框架内化解社会矛盾、避免革命的灵药。社会问题源于"社会组织之未全，人人觉处于其中未能获得应有之权利幸福，及受其应得之待遇"，如果实现法律社会化，"使人人在其组织中生活得真正愉快，有自我表现之机会，即不受破坏势力之影响"。出于与共产主义进行意识形态竞争、避免阶级革命考虑，国民党政府将社会整体安定、提高民众对其生活的满意度作为法律社会化的直接目的。① 另一方面，国家民族处于危亡之际，面对救亡图存的历史大势，法律人也不能无动于衷。故此，价值取向上倾向整体利益的社会本位受到推崇便在情理之中。正是以上两方面的特殊背景，使法律社会化理论在传入中国后发生了本土性的变化。

一　本土化表达的理论要点

（一）社会本位与三民主义的接合

法律社会化在20世纪初期的中国，尚属一种新颖的法学理论。随着南京国民政府的建立，迅速成为居于主流地位的话语。这昭示了此一理论与政治格局的联系。孙中山等人所倡导的追求国家民族社会整体利益的三民主义，也被法学家所信仰。二者在理念上的诸多相合，使法学家将三民主义认定为社会本位在中国的表现形式。身兼政治家与法律家角色的胡汉民认为，三民主义立法是社会本位之法在中国的最高表现形式，且比欧美的社会本位更能促进社会整体利益。其理由在于，欧美近代立法系以个人为本位，个人的权利与自由是立法的基础。"现代虽有变更，

---

① 参见张宗绍《法律之社会化》，《上海法科大学月刊》第1期，1928。

亦不过于社会共同福利之最低限度内，抑制个人自由了。顾其偏重于个人自由，忽略社会全体之利益，初无大异！"这种法律制度对全体利益的重视远远不够，甚至连中国传统家族主义法制都不如。"盖我国以家族团体为单位的立法，夙以团体之利益为立法之出发点，不过团体之构成，较现代社会为稍狭耳，三民主义的立法，对此犹觉不满，况此种个人单位的法律制度欤？"①

胡汉民的观点在民国法学理论中影响颇大，为相当一部分法律人所共享。如王伯琦先生曰："吾国立国的主义是国父的三民主义，而三民主义是集社会主义的大成的。所以我们中国的法制应当是一种社会主义的法制，自属当然。"② 吴经熊先生认为："我国是讲三民主义，而不是讲个人主义的。所以它和十九世纪的个人主义不同。它是以人为本的，而非以物为本的，所以它又和共产主义绝对不同，它是独树一帜的，它是最先进法制的基石。"③ 表面看来，吴经熊先生并未直接提到三民主义和社会本位的关系，而是强调了三民主义与个人主义、共产主义的不同；然而，民国法律人多将社会本位视为在个人主义和共产主义之间求取中道的结果，④ 联系这一理论背景，吴先生将三民主义与社会本位等同不言自明。法律人的共识是：三民主义法律为社会本位之法在中国的表现形式，且比欧美的社会本位更能顾及社会整体利益，从而是最先进的社会本位。⑤ 这种叙述不但体现了对三民主义的认同，而且阐扬了中国传统文化的某些优点，符合三民主义的民族主义精神，深刻体现了民国时期政治家和法律家在思想认识方面的高度同质化。

在宏观判定的基础上，法学家也从法律具体范畴展开对三民主义和

---

① 参见胡汉民《社会生活之进化与三民主义的立法》，载《胡汉民先生文集》第四册，台北"中央文物供应社"，1978，第798页。

② 〔法〕路易·若斯兰：《权利相对论》，王伯琦译，中国法制出版社，2006，"译序"。

③ 吴经熊：《中国新旧法制在哲学上之基础》，载潘维和编《中西法律思想论集》，台北汉林出版社，1984，第23页。

④ 参见许藻镕《今后我国立法界与司法界努力之方向》，载许藻镕编《法学论文集》，北平朝阳学院，1931，第40~44页。

⑤ 类似观点除了前述王伯琦、吴经熊先生的论述，还可参见孙彼得《我国之法治精神》，载《震旦法律经济杂志》第1卷第2期，1944；蒋澧泉《中华法系立法之演进》，《中华法学杂志》第6卷第7期，1935，载何勤华、李秀清主编《民国法学论文精粹》第一卷，法律出版社，2003。

社会本位的接合，作为社会生活基本法律的民法一马当先。张企泰先生从孙中山"民生主义就是社会主义"的论断出发，认为民生主义社会中之民法，应是以社会为本位的一种社会主义之立法；民众一生活动，"须直接或间接以维护人民生活、社会生存、国民生计、群众生命为其鹄的"。① 史尚宽先生则以批评拿破仑法典的缺陷展开对社会本位的阐扬。他认为，拿破仑法典虽极端尊重个人自由，然而对于平等、博爱之原则未能同时并顾。如家庭关系中丈夫相对于妻子的优越地位、劳动关系中雇主事实上的支配地位，这些是平等原则未能落实的表现。法典采严格责任主义及权利绝对主义，使得处于弱势地位的当事人之具体情况得不到考量；权利人可以自由行使其权利，至于是否妨害社会利益或间接损害他人利益在所不问，这是博爱主义未能贯彻的表现。而中国的三民主义法制，则将民族、民权、民生解释为自由、平等、博爱三主义，三民主义就是谋求自由、平等、博爱的一体实现。② 一方面史尚宽先生保持了社会法学的基本立场，以社会法学立场批判近代民法，如认为拿破仑法典只实现了自由而缺乏对平等、博爱的注重，其实是对传统民法三大原则的批评。另一方面，一些本土性的阐释也已表达出来。首先，将民族主义等同于自由，是将自由建立在了国群本位的基石之上，其实已经偏离了启蒙以来自由的经典寓意（见本书第一章第一节）。根据启蒙思想家的观点，自由的意涵除了每个人都必须被允许按自己的意志行动之外，还强调每个人自己就是他存在的目的本身，作为目的本身存在是人的全部尊严的源泉，自由不可侵犯、不可让渡的权利属性是一切其他权利的基础。从根本上说，人的一切权利及其绝对性都来源于自由。而在国群本位的视角下，自由被重新定义为"积极地服务人群，而发展自我的意思"。③ 其次，就民法的价值取向来说，自由、平等、博爱三者构成民法的灵魂。史尚宽先生认为，传统民法只实现了自由，而三民主义法制可以使三者同时实现。换言之，在近代民法中自由已牢固树立

---

① 参见张企泰《中国民法物权论》，大东书局，1948，第 6 页。

② 参见史尚宽：《我国固有的法律思想与新近立法精神》，载谢冠生、查良鉴编《中国法制史论集》，台北"中华大典编印会"，1968，第 117 页。

③ 自由的经典寓意，参见参见黄裕生《康德论自由与权利》，《江苏行政学院学报》2005年第 5 期；国群本位的自由观参见张载宇编《先总统蒋公论民主与法治》，载《先总统蒋公思想研究论集》，台北"中国文化大学"，1981，第 377 页。

的前提下，三民主义法制更为侧重的是平等和博爱的实现。如此一来，中国民法的关注重点也不言自明，就是实现平等、博爱即社会本位的价值取向。

（二）个人（权利）本位的否定

民法社会化是 19 世纪末兴起的法学思潮，作为成熟的西方法学源流中的一个环节，有其自身的历史线索，这就是它和个人（权利）本位之间的关系。民国法学家对这一问题并未忽视。他们在阐发社会本位时，无不提及社会本位是继权利本位而起的新阶段。然而，看到两种法律理念在时间顺序上的前后相继，并不表示对两者关系有了正确的认识。

郑保华先生在系统介绍法律社会化理论时认为，社会本位"乃先废除个人本位、阶级本位或权利本位之法律……采此主义之立法，遂以公共利益为重，而以个人利益为轻……一反昔日个人本位与自由主义之面目，以社会生活之利益之保护与促进为前提"。[①] 该文虽以介绍西方法律社会化理论为主要内容，但在对社会本位的定性上，却与其介绍对象并不完全一致。西方法律社会化理论系对个人权利的极端化发展进行纠偏，强调法律中重视社会利益的因素，但仍以个人权利保障为立法的出发点，其实质是对个人权利和社会利益的关系进行了更为全面的思考；而郑保华先生则认为社会本位理论主张"先废除个人本位、阶级本位或权利本位之法律"，"废除"一词表明了在他眼中个人本位与社会本位的对立，认为两者是一种此生彼亡的关系，个人本位的废除是社会本位建立的前提。王伯琦先生所谓的权利本位已成末流、社会本位代之而起，其意也大致如是。吴传颐先生亦曰："个人主义的世界观，已响彻了崩溃的号角，这不能说是一时的或偶然的现象，实际上反映了社会经济的变迁。"[②] 他认为个人主义的崩溃是社会经济发展的必然结果。语言是思维的外壳。使用"废除""崩溃"这些语词，表达了法律人以社会本位取代个人本位之决绝，也在两者间造就了一种对立关系和进化关系，这使中国的社会本位理论表现出与西方的显著差别。

个人本位以力求对权利的完善保障为特征，因此，个人本位与社会

---

① 郑保华：《法律社会论》，《法学季刊》第 4 卷第 7 期，1931。

② 参见吴传颐《社会法与社会法学》，《中华法学杂志》第 7 卷第 1 期，1948。

本位的关系，实质上是一个在社会化时代如何看待权利的问题。民国法律人认为，将法律视为保护权利的规则"原是个人主义时代之法律观念，而不能认为是法律之固有使命"。法律可以规定权利，"不过在规定权利之中，须以义务为本位，不当以权利为本位。换言之，即法律所应保护之权利，是为履行社会义务而行使权利之权利，不是为扩张个人利益而行使权利之权利。一言以蔽之，权利如果不为社会利益而行使，则其行为即非正当之行为，应绝对不予以保护之"。① 由此，权利的性质发生了变化，权利行使不但被认为是一种社会制度，而且是一种社会义务。如果权利行使漫无限制，甚至可以无视社会及他人利益，则其背后哲学是认为权利人可以与社会绝缘而独立存在，这显然不能成立，也违反了权利存在的理由。② 相反，基于社会利益对权利进行限制，既不违反权利的本质，也合于社会道德。③ 对权利行使的限制分为两个方面，即消极方面的禁止权利滥用和积极方面的强制权利行使。对于禁止权利滥用，私权虽当受法律保护，"而与公共秩序、善良风俗相背驰者，固宜排除于其范围之外也。权利滥用之禁止，实所以打破权利神圣之理论，救济分配不均之弊，主张人与其同类营共同生活，应以社会之连带伦理为依归"。④ 更进一步，因为权利是社会的制度，权利人有适当行使权利的义务。"个人之权利，不但应消极地在不害公益之方面行使之，且应积极地在维持社会公益之方面行使之。"⑤ 也即在某些情形中，为了社会利益，法律可以强制权利人行使自己的权利且不得放弃或怠于行使。从禁止权利滥用和强制私权行使两方面对权利进行限制，本为西方法律社会化潮流中民法实践的内容，其本意是通过目的限制（禁止权利滥用）和法定限制（强制权利行使）对个人权利的极端化发展进行纠偏，限制其超过必要限度之行使或有损于公益的怠于行使。不论是目的限制还是法定限制，都并非对权利本身的否定。另外，即使存在对权利行使的限制，自由行使权利仍然是权利行使的原则，目的限制和法定限制只是权利自由

① 参见张知本《社会法律学》，上海会文堂新记书局，1937，第63、65页。
② 参见李宜琛《民法总则》，台北编译馆，1943，第398页。
③ 陈瑾昆：《民法通义总则》，北平朝阳学院，1930，第386页。
④ 参见吴传颐《社会法与社会法学》，《中华法学杂志》第7卷第1期，1948。
⑤ 参见唐纪翔《民法总则》，中国大学讲义，1943，第245页。

行使原则的例外。然民国法律人不避过度阐释之嫌，以"社会职能"或"社会义务"来为权利定性，认为这是"现今之法律思想以社会之公益为第一位，以个人之权利为第二位"的体现。① 这种定位打破了权利的神圣而将法律的目的让位于社会公益，私权也须基于社会公益而行使；对于权利自由行使所加的限制，已成为现代立法的精神，而不能仅认为是权利自由行使原则的例外。② 这种论点其实消灭了权利和义务的区别，背离了权利学说的根本价值，对民法的根基不无动摇。权利的本质在不同时期随着社会情势的变化当然可以讨论，但将社会利益作为法律的唯一目的，将权利视为实现社会利益的手段，忽视了社会利益与个人权利的平衡，这是将法的价值简单化的做法。就权利行使的限制来看，强制权利行使显然是权利行使的例外而非原则。因为强制权利行使仅因法律的明文规定而成立，限于少量特定的权利形态；除法律所规定的形态之外，其他权利概不受强制行使的制约。③ 但在民国法学家那里，个人本位在法律社会化潮流下遭到了根本性颠覆，法律的根本理念为之一变，由维护个人权利而转为"以社会利益为重，以个人权利为轻"，一些启蒙运动以来所形成的弥足珍贵的理念，成了社会本位所要清除的对象。

（三）国家主义与社会本位的等同

社会本位强调以社会利益为法律的重心，而作为利益主体的"社会"是社会法学理论中最具争议性的概念，原因在于"社会"并非实体。有社会学家悲观地认为，也许"我们只有走到路的尽头时，才能真正知道什么是社会，也就是说，这也许是我们永远也无法真正地知道的东西"。④ 就法律所作用的对象而言，其载体的确定也极为困难。因为

---

① 参见唐纪翔《民法总则》，中国大学讲义，1943，第245页。

② 徐谦：《民法总论》，上海法学编译社，1933，第471页。

③ 比如法律规定土地不可长期抛荒，意在强制土地权利人积极行使权利；除土地权利之外的权利及其权利人就不必受积极行使权利的强制，如汽车所有者长期闲置汽车。参见俞江《近代中国民法学中的私权理论》，北京大学出版社，2003，第130页。

④ 参见〔法〕艾德加·莫兰《社会学思考》，阎素伟译，上海人民出版社，2001，第69～70页。秉持自由主义立场的哈耶克认为，"社会正义"是一个空洞无物、毫无意义的术语，是"皇帝的新装"；使用这种说法的人"如果不是愚昧，那就肯定是在欺骗"。参见〔英〕弗里德利希·冯·哈耶克《法律、立法与自由》第二卷，邓正来等译，中国大百科全书出版社，2000，"序言"第2页。

"社会利益"假设社会成员对希望增进的某些利益有一种共识，这在国家规模的大社会中是不可能实现也无法验证的。作为"社会利益"主体的社会，具有一种双重人格：一方面，它具有区别于组成它的个体的愿望、主张和需求；另一方面，通过把"社会"与"人"等而视之，它变成了某些自称代表着社会利益的团体或个人的人格化体现。① 在民族国家时代，能够成为社会利益适格代表的，恐怕只能是作为社会成员共同体表现形式的"国家"。而在民国时期的中国，由于市民社会的发育极不成熟，以自生自发方式发展起来的"社会"事物根本无法抗衡国家刻意组织起来的"社会"事物，"国家"这一概念又几乎和"政府"成了同义语。故此，国家与政府的角色受到前所未有的推崇。如谢振民先生认为，法律社会化时代，法律已由权利本位变为义务本位，不仅保护个人利益，尤其注重社会公益，故"有由个人主义进入国家主义之倾向"；谢冠生认为，法律社会化的目的是调和社会关系使之均衡发展，故国家与行政之存在更为人重视。② 两位先生推重国家与政府在民法社会化潮流中的角色，认为国家在社会利益的实现中起关键作用，甚至将国家主义、义务本位与社会本位作为同义语看待。这一认识包含两层意思，申言之：其一，从法律的调整方式讲，国家放弃了以往的自由放任主义，对私法关系的干预大为加强；其二，就法律的价值内涵来说，相比于以往的权利本位，社会本位更重视个人对社会的义务，而这些义务的内容由"社会公益"的代表者国家加以确定。③ 这其实是把权利的"社会职能说"与国家社会本位的政治哲学加以接合的结果。换言之，这种定位既有社会法学权利观的影响，也直接来源于国民党的政治理论。与其最密切者当数"政权保姆论"。这一理论认为："民国之主人者，实等于初生之婴儿耳；革命党者即产生此婴儿之母也，既产之矣，则宜保养之，教育之，方尽革命之责也，此革命方略之所以有训政时期，为保养、教

---

① 参见邓正来《社会学法理学中的"社会"神》，《中外法学》2003 年第 3 期。

② 张丽清：《20 世纪西方社会法学在中国本土的变革——以庞德的社会法学为例》，《华东师范大学学报》（哲学社会科学版）2005 年第 4 期。

③ 类似的表述很多，如陈樟生先生认为，社会本位时代更应使个人履行其"社会的职责"，恪尽其为国家构成一员应尽之义务。参见陈樟生《现代契约法之指导原理与立法趋势》，《法律评论》第 15 卷第 9 期，1947，第 7 页。

育此主人成年而后还之政也。"① 国家权力至上是"政权保姆论"的必然结果。因人民如初生之婴儿，对于社会利益——在国民党看来，同时也是人民自己的利益——识别能力不足，往往不顾整体利益和长远利益，人人各自为谋，最终必会损害到自身利益。因此作为保育人的国民党政权必须通过法律全方位介入民众生活，教育民众重视整体利益。法律领域的"党国体制"正是基于这一目的。"党国体制"在理论上来源于卢梭的人民主权原理，为了实现卢梭的"道德理想国"，产生了一种自信掌握着人类社会发展的必然规律并试图以此改造社会的总体党，总体党按照自己认定的理想模式行使国家权力以塑造理想社会。②在这一进程中，确认与表达社会利益是必不可少的工作。

政治家的这种态度在法学家那里同样得到响应。法学家对国家在社会本位时期亦有积极作为的期望。"在今社会事物如此复杂，国家之任务，已非消极的使人人各不侵犯所可达成，亦非消极的以维持安宁为尽其能事。国家之任务，必须积极的有所作为，方足以肆应人群共处之目的。"③ 有的法学家从法的终极目的——正义这一层次来肯定国家的作用。实现正义是法律的终极目的，在民族国家现状下，正义也具有民族性，法律要实现一个民族的正义感，必须以国家为载体。国家不仅是各种利益平衡的裁判者，也掌有一国范围内实现正义的最后准则（而非"自然法"之类的先验概念）。人类社会有依循"存在法则"所作出的本能行动，但其往往并不符合由民族正义感决定的"当为"之法则。面对两种法则的对立，只有"复经国家选择的阶段，成为国家的法律"，才能使"存在法则"合于"当为"之法则。④ 换言之，国家的法律在采择某些法则以反映和实现民族正义感的过程中具有决定性地位。联系到三民主义理论的大背景，其支持国家法在实现民族主义中发挥首要作用，为不言而喻之结论。

---

① 《孙中山选集》上册，人民出版社，1956，第 156 页。
② 参见付春杨《民国时期政体研究（1925—1947 年）》，法律出版社，2007，第 1 页。
③ 参见王伯琦《民法总则》，台北编译馆，1963，第 124 页。
④ 参见刘陆民《建立中国本位新法系的两个根本问题》，《中华法学杂志》新编第 1 卷第 1 期，1936。

二 传播过程中的取舍

传布社会法学时代的中国法学理论，由于对西方社会法学亦步亦趋，曾被蔡枢衡先生批评为一幅半殖民地风景图，并认为这些理论"无一为自我现实之反映，无一为自我明日之预言，无一为国家民族利益之代表者，无一能负建国过程中法学理论应负之责任"。① 从社会法学理论在中国的本土表达来看，将这些断语加于中国法学界似乎不确。"主体迷失"或许有之，但为国家民族利益代言却是中国法学家行动逻辑的集中表达。理想社会的预言、国家民族利益的关切及法学理论在建立中华民国中的责任感，皆在社会法学中国化的阐述中体现得淋漓尽致。民国法学理论中的社会本位学说，主要以西方社会法学为自身的理论资源，在分析框架和诸多基本范畴上与社会法学理论保持一致；但是，因时代关怀所表现出的本土化因素同样深刻。这首先表现在，作为传播对象的西方社会法学，不但其阐述者经过了中国法学家的挑选，而且其理论要素也皆被有区别地吸收和重述。就前者而言，以社会法学的重镇之一法国为例，被中国法学家奉为理论旗手的狄骥（波尔多大学）、若斯兰（《权利相对论》作者，里昂大学）、惹尼（南锡大学）等人，在当时共和派法律思想占优的法国本土，不论是就当政者的重视程度，还是就学术界的话语权而言，皆不处于中心地位。② 换言之，得到中国法学家重视的学者及其学说，并非其母国法律学说的主流。就后一方面而言，西方社会法学在其发展的第一阶段（20 世纪三四十年代），着重将社会学的方法引入法学，探讨法律和社会之关系的理论基础。根据庞德所确定的社会法学行动纲领，重点关注的问题有三：一是研究法律制度和学说的实际效果（而不是规范体系和概念）；二是结合社会学和法学研究为立法做准备；三是研究使法律规则生效的手段。③ 总之，这一时期西方社会法学虽不乏价值判断上的重述，但其重心是在方法论层面。而在中国法学界的叙

---

① 蔡枢衡：《中国法理自觉的发展》，清华大学出版社，2005，第 99 页。
② 占据当时法国政治和学术中心地位的是共和派法学家，包括里佩尔、埃斯曼、卡雷·德·马博尔等，其法律学说倡导立法至上主义。参见朱明哲《东方巴黎——论二十世纪上半叶法国法律学说在中国的传播》，载《北大法律评论》第 15 卷第 2 辑，北京大学出版社，2014，第 581 ~ 582、588 ~ 589 页。
③ 参见张文显《二十世纪西方法哲学思潮研究》，法律出版社，2006，第 97 页。

述中，重心却正好相反，社会本位的价值判断得到了大力阐发，方法论层面的反应则相对较为冷清。

另外，中国法学理论界在传播西方社会法学时，其对理论要素的抽象化处理也引人注目。所谓抽象化，是指阐释者将学说与其产生的语境相剥离以及割裂的处理，其主要论点有：其一，法学思想是有自身历史的独立存在，且与法律制度一同决定法律的实践；其二，既然思想可以与其时代分离且能决定法律制度的运行，一个国家便可以自由地选择合于其社会经济条件或主权者意志的法律学说，而不用考虑其思想的产生环境。① 换言之，一国之内无论是否有概念法学与权利本位作为历史线索和现实起点，都不影响选择社会本位理论。抽象化的直接理论意图或效果，就是肯定社会本位作为普世价值的正当性，也即对中国社会的适用性。从更深层次上看，由于隐去了社会法学思想产生与存在的环境，社会法学与其他法学流派的关系不能得到呈现，也使对社会法学自身的准确定位变得困难。作为西方现代法学流派之一，社会法学并不认为自己是其他法学理论的"终结者"，而是认识到需要其他理论包括自然权利理论作为补充，其才能解决自身所面临的法的理想与价值问题，实现对真理的局部表达。② 但在民国法学家那里，社会法学作为真理代表者不但具有武断专横的面孔，而且似乎是包治百病的灵药；忽视与自然权利理论的联系、注重社会利益的价值判断被强调到极致，使抽象化的结果不可避免地异化。

如此一来，经过中国法学家的拣选和重述，西方社会法学中注重社会本位的部分及彰显社会本位普适性的部分脱颖而出，成为中国社会法学的理论前提。

三　本土化变异的理论反思

在经拣选和抽象化之后确定的理论前提下，民国社会法学在理论观点上也与西方社会法学产生了一些重要的差异，形成了本土化重述。举其要者，大致有三。

---

① 参见朱明哲《东方巴黎——论二十世纪上半叶法国法律学说在中国的传播》，载《北大法律评论》第 15 卷第 2 辑，北京大学出版社，2014，第 601 页。
② 参见张文显《二十世纪西方法哲学思潮研究》，法律出版社，2006，第 29 页。

其一，社会本位的民族主义化。此一问题主要通过对中国传统法律文化因素的现代性阐述而展开。鸦片战争之后，随着中国在中外交往中的节节败退，传统文化逐渐在强大的西方文明面前失掉了自信，法制作为文化的子系统也不例外。然而，在以社会整体利益为检阅视角时，中国传统文化终于表现出难得的闪光点。在胡汉民等人看来，社会本位理论注重社会整体利益，以社会为法律的单位，而欧美近代立法的基础是分散的个人，两者距离遥远；相比之下，中国传统法制以家族为单位，家族是团体性的存在，虽然这个团体未扩展至整个社会，然已具有团体属性。故此，从团体属性来讲，中国传统家族本位比欧美个人本位距社会本位更近一些，与现代法制发展的最新趋势相合，从而成为传统文化的优点。类似的观点也表现在法学家关于民法的"王道"精神及西方最新法制与中国传统文化"天衣无缝"的阐述中。① 这种表述体现出中国法律人寻找传统文化现代性的努力，也是法学理论中一种民族主义的表达。就其本质而言，民族主义是权力与同质性文化的结合，国家借此在一国范围内确立一种集体同一性；个人也因共享这套文化而彼此之间得以相互结合。② 因此，这种表述意在增强国人对传统文化的认同感和凝聚力。然而，强调集体同一性的民族主义表达并非社会法学理论的正确解读。如胡汉民所言，西方社会本位法制与个人本位法制皆以独立的个人为基础，而这最关键的一点在家族主义法制中是缺席的。中国传统法制的群体性借由民族主义的集体同一性与社会本位具有了形式上的偶合，这种偶合容易使人放弃追究它们是否在核心观念上真正互通，从而将社会观念等同于义务观念，影响了清算传统法制负面影响的积极性，也难以对现代法制产生完整而准确的理解。同时，民族主义化的社会本位表达，强调民族国家范围内处理好社会连带关系方可与他国争胜求存，将

---

① 关于民法的"王道精神"参见胡汉民《民法债编的精神》，载《胡汉民先生文集》第四册，台北"中央文物供应社"，1978，第855～856页。吴经熊先生的论述更广为人知，"无巧不成书，刚好泰西最新法律思想和立法趋势，和中国原有的民族心理适相吻合，简直是天衣无缝"。参见吴经熊《法律哲学研究》，上海会文堂新记书局，1933，第27页。值得注意的是，第一次世界大战前后的日本法学界也有类似思潮，认为旧日本的文化优于当前，可以以之为基础构建新的日本法律科学。参见〔日〕高柳健藏《日本之法律教育》，赵颐年译，《法学杂志》第7卷第2期，1934。

② 参见蔡英文《主权国家与市民社会》，北京大学出版社，2006，第159页。

法律视为民族复兴的工具，有的法学家因此表现出对纳粹所宣扬的种族法理学的赞赏，① 更是将法学理论带入了一个十分危险的境地。

　　其二，关于社会本位时代权利的地位。民国法学家将个人本位与社会本位对立、否定个人本位的倾向，不乏警惕自由无序和权利滥用的合理因素，但更使私权的意义受到了很大的误解。且不说权利滥用在近代中国是不是一种普遍的事实，就理论言之，西方社会法学理论，无论是认为行使权利是个人对社会的义务（耶林），还是认为个人化亦是社会化的表现（牧野英一），都在突出社会利益的同时揭示了个人权利保障有利于增进社会利益这一事实（见本章第一节），证明两者并不决然对立。但在民国法学家那里，这些论点的逻辑发生了转换，即从"保护个人权利有利于社会利益"的事实陈述变成了"保护个人权利是为了社会利益"的价值判断，从而使私权和公益的关系变得扭曲。民国时期的法学家，大多接受过系统的西方法学教育，说他们对权利在法律中的基础地位没有认识是不可想象的。将社会本位绝对化地大书特书而轻视个人权利保障，更多是在救亡图存背景下的应激之举，这种心路历程可以以胡长清先生为例说明。一方面，与多数法学家将社会本位与权利本位对立不同，胡长清先生认为社会本位并非对权利本位的取消，而是亦包含权利本位的成分在内，这体现出他对权利的重视，属于言他人所未言的真知灼见。另一方面，在看待民法发展的"义务本位—权利本位—社会本位"三个阶段时，他认为权利本位与义务本位孰优孰劣难以确定，又体现出对义务的重视和权利意义的消解。作为民法学家，胡先生自然明

---

① 如刘陆民先生认为，德国"人种法则的法律理论"虽然有其缺陷，但将种族特殊的名誉心和牺牲精神贯注于法律之中的旨趣，却有可采之价值。参见刘陆民《建立中国本位新法系的两个根本问题》，《中华法学杂志》新编第 1 卷第 1 期，1936。另外需要指出，对纳粹德国的认可在当时中国的军政上层中是普遍现象。柯伟林曾指出，德国国家社会主义在中国得到广泛赞许，其原因不仅仅是这与中德关系的重大发展同步一致。对许多中国人来说，法西斯主义是中国借来用于本身争取国内统一和国际自主的某种手段。在这种背景之下，甚至连纳粹的种族主义政策亦可被一个公开关心"中华种族"如何在社会达尔文主义的国际竞争中生存下去的中国领导层所理解（甚至赞赏）。这种形象有时被浓聚成一种广为赞赏的德国"精神"和"民族特性"的印象，尤其是当它们比起其他西方国家和日本的形象时，就更为如此，其价值几乎无法在量上加以评价。参见〔美〕柯伟林《德国与中华民国》，陈谦平等译，江苏人民出版社，2006，第 122 页。

白权利对民法的重要性，也不可能真将身份差等的社会与自由平等的近代等量齐观。只是根据胡先生的认识，义务本位的产生，"良以人类进化之始，即在固结团体、以御强敌，而固结团体之要件，首在牺牲小己，事事服从，于是形成义务之观念，法律遂以此义务观念为其中心观念"。①即义务本位基于团结御敌之需要应运而生。民国时期挽救危亡的社会背景，正与胡先生所描述的这种"固结团体、以御强敌""牺牲小己，事事服从"的需要相契合，胡先生表现出对义务本位的青睐也就不难理解，从而在权利本位和义务本位之间执其两端。这种取舍与孙中山等人"不能再讲自由"的认识如出一辙，其目的是在全社会形成一种人人让渡权利而求得国家民族自由的局面。其结果是，虽然并未以社会本位来否定权利本位，但对现实问题的关注使胡先生对义务也情有独钟，从而消解了其重视权利的意义。这是法学家时代使命感的体现，值得今人理解。然而被他们忽视的是，国家、民族的自由，绝不能依靠漠视自己权利、只懂得服从的顺民来完成。孟德斯鸠曾说："在一个自由的国家里，要求人们在战争中大胆而和平时期中胆怯，这无异是要求不可能的事情。"②开社会法学风气之先的耶林也论证道："国民在必要时，若能知道如何保护政治的权利，如何于各国之间，防卫国家的独立，必须该国人民在私人生活方面，能够知道如何主张他们自己的权利。……个人关于私权的主张，冷淡而又卑怯，受了恶法律和恶制度的压迫，只有忍气吞声，不敢反抗，终必成为习惯，而丧失权利感情。一旦遇到政府破坏宪法或外国侵略领土，而希望他们奋然而起，为宪政而斗争，为祖国而斗争，事所难能。凡沉于安乐，怯于抗斗，不能勇敢保护自己权利的人，哪肯为国家的名誉，为民族的利益，牺牲自己的生命。……所以国法上能够争取民权，国际法上能够争取主权的人，常是私权上勇敢善战之士。"③也就是说，争取私权与争取国权并不必然矛盾，而且争取私权所养成的权利情感，会成为争取国权的强大精神动力；反之，若无权利情感，则很

---

① 胡长清：《中国民法总论》，中国政法大学出版社，1997，第43页。
② 〔法〕孟德斯鸠：《罗马盛衰原因论》，婉玲译，商务印书馆，1962，第51页。
③ 〔德〕耶林：《法律的斗争》，萨孟武译，载王泽鉴《民法总则》，台北三民书局，2000，第1～11页。耶林对社会法学的开拓意义，参见朱晓喆《耶林的思想转型与现代民法社会化思潮的兴起》，《浙江学刊》2008年第5期。

难期望民众在争取国权时积极作为。由此可知，被民国政治家和法律人奉为不言自明的真理、牢不可破的"个人自由与国家自由对立不相容"的认识，只不过是一个虚构的命题。正是这种认识的存在，使得民国社会本位法学思想和西方社会法学拉开了距离。这也反映出走向近代化的中国法学理论对私权的认识，在很大程度上仍然是传统中国"公私之辨"的观念承接。

其三，关于国家作为社会利益载体的问题。如前所述，民国法学家皆对法律社会化时代国家（政府）的地位非常重视，认为在社会本位的实现中，国家必须发挥首要作用，甚至有将社会本位与国家主义等同的认识。这种定位既与中国缺少市民社会传统、从而无法确定"社会"的实态有关，也直接来源于孙中山和国民党的政治理论（"政权保姆论"）。不应否认，确定社会利益的载体确实是一个学理难题，在法治成熟的西方国家，尚且为此长期争论不休。而民国时期，中国近现代法学的发展不过二三十年，期望对这一问题有成熟的见解无疑是一种苛求。况且，在由权利本位过渡到社会本位的过程中，国家在私法中的角色确实发生了某种变化，这也是各国法律实践的事实。但是，民国法学家将社会本位很大程度上等同于国家主义的误读，确实为法学（尤其是民法学）理论发展带来了严重后果。在西方社会法学的论说之中，国家与社会有着相对明晰的界分，因而庞德才区别公共利益与社会利益。[1] 在狄骥那里，个人权利被否认的同时，国家的权力也被"公务"观念所取代，即国家没有主权，只有实现社会连带的义务，国家与个人一样，都只是在单纯地实现社会连带关系所确定的社会职能。[2] 亦即在社会本位潮流中，国家与个人角色有别（公务），但国家在价值上并不必然优位。要对法律社会化潮流中国家角色的变化有准确的把握，必须认识到，作为一个成熟模式的西方法律社会化之理念与实践，是在赓续启蒙运动以来价值的基础上展开的。根据伏尔泰和卢梭等思想家的认识，相比于作为革命对象的中世纪，资产阶级社会的理想图景也强调国家与公民个人直接发生联系，"人们无需再与旧制度的那个中间身份集团打交道，而只和国家本

---

① 参见〔美〕罗斯科·庞德《法理学》第三卷，廖德宇译，法律出版社，2007，第 18 ~ 20 页。

② 参见张文显《二十世纪西方法哲学思潮研究》，法律出版社，2006，第 102 页。

身发生联系。这个国家有义务通过它的立法把公民从封建的、教会的、家庭的、行会的以及身份集团的传统权威中解放出来，并赋予全体公民以平等的权利"。只不过，这一图景并非为了突出国家，而是维护人"自出生之日便获得的关于良心、宗教信仰和经济活动的自由的不可割让的权利"。① 其后历经百余年发展，由于人在争取权利的过程中所表现出的反社会性威胁到了社会的共同生活，表明市民社会发展所需要的安全不能自给，须加强政治国家的权力进行保障，国家在私法中的地位因而上升，但这种现象所昭示的是市民社会的要求得到了政治国家的确认，而非政治国家创造了这种理念而适用于市民社会。② 同时，国家权力干涉的重要内容是帮助各种社会团体，使它们获得按其自身发展逻辑无法达致的公共性。③ 换言之，干涉的目的是培育和巩固市民社会，对安全的保障亦以市民社会的需要为限，而市民社会的首要需求便是人的权利的保障。因此，法律社会化背景下国家权力的凸显，归根结底仍然是着眼于个人权利更好的保障。

反观民国时期中国法学家对社会本位和国家权力的认识，一股国家主义气息扑面而来。法学家纷纷强调国家权力在法律社会化时代至高无上的地位，而个人权利则成了有待于国家权力在社会利益取向下重新审视和再定位的对象，再联系到将社会本位与义务本位等量齐观的言论，私权匍匐在国家权力脚下几乎是可以断言的结果。而正如推崇社会本位的日本法学家冈村司先生所警告的那样，国家的载体是政府，政府同样是由个人组成的，因此存在以社会利益之名损害个人或有害团体利益的风险。④ 霍布豪斯说得更为直接："当国家被抬高到成为一个高高在上、不关心它的成员的实体时，它就变成了一个伪造的上帝。"⑤ 在宪政未得

---

① 〔德〕K. 茨威格特、H. 克茨：《比较法总论》，潘汉典等译，贵州人民出版社，1992，第 153 页。

② 参见刘心稳主编《中国民法学研究述评》，中国政法大学出版社，1996，第 14 页。

③ 参见方孝岳编《大陆近代法律思想小史》，中国政法大学出版社，2004，第 71 页。

④ 参见〔日〕冈村司《民法与社会主义》，刘仁航、张铭慈译，中国政法大学出版社，2003，第 79 页。

⑤ 〔英〕L. T. 霍布豪斯：《形而上学的国家论》，汪淑钧译，商务印书馆，1997，第 32 页。

到确立，政府合法性①无从保证的情况下，社会本位一变而为国家本位，再变而为官僚本位和特权本位，以社会利益之名对私权进行恣意践踏和剥夺。民国后来的法律实践，展现出的正是这样一幅糟糕的图景。

---

① 这里所使用的合法性（legitimacy）是政治学意义上的，指的是社会秩序和权威被自觉认可和服从的性质和状态。它与合乎法律规范的意义不同。只有那些被一定范围内的人们内心所体认的权威和秩序才具有合法性。参见俞可平《治理和善治引论》，《马克思主义与现实》1999 年第 5 期。

第四章　民法社会化的立法表达

　　南京国民政府时期民法秩序的建构，相比于清末、北洋时期，系统的民事立法体系得以建立和实施是一个突出特征。标志性事件是1931年民法典各编全部颁行，不仅表示中国已经成为一个有民法典的国家，也昭示着自清末修律以来民法理论构造和实践探索工作告一段落，民事法律活动有了系统依据。这是稳定的民法秩序建立的基础。在这一基础上，一个开放性的民事法律渊源体系才有形成的可能，除民法典外，民事单行法律法规，最高法院的判解、决定以及后来的司法院大法官会议决议等都成为这一体系的重要组成部分。①

　　民法是建构的产物，立法者在进行民事立法时，他们心目中未来民事秩序的理想蓝图，自然会极大影响民法的风貌。民法社会化时代的民事秩序蓝图，就是一个社会本位的规则世界。在民事立法的各个环节，对社会整体利益的追求一以贯之，这首先表现在立法体制的安排上。国民政府的立法机构为立法院，在立法院的建制、立法委员代表性等重大问题上，主政者都力图为社会整体利益的落实提供体制保证。胡汉民在就任立法院院长一周年谈话中说道："在训政时期……不能有那种代表地方或职业的立法机关。这不但为事实所不许，而且在理论上也通不过。因为事实上假如这样一办，立法者心中的利害，便各自不同，遇事只就自己所代表者着想，将生出无限的纠纷来。"② 胡汉民对立法院的代表性有如此认识与吸取民初国会的教训不无关系。他认为民初国会因为议员们有不同的背景、代表各个地方，无法代表国民全体，因此纠纷滋蔓，怠慢了立法工作，是政治上既旧且错的制度。在他看来，立法院应当是一个没有地区代表性和职业代表性、只代表党性的机关，因为国民党是

---

①　对国民政府民事法律体系的阐述，参见张生《近代中国民法法典化研究》，中国政法大学出版社，2004，第282～283页。

②　胡汉民：《一年以来立法新制的试行》，载《胡汉民先生文集》第四册，台北"中央文物供应社"，1978，第907页。

社会全体利益的代表。① 他希望立法院不是利害关系相冲突的不同区域、不同职业、不同族群的代表者讨价还价的地方，而是一个能够代表全体民众利益的机关。这样的制度设计使立法院与西方的国会具有根本区别：国民党将立法院定位为行使立法权的治权机关，而非代行民意的政权机关，因此不实行特定代表制；在训政的开展中，国民党是全民政权的代言人，也是国民政府行使治权的指导者，因此立法院所遂行的是党意而不是直接民意。② 而在胡汉民等人心中，党意最能反映全体民众的共同意愿，故此在随后民事立法过程中，皆由国民党中央政治会议提出民法典各编的立法原则或"先决意见"，再交立法院据此起草条文。这种立法体制的建立，是国民党自信能够代表全社会的共同利益，且立法应追求社会共同利益的有效表达，这与西方国会的多元协商之意大不相同。

注重立法委员的同质性，使其能遂行党意而据以保全民意，这种设计和孙中山、胡汉民等人对国民党和民众的关系定位相关。根据他们的"政权保姆论"，在训政期间，国民党必须以人民的保姆自居，"保养之，教育之"。具体到法律领域就是以国民党党义指导立法。国民党自信掌握了人类社会的发展规律并试图以此改造社会，在国民党看来，人类社会发展的必然规律要求当今社会必须实行社会本位，国民党党义是其集中体现；社会本位的立法通过规范调节，可以让民众在日常生活中学习和体悟"必然规律"和理想模式。民国民法中的制度安排，就是这一意图的集中体现。下文以财产法中的永佃权制度和身分法中的家庭制度为样本，对民国民法中的社会本位表达进行解析。

民法中的身分法和财产法中的物权法，多属于强行法。"盖以亲属关系，为社会组织之重要部分，物权关系，为社会经济制度之基础，不得

---

① 参见胡汉民《一年以来立法新制的试行》，载《胡汉民先生文集》第四册，台北"中央文物供应社"，1978，第907页。当时英国首相麦克唐纳关于英国议会代表性的论述也影响了胡汉民，麦克唐纳说："议会应该代表整个国家的国民，而不应将自己的职业与地方利害搬到议会来，反映到关于整个国家全体国民的许多事情上去去。"麦克唐纳所论，本来是指议员产生以后在议会中所应有的工作态度，即一切出于公心，并非否认议员来源多元化的正当性；胡汉民对麦氏此语高度认同，却将其运用到立法委员的产生这一环节，与麦氏本意有所出入。

② 参见洪世明《党权与民权之间：训政时期立法院之试行（1928—1937）》，硕士学位论文，台湾师范大学，1999，第23页。

由各个人之意思自由予以变更也。"① 身分法和物权法虽然与债法一样，同属立法者意志的体现，然而在调整社会关系过程中，债法取决于当事人意思自治的程度较大一些，而强行法不得以当事人的意思排除其适用。所以，立法者通过法律中的权利义务改造社会关系的意图在强行法中表现得更加明显。故此，为了探究立法者的价值追求，以物权法和身分法为分析对象意义更大。然而物权法和身分法内容较多，——详述也是势所不能。故笔者采取"解剖麻雀"之法，以物权法中的永佃权制度和亲属法中的家庭制度作为集中讨论对象，永佃权制度关涉土地问题，家庭制度涉及传统家族制度的改造，二者在当时属于极为重要的社会问题。同时为了避免对财产法和身分法的讨论过于孤立，笔者也会兼及其他制度，以求对立法者的社会本位取向如何在立法中实现作一管窥。

第一节　财产法领域
——以永佃权为中心

　　之所以在物权中选择永佃权，首先是考虑到就民国社会整体而言，农村土地物权对民众生活意义重大，民法学家张企泰先生曰："物权法为乡村法律，农民法律；与其相对者为债法，乃城市法律，商贾法律……欧美各国，工商发达，交通便利。于是以货物之流畅，交易之迅捷为可贵。债之关系，遂致错综复杂；债法之适用，亦自较频繁也。我国曩昔除津、沪、粤、汉等通商大埠情形特殊以外，全国尚滞留于农业经济状态之中。统计全国人口，农民占什八以上。物权法之重要，可想见矣。"② 永佃权制度与物权最重要的客体——土地密切相关，属于土地关系之重要内容，牵涉到中国社会的土地问题及地主与佃农两大社会群体，为当时社会关系之典型，也是民法社会化中社会政策发挥作用的重要领域。就民法本身来说，永佃权涉及所有权和他物权之间的关系，能够体现所有权在社会本位视野下权能的变化，且涉及土地所有人和租佃人二者之间的契约关系，能够对契约自由在民法社会化进程中的变化作出典型呈现。

---

① 王伯琦：《民法总则》，台北编译馆，1963，第2页。
② 张企泰：《中国民法物权论》，大东书局，1947，第6页。

因此，就中国民法社会化的立法层面而言，永佃权制度具有相当的代表性。

一　近代化与社会化：民国永佃权的双重价值功能

民国民法中关于永佃权制度的规定，是中国历史上第一部正式颁行的民法对永佃①这一社会关系进行的规范。将永佃关系纳入民法，需要面对的问题来自两个方面。其一属民法近代化层面。中国传统永佃关系的建立有其自身逻辑，与源自西方的近代民法理念存在较大区别。而在民法近代化过程中，西方民法（主要是大陆民法）的基本理论、概念、术语等成为中国法律的分析工具，民法的体系性和逻辑性决定了中国民法的制定必须以近现代民法理论为准据，抛弃与之不一致的传统逻辑。这可以"一田两主"形态中的田面权为例说明。简言之，田面权是在"一田两主"格局下，同一土地上存在田面权与田底权两个互不统属的独立的土地所有权，由此衍生出可单独买卖、让与、继承、不受对方干涉等一系列具体权能。可以看出，这种同一块土地分上下两层所有权的权利形态明显违背了近代民法的一物一权原则。该原则要求一个独立的物（客体）之上只存在一个所有权。在一个独立物的部分之上或多数独立物的集合体之上都不能存在一个独立的所有权。②土地分为上下两层，观念上固然可行，现实中却无法"切割"。因此，这块土地上的权能主要表现为耕种权，从而使真正的所有权人的权利受到严重挤压。这种状况与古代中国理解所有权的逻辑是分不开的。中国古代民间并不存在一种如西方那样作为抽象和绝对权利存在的所有权制度，事实上的领有状态意义更大。以最重要的客体——土地为例，所有权的对象与其说是土地，不如说是一种对土地的经营权，因为作为移转和持有对象的始终是眼下的经营收益行为。"土地所有权本身并没有成为一种国家的制度。因为所有者的地位并不由国家在他相对于社会以及国家权力的位置与作用

---

① 这里所称的永佃关系是明清以来中国民间存在的租佃关系形态，其具体形态多样，与近代民法中的永佃权不同，二者在租期、可否让与、欠租时可否撤佃等问题上皆有不同习惯。二者的区别已成为学界共识。参见梁治平《清代习惯法：社会与国家》，中国政法大学出版社，1996，第88～91页。

② 参见尹田《论一物一权原则及其与"双重所有权"理论的冲突》，《中国法学》2002年第3期。

这一制度层次上进行设定和承认，而只是体现在所有者从前一管业者手里取得的、眼下正在从事或转让负有税粮义务的经营收益以及周围人们对这种状态的一般了解和尊重。"① 换言之，西方民法上所谓土地所有权，在传统中国只是一种建立在某种"来历"基础之上并且获得一般社会承认的相对稳定的状态，这种状态介乎权利与事实之间。它的确立，关键取决于该种管业权是否有正当来历以及周围人们对其正当性的承认。若满足这两个条件，意味着佃户或田面权人最终获得了完全不以田主承认为必要条件的管业权之正当性，从而也成为"业主"。此时他和田主的关系，是两个所有人之间的关系而非他物权或债权关系，田面权可以自由处分，即使欠租也不能撤佃就典型体现了这一点。这种理念与近代民法物权逻辑迥异，也是永佃权建构中将其作为重点改造对象的原因。

其二属民法社会化层面，在当时又集中表现为国民党社会政策的贯彻。土地问题是民国时期亟待解决的重大社会问题，国民党力图回应这种社会诉求，故提出"平均地权"的土地政策。胡汉民认为："一个人既生在地上，便应该有土地的权，如果不然，便算不公平。所以人人都应有土地，这是总理解决土地问题的最高原则。"② 为达此目的，就必须限制土地私有权的扩张，实现所有权社会化。永佃权作为一种重要的土地限制物权，本身就是"限制他人的所有权而成立的物权"之一种，可以担负限制所有权功能；③ 同时，欲使土地的利用合于社会利益，还必须对土地权利的主体尤其是耕作者加以特别关注。"欲求农地改良与农产进步，须令耕者安于其业"，故须"对于佃农之耕作权利，加以充分保护，限制田主任意撤佃，使佃农得久安于其业。其施用劳力资本所得之结果，为之充分保障，使田主不得为过度之榨取"。④

上述两个方面的问题，决定了民国民法中永佃权制度的建构具有两种价值取向：物权逻辑和社会本位。具体言之，一方面，在面对传统的土地租佃和"所有权"格局时，必须超越以往介于权利和事实之间的

① 〔日〕寺田浩明：《权利与冤抑——清代听讼和民众的民事法秩序》，载王亚新、梁治平编《明清时期的民事审判与民间契约》，法律出版社，1998，第200~201页。
② 胡汉民：《土地法的内容》，载《胡汉民先生文集》第四册，台北"中央文物供应社"，1978，第887页。
③ 参见李光夏《民法物权论》，上海书报社，1944，第144页。
④ 吴尚鹰：《土地问题与土地法》，《中华法学杂志》第1卷第1期，1930。

"业"的概念，使现代所有权得到完全和坚实的确立；另一方面，出于社会本位的价值取向，要以永佃权实现对所有权的社会化限制，保护佃农利益。实现这两种价值取向，其实是要将西方法律发展过程中两个不同阶段（确立所有权和限制所有权）的任务毕其功于一役。民国民法中永佃权的规则建构，在很大程度上是由上述两方面任务决定的。

民法首先确立物权法定主义和登记生效主义为前述两种价值取向在永佃权中的贯彻提供前提。《中华民国民法》规定，物权除法律有规定外，不得创设（第 757 条），且其取得设定、丧失及变更，非经登记不生效力（第 758 条）。蔡枢衡先生认为，物权法定主义是由农业社会进入工商业社会的必然结果，在革故鼎新的过渡时代，必须采法定主义以解消种种地域的习惯的物权；① 中央政治会议则认为"物权有对抗一般之效力，若许其以契约或依习惯随意创设，有害公益"②；基于贯彻"物权法定"之本意，对于第 757 条所谓之"法律"从严解释为唯指制定法而不包含习惯法；③ 同时，第 1 条虽规定民事法律所未规定者可依习惯，然而这种习惯除了不能有悖于公共秩序和善良风俗外，就其运用效果而言，亦只能是其规则发生法律效力，不能因此而创设新种类物权。④ 至于登记生效主义，"物权既有极强之效力得对抗一般人，而为贯彻吾党土地政策起见，其权利状态应使明确，故对于不动产物权之取得设定丧失及变更采用登记要件主义，明定非经登记不生效力。所谓不生效力者，不仅不能对抗第三人，即当事人间亦不发生物权效力也"。⑤ 可见，物权法定主义和登记生效主义的实行，是物权逻辑和社会本位价值取向的必然结果，现代物权体系的建立和民间习惯中物权形态的否定皆有赖于此。

二　物权逻辑之贯彻

物权逻辑的体现，如谢在全先生所言，是以承认有完全支配内容的所有权为前提建立永佃权制度。⑥ 故所有权制度对于作为他物权的永佃

---

① 参见蔡枢衡《中国法理自觉的发展》，清华大学出版社，2005，第 138 页。

② 《中华民国民法制定史料汇编》下册，台北"司法行政部"，1976，第 541 页。

③ 参见蔡枢衡《中国法理自觉的发展》，清华大学出版社，2005，第 138 页。

④ 参见曹杰《中国民法物权论》，中国方正出版社，2004，第 16 页。

⑤ 《中华民国民法制定史料汇编》下册，台北"司法行政部"，1976，第 542 页。

⑥ 参见谢在全《民法物权论》上册，中国政法大学出版社，1999，第 398～399 页。

权制度来说具有基础地位。从"一田两主"产生的原因来看，传统法律中关于所有权地位及其与他物权区分规则的缺位是造成这一局面的最主要因素。民国民法只有消除这一弊端，才有可能防止其由用益物权变成分割所有权的情况再次出现。

1. 所有权地位及权能的完整确立

立法者们首先将所有权与永佃权各自列为物权编中的一个单章，将二者区分开来。同时，对物权逻辑的认可，使得民法在将一田两主区分改造为所有权和永佃权时采用了特殊的路径。欧陆各国在传统上对土地也有所谓上级所有权和下级所有权之分，但在民事立法的近代改造中以相当于耕作权的下级所有权为所有权，而仅将上级所有权认定为得由土地请求一定给付之他物权。如普鲁士1850年土地负担消除法就是如此，奥地利民法亦然。① 中国传统的一田两主制度，土地上下两层分属田面权人和田底权人，前者多由佃户发展而来，后者则为地主，因此民法以后者为所有权人，前者为永佃权人。相较于欧陆各国的做法，民国民法将原地主认定为所有权人显然更符合传统和事实，体现了对物权逻辑的贯彻。将所有权与永佃权区分之后，民法保护所有权不受侵犯。《中华民国民法》第765条确定了所有人自由使用、收益、处分其所有物并排除他人之干涉的权能，这就表示，如果租佃人坚持田面权而占据该土地，则可被认为是对所有权的干涉而得请求排除之。关于土地所有权的范围，第773条明确规定："土地所有权，除法令有限制外，于其行使有利益之范围内，及于土地之上下。"对基于一田两主而存在的田面权来说，该规定至少在两个层面对其进行了否定。其一，土地所有权是一元化的，一块土地上只能有一个所有权。因此，不可能出现一田两主。其二，土地所有人的所有权及于土地之上下，田面和田底不能分别作为所有权的客体。这一条作为以物权逻辑否定田面权的规定，其针对性十分明显。

通过以上法律规定，现代所有权制度第一次在中国民法中得到明确。从此，中国民法中的所有权不再如过去一样是一种含混不清的介于权利和事实之间的状态，真正成为一种绝对的、对世的抽象权利。其含义不仅是指人对物的占有或支配状态或形式，而是指对于他人而言，物主个

---

① 参见史尚宽《物权法论》，中国政法大学出版社，2000，第207页。

人、社会群体、国家三重意志共同主张物主对物的自由支配的不可侵犯性。①

2. 所有权人可申请涨租金

传统"一田两主"格局下，根据习惯，田主不得"增租夺佃"，虽然各地习惯有异，但是地租额多是固定的。② 之所以强调不得"增租"，是为了防止田主倚势掯勒，导致佃户负担过重、生活无法维持，这与传统中国追求共存的社会共识是相违的。③ 这种"不患寡而患不均、不患贫而患不安"的权益分配原则确实有利于社会的稳定，却是以压制所有权人的权能为代价的。民国民法则认可所有权人可申请涨租，这一市场逻辑的确认是所有权制度发展的必然结果。《中华民国民法》第442条规定："土地租赁因情事变更，当事人可以申请租金之增减。"该条也适用于永佃权。④ 同时司法实践确定，以金钱支付佃租的，如果出现约定佃租时未能预料到的情事使经济上发生剧烈变更，若依原额支付显失公平时，得依情事变更原则请求增加给付（1934年上字第489号判例、1941年12月27日院字第2267号解释）。这其实是承认，土地所有权人可以依所有权的收益权能获得经济发展、土地增值等带来的利益。这既是对市场逻辑的确认，也体现了立法者对经济变迁的考虑——决定租金的不仅是收成还有市场价值的变化。这和传统田面权更多地考虑劳动力投入的逻辑是完全不同的。正如一位天津的司法人员所言："若天津之死佃（田面权在天津的表现形式——笔者注）则漫无限制，佃户之收获数倍或数十倍于前而不止，而所有权者独不得增加一钱之租，揆之情理，宁得谓平，故津地死佃之习惯，不得谓非恶习惯也。"⑤ 可以看出，从物权和市场逻辑的视角观之，佃户对土地价值的增加并无功劳但从土地价值的上涨中收益，原所有权人却因为民间习惯而不能增加地租，这是一种

---

① 参见张恒山《财产所有权的正当性依据》，《现代法学》2001年第6期。

② 参见音正权《明清"永佃"：一种习惯法视野下的土地秩序》，《华东政法学院学报》2000年第2期。

③ 参见〔日〕寺田浩明《权利与冤抑——清代听讼和民众的民事法秩序》，载王亚新、梁治平编《明清时期的民事审判与民间契约》，法律出版社，1998，第213、239～240页。

④ 史尚宽：《物权法论》，中国政法大学出版社，2000，第209页。

⑤ 前南京国民政府司法行政部编《民事习惯调查报告录》上册，中国政法大学出版社，2000，第14页。

"恶习惯"，因此近代民法必须否定之，以使所有权人的权能得以实现。

3. 所有权人在永佃权人将土地转租时有撤佃之权

根据传统双重"所有权"逻辑，田面权具所有权性质，权利人可以任意将田面进行处分，转租的权能自然包括在内，完全不受田底主意志的制约。《大清民律草案》（以下简称"民律一草"）亦采取以允许为原则、禁止为例外之立场，且禁止之事由为特别习惯。[①]立法解释认为，永佃权人得以转租土地的权能来源于他对土地的直接管领之权，转租是直接管领权能的题中应有之义。[②]但在民国民法中，永佃权人被严格禁止转租土地，否则土地所有权人可以撤佃（《中华民国民法》第845条）。立法理由谓："土地所有人与永佃权人之设定永佃权，多置重于永佃权人之人的关系……如将土地出租于他人耕作或牧畜，借以从中渔利，则与土地所有人之原意不符，且对于土地利用实有妨害。"[③]可见，民法之所以禁止永佃权人转租，是认识到所有权人愿与某个相对人设立永佃权关系，多缘于该相对人的人身因素，质言之，是行使自己基于所有权权能的自由意志之结果，因此，禁止永佃权人转租就是保护所有权人的权能。

4. 所有权人在永佃权人欠租时有撤佃之权

欠租达到一定标准时可以撤佃，应当是古今中外租佃关系的通行法则。唯按照一田两主的民间习惯，田底权人即原所有权人的权利仅仅表现为对田面权人的收租权，这种收租权甚为薄弱，最明显的表现就是，欠租一般不能成为解除双方契约关系的原因，这使收租权无法得到保障。民国永佃权制度，认为永佃权以支付佃租为要件，若佃租不能按时交付，则损害了这种权利存续的基础，故民法规定永佃权人拖欠佃租达二年之总额时所有权人可以撤佃（《中华民国民法》第846条）。该条的立法意图是尊重所有权的权能，并有顾及国家收入与社会秩序方面的原因。因为拖欠佃租使田主收租的权利无法实现，进而会影响到国家税赋的征收。清代《福建省例》称："是田皮之项乎，一经契业，即为世业，公然拖欠田主租谷，田主即欲起田招佃而不可得。……致田主历年租欠，无着

---

① 《大清民律草案附理由书·物权编》，修订法律馆，1926，第34页。

② 参见邵义《民律释义》，北京大学出版社，2008，第393页。

③ 吴经熊：《中华民国六法理由判解汇编》第一册，上海会文堂新记书局，1939，第453页。

驵粮。"①

三　社会本位之体现

南京国民政府时期的永佃权制度，始终和国民党平均地权的土地政策相联系。永佃权制度中赋予永佃权人较大权能，保护佃农利益，便是这一取向的结果。

1. "永久"的永佃权

根据《中华民国民法》第 842 条，永佃权为永久存续的权利，也就是说，只要不存在土地所有权人可以撤佃的情形，永佃权人就可以永远租佃该土地。与此不同，近代各国民法典中，对于永佃权的存续期间都规定有确定的期限，如日本的"永小作权"规定为二十年以上五十年以下。民律一草仿照日本民法规定永佃权的存续期间为"二十年以上五十年以下。若设定期间在五十年以上者，短缩为五十年"（第 1089 条）；"设定行为未定永佃权存续期间者，除关于期间有特别习惯外，概作为三十年"（第 1090 条）。并解释其原因为"设定永久无期之永佃权，有使土地所有权陷于有名无实之弊，故无期之永佃权为法律所不许"。② 民国民法保护所有权的态度不可谓不坚决，但冒着使土地所有权"陷于有名无实之弊"的风险，顺从民间习惯将永佃权规定为永久性物权。其出发点就是保护佃农利益，最终实现"耕者有其田"。梅仲协先生曰："永佃权乃永久存续之权利。盖耕者有其田，乃国父中山先生所倡导，佃农之应受充分保护，尤为近时谈土地政策者所极力主张。"③ 将永佃权期限定为永久，对佃农而言相当于"终身保障"，自然更为有利。这和普通的土地租佃作一对比便知。胡元义先生在论及永佃权的重要性时曾指出，中国租佃契约时间普遍较短，佃农平时只要和地主产生细微矛盾就可能在期限届满时不能继续耕种土地，造成的结果就是佃农对于土地的租佃权利陷于有名无实。永佃权是物权，无期限限制，则可避免前述情况出现，对佃农生活和农村生产皆有很大的稳定作用。④ 可见，民国民法认

---

① 《福建省例》第一卷，台湾银行，1964，第 445 页。
② 《大清民律草案及理由书·物权编》，修订法律馆，1926，第 33 页。
③ 梅仲协：《民法要义》，中国政法大学出版社，1998，第 566～567 页。
④ 胡元义：《物权法论》，作者自刊，1945，第 186 页。

为社会利益是通过保护佃农利益实现的，这种认识与清末民初时大不相同。民律一草在阐述草案中永佃权可以更新（因草案中永佃权有期限限制）这一规定的必要性时曾说："法律为维持公益，虽有禁止设定长期（即无期限——笔者注）永佃权之必要，而当事人间亦未始无希冀永佃权之长久存在者，使必俟已存之永佃权消灭始能再行设定，则于前途之经营，常有妨碍之虞。"① 民律一草认为法律禁止无期限的永佃权才是为了社会利益，这样有利于社会经济；而当事人希望永久存在则只是一种着眼于自身"前途之经营"的私利。在民律一草看来，社会利益就是对所有权的保护，这是一种传统民法的视角。南京国民政府则将"耕者有其田"的社会政策的精神贯彻到民法中，以扶助佃农作为实现的途径。换言之，此时佃农的利益成为社会利益的载体，"永久"的永佃权正是这种理念的结果。

2. 严格保护永佃权的存续，限制土地所有权人撤佃之权

民法虽然对定有期限的土地租赁和永佃权作出了区分，但永佃权和土地租赁在法律关系的成立和存续等方面具有很大的同质性（从某种意义说，永佃权实际上可以理解为无期限的土地租赁），因而在永佃权法律关系中，很多地方可以适用关于租赁的规定（如前述所有权人声请涨租金的权利，下文永佃权人租金减免请求权不得预先抛弃等皆是）。根据《中华民国民法》第458条的规定，如果土地所有权人要自己耕种的话，允许其终止租赁契约、收回土地。这样规定是为了保护土地所有权。永佃权是否允许所有权人因收回自耕而终止呢？法律未有明文规定。但根据原则应准用土地租赁的规定，即所有权人有权终止并且收回自耕也不违反"耕者有其田"的土地政策。然而司法实践对此作出了不同的回答。最高法院1933年上字第2029号判例认定："永佃权设定契约并非租赁契约，不在适用同条规定之列。故有永佃权之土地，其所有人不得因欲收回自己耕作，即行撤佃。"② 这些司法裁决使永佃权免于来自土地所有权人收回自耕的威胁，使其权能更加稳定。由于最高法院在法律适用

---

① 邵义：《民律释义》，北京大学出版社，2008，第392页。
② 最高法院1939年上字第1030号判决对此予以重申。参见《最高法院判例要旨》，台北"最高法院判例发行委员会"，1983，第280、404页。

中的地位，这些裁决实际上起到了设定规则的作用而被各级法院遵从。①
这样的司法实践突出了对永佃权人的保护，限制了地主的撤佃权，亦是
一种"消极的促进耕者有其地之办法"。②

3. 永佃权人在灾荒年份有减免租金的请求权

根据《中华民国民法》第 844 条的规定，永佃权人因不可抗力，收
益减少或全无者，得请求减少或免除佃租，且此种权利不得预先抛弃
（准用第 457 条）。这一规定"亦土地政策之一端，藉此增进佃农之利益
也"。③根据明清以后"永佃"关系和"一田两主"的习俗，在很多地
区，租佃人（田面主）和地主"酌定每亩每年租谷或租钱若干，不论荒
熟，均由佃户照纳"。④外国立法例也大多如此，如日本民法第 274 条：
"永小作人，虽因不可抗力，而其收益上受损失，然不得请求免除小作料
或减额。"民律一草仿照日本民法"永小作权"规定永佃权人支付佃租，
除非有特别习惯，否则虽因不可抗力使收益受损，也不得请求免除佃租
或减少租额（第 1096 条）。其理由是，"永佃权大抵期限甚长，即使今
岁因不可抗力致收益减额，来岁尚可冀其回复。故永佃权人不得因不可
抗力致收益减少而请免除佃租或减少租额，以保护所有人之利益"。⑤这
是从农业生产的现实情况着眼。就理论而言，"永佃权乃是一种物权，永
佃人自得支配土地，非如耕地租赁地主负有若干积极义务，因此关于土
地的风险应由永佃权人负担"。⑥也就是说，永佃权人在灾荒年份不得请
求减免地租无论在现实生活和理论上都有颇具说服力的依据。但这种权
利义务分配方式不符合南京国民政府社会本位的价值取向。能否请求减
免租额，其实是一个债法上债务人给付不能时的处理规则问题。胡汉民
一直强调财产法必须体现"王道精神"，采取保护债务人主义；⑦中央政

---

①　关于民国时期最高法院判解的重要作用，参见王伯琦《民法总则》，台北编译馆，
　　1963，第 8 页。

②　何海晏：《平均地权与土地法》，《社会科学月刊》创刊号，1939。

③　梅仲协：《民法要义》，中国政法大学出版社，1998，第 568 页。

④　前南京国民政府司法行政部编《民事习惯调查报告录》上册，中国政法大学出版社，
　　2000，第 308 页。

⑤　《大清民律草案附理由书·物权编》，修订法律馆，1926，第 35 页。

⑥　曹杰：《中国民法物权论》，中国方正出版社，2004，第 114 页。

⑦　胡汉民：《民法债编的精神》，载《胡汉民先生文集》第四册，台北"中央文物供应
　　社"，1978，第 857 页。

治会议在解释这一规定的理由时说："佃权为物权之一种，就理论言之，土地所有人固不应负何种责任，然佃权人多属经济上之弱者，故为顾全实际状况计，规定如因天灾地变等不可抗力致其收益减少或全无收益时，仍许其请求减少佃租或免除佃租，以保护佃权人之利益。"① 同时，民法规定这一请求权不得预先抛弃。立法院民法起草委员会召集委员傅秉常指出："但在外国法典，有规定于算定租金之际，已顾及不可抗力之发生，或因付保险而承租人得偿其损害，则剥夺其租金减免请求权者，我民法不设此例外，以期立法精神之贯彻。"② 也就是说，这种权利既不得预先抛弃，也不允许通过其他方式替代。其用意是"诚恐耕地承租人或受压迫，无知抛弃，故为加意保护"。③ 另外，对于该条所谓"收益减少"的认定，时任司法院院长居正认为，此"收益"应当认定为纯收益而非总收益。这样一来，即使永佃权人的总收益并未减少，但耕种成本上升致纯收益减少时，亦得依本条请求减免。④ 这一解释使永佃权人得到的保护更加周全。民法的这一规则设置除了顾及弱者利益之外，也有虑及社会生产的因素。因永佃权的目的在于定期收获，如果在一个生产周期的收益因天灾减少甚至全部丧失的情况下仍然使其负担重额地租，并非奖励生产之道。⑤

4. 以法律对地租额进行限定

按照契约自由原则，地租额本应由土地所有权人和永佃权人以契约协定。然而，土地租佃是关系社会稳定的重大问题，考虑到双方经济地位的不对等性，立法对这一契约条款进行强制干预，以期国民党土地政策的实现。胡汉民认为，中国普遍通行的地租额为百分之五十，对佃农而言未免太重，故应依照二五减租办法，以百分之三十七点五为标准。他同时指出百分之三十七点五是最高标准，以往约定佃租低于此标准的

---

① 《中华民国民法制定史料汇编》下册，台北"司法行政部"，1976，第543页。

② 傅秉常：《新民法与社会本位》，《中华法学杂志》第1卷第2期，1930。

③ 胡汉民：《民法债编的精神》，《胡汉民先生文集》第四册，台北"中央文物供应社"，1978，第858页。

④ 参见居正《司法党化问题》，载范忠信编《为什么要重建中国法系：居正法政文选》，中国政法大学出版社，2009，第188~189页。

⑤ 曹杰：《中国民法物权论》，中国方正出版社，2004，第114页。

仍然按以前标准执行。① 超过的部分则不受法律保护。对处于弱势的佃农而言，这个结果无疑是有利的。

5. 保证永佃权人抛弃权利的自由

永佃权不许自由抛弃为日本学界通说，民律一草沿袭日本立法例，规定永佃权人仅于因不可抗力全无收益持续三年以上或其收益不足支付佃租持续五年以上且无特别习惯时方可抛弃永佃权（第1099条），其理由谓："永佃权谋土地所有人及永佃权人彼此之利益而存者，故永佃权人不得随意抛弃其权利，使永佃权消灭，以妨害土地所有人之利益。"② 和日本民法一样，民律一草表面上持永佃权不得滥用之因由，实际体现的是对土地所有权人利益的保护。民国民法虽然也极为重视防止权利滥用之弊，然而因为其永佃权制度本旨在于倾斜保护耕作人，故解释认为，若设定如民律一草那样的条件未免对作为弱者的永佃权人束缚过甚，且永佃权人抛弃永佃权与地主的佃租损失之间并无必然联系，③ 因此，依土地法规定，永佃权人于三个月前向所有权人表示其意思，即可抛弃永佃权（《土地法》第115条，《土地法施行法》第30条）。

6. 在欠租撤佃的标准上对永佃权人予以照顾

民国民法为了实现物权逻辑，规定所有权人在永佃权人欠租时得撤销永佃权，但是拖欠达到何种程度时可以行使撤佃的权利？民国民法对于这一问题的规定仍然体现了社会本位立场。这点和民律一草作一对比至为明显。民律一草第1100条规定："永佃权人继续二年以上怠于支付佃租或受破产宣告者，若无特别习惯，土地所有人得表示消灭永佃权之意思。"其理由为，若永佃权人频年怠于支付佃租或受破产宣告失去信用，对保护土地所有权人利益不利。④ 可见，民律一草采取的是时间标准，即欠租二年以上，同时注意了永佃权人的主观因素，即怠于支付。

① 参见胡汉民《土地法的内容》，载《胡汉民先生文集》第四册，台北"中央文物供应社"，1978，第893页。

② 《大清民律草案附理由书·物权编》，修订法律馆，1926，第36页。

③ 参见李光夏《民法物权论》，上海书报社，1944，第148页；曹杰《中国民法物权论》，中国方正出版社，2004，第117页。

④ 参见《大清民律草案附理由书·物权编》，修订法律馆，1926，第32页。

大理院判解从之。① 民国民法则以欠租额为标准，并系以历年所欠之佃租合并计算，若达二年应交佃租之总额，所有权人可以撤佃。与日本民法（第276条）和民律一草相比，民国民法保护永佃权人的倾向十分明显。其一是以数额为标准，积欠达两年之总额者方许撤佃，而非两年欠租期限。因永佃权人有时无力按期交付全部佃租，但可以交其中一部分，此种情况下积欠达两年总额所需的时间一定会超过两年，对佃农更为有利。土地法规定如果佃农交纳一部分佃租，土地所有权人不得拒绝接受（《土地法》第113条）。其二是将欠租的主观意思定为"积欠"即存心捐欠，若系有天灾等正当事由，即使欠租达两年总额，所有权人仍然不能撤佃。② 法律解释基于保护佃农的立场作了进一步发挥，解释认为，法律并未表明该条是不是强行性规定，故若当事人间存在有利于佃农的特别约定，如约定即使永佃权人欠租达两年之总额土地所有权人仍不得撤佃时，应当认为此种约定有效。反之，若该约定不利于佃农，如约定欠租未达两年总额即可撤佃，则应认定无效。③

综观民国民法中的永佃权制度，其特点非常突出。它的建构以不同于近代民法的传统地权逻辑为起点，必须对其进行改造方能适应近代民法秩序的需要，故所有权制度的确立和保护是永佃权建立的基础。在这个过程中，土地所有权人的权能相比于传统地权格局大为扩增，他成为唯一所有权人，从而使他对土地的所有权真正成为一种绝对性权利。然而同时，立法者在确立所有权之时已认识到对其进行限制以维持社会生活的必要性，故此在永佃权法律关系中，立法者将"平均地权"的社会政策贯彻到规则体系内部，本来作为民法上抽象主体的"永佃权人"，在立法者心目中实际上是作为一种具体的社会角色——佃农而存在的，为了实现扶助佃农的政策，法律通过权利义务规则的设置，使永佃权的权能大为扩增，如期限为永久、灾荒年份可请求减免佃租、确定较低的佃租额等，这些都限制了所有权的权能和所有权人在契约中的优势地位，使得佃农的权益得到保障。其最终目的则是使地主因获利有限而放弃土

---

① 参见姚震编《大理院判例要旨汇览》第一卷，大理院编辑处，1919，第111页；郭卫编《大理院解释例全文》，上海会文堂新记书局，1931，第950页。
② 黄右昌：《民法诠解——物权编》上，台湾商务印书馆，1977，第262页。
③ 曹杰：《中国民法物权论》，中国方正出版社，2004，第116页。

地所有权，永佃权人成为所佃种之田的主人，从而实现耕者有其田。为了实现这一目的，在民法永佃权制度的基础上，各相关法律还进行了一系列规则配置。如土地所有者出卖或出典耕地时，永佃权人在同等条件下有优先承买及承典之权（准用《土地法》第107条第1项）；承佃人若持续耕作同一土地八年以上，则依法可以请求代为照价收买其土地（《土地法》第33条）。可以看出，民国民法为了实现"耕者有其田"的政策，以社会本位立场确定永佃权规则，注定这种制度最终会消亡。耕者有其田实现之日，正是永佃权失去意义之时。①

需要指出的是，民国民法以田面权为历史起点建构永佃权制度时，物权逻辑和社会本位这两种价值取向虽有一条大致明晰的界限，也保持一定的张力，但二者绝非判然若分。如关于永佃权人不得转租土地的规定，表面看来，这种规定出于保护所有权的物权逻辑而限制了永佃权的权能，但实际上也是平均地权社会政策的结果，与永佃权人权能的扩增出于同一逻辑。民国民法规定的永佃权权能远比各国民法及民律一草、二草规定的要大，意在扩大佃农权益，最终实现耕者有其田。而耕者有其田意指以田供给自为耕作之农，强调的是耕者自耕。② 转租渔利非但与国民政府保护佃农的本意不符，亦且失去了双方当事人的利益平衡。"诚以在现行法制之下，永佃权人所享受之利益，至为优厚，既得永久保有其权利，又可邀减免佃租之特惠，所以维护耕者之有其田，至焉极焉。倘永佃权人，复得以其永佃地出租于人，则可不劳而获，坐享其成，辗转剥削，贫农将复何堪，甚非国家所以奖励自耕农，而铲除掠夺阶级之意也。"③ 此外，禁止永佃权人转租还有顾及社会生产方面的原因。永佃权制度的目的，在于使权利人得到稳定的保障从而愿意花费资本和劳力改良土地，促进生产。若允许永佃权人将土地转租他人，则会失去永佃权设定的本来意义。④ 可见，该条规定既是物权逻辑之结果，同时亦有社会本位之取向在内。再如，将地租额限定在较低的水平，表面上是社

① 这种设想已经为后来台湾的现实所证明。因"耕者有其田"的基本实现，永佃权涉及的各方主体地位已经发生很大变化，原有规则的意义已经较为有限。故台湾地区"民法"修订时将永佃权改为"农用权"。

② 黄右昌：《民法诠解——物权编》上，台湾商务印书馆，1977，第246页。

③ 梅仲协：《民法要义》，中国政法大学出版社，1998，第569~570页。

④ 曹杰：《中国民法物权论》，中国方正出版社，2004，第115页。

会政策的结果，其实亦有对所有权人利益的考量。"永佃权之佃租，比其通常收获，其数甚微。而土地所有人因其土地之改良开发，亦有不少之利益，故取租甚廉也。"① 所有权人短期内似乎利益受损，但从长期来看实际上是获益的，更好地实现了所有权的权能。

在这里，有必要对民国民法出台后各方主体的权利消长状况稍作分析，以明了永佃权制度的价值意蕴。黄宗智先生曾对中国传统民间的田面权和 1929 年民法中的永佃权作过比较分析，他认为民法出台之后，所有权人（原田底主）的权利扩增而佃户的权能明显减弱了，并以此论断胡汉民的社会公正理想和平均地权的政策仅在民法中得到极为有限的表达，因为民法在很大程度上还是保护了所有权人即富人的权益。② 就所有权人权能扩增这一点而言，黄先生的论断是正确的。然而，从一田两主到永佃权制度的变迁，涉及的当事人不止地主和佃户两方，实际是地主（田底主）、二地主（田面主）、佃户三方。黄先生对田面主群体的关注不够，因而以地主权能扩增的事实推导出佃户权能减弱这一结论。实际上，这一过程所涉的三方当事人即地主（田底主）、二地主（田面主）和佃户中，前两者为传统格局下"分割所有权"的权利人。民国民法对这一习惯进行改造时，要将其纳入近代民法逻辑之中，田底主被认定为唯一所有权人；而处于其相对方的当事人，立法者根据土地政策作了甄别，分为二地主和自耕的佃户两种，对两种人采取了不同政策：前者作为不劳而获的食利阶层，是消灭的对象；自食其力的后者则是扶持的对象。因此，民法在建构永佃权制度时，就已经将永佃权人认定为自耕的佃户，故赋予相当大的权能；同时以禁止转租的规定杜绝其转化为二地主的可能性。在这一过程中，传统的二地主阶层要么变成自耕农，要么失去其土地权益，完全没有容身之地。可以说，黄宗智先生之所以误解民法仍保护富人利益而不利于佃户，主要是因为根据静止的民法逻辑把作为地主相对方的佃户和二地主同等看待了。而民国民法出于社会本位立场，在建立物权制度的过程中虽重视物权逻辑，却早已不像传统民法

①　胡元义：《物权法论》，作者自刊，1945，第 187 页。
②　参见黄宗智《法典、习俗与司法实践：清代与民国的比较》，上海书店出版社，2003，第 60 页。类似的观点，参见邹亚莎《从一田二主到永佃权——清末民国民法对永佃制的继承和改造》，《政法论坛》2010 年第 6 期。

那样如同一个蒙住双眼的正义女神，将法律主体全都以抽象无差别的"人"视之；而是正视社会群体具体角色的分化，将土地租佃关系的当事人区分为三种——作为所有权人的地主、不劳而获的二地主即田面主和自食其力的佃农，并根据社会政策采取不同的法律处置：土地所有权作为现代民法物权体系的基础，其权利人的权利得到确认，但也基于社会利益作了必要的限制；自食其力而无地或少地的佃农是扶持的对象，其权利得到显著加强，并被期望成为所种之田的主人；而不劳而获的二地主阶层则是打击的对象。因此，在这个过程中，不但如黄先生所言，所有权人的权利得到了加强，佃户即永佃权人在这个过程中的权能也得以扩大，作为同一法律关系中相对的双方，二者的权能并非此消彼长，而是共同扩大。其中的原因，就是原来三方法律关系中的田面主一方被排除，他们原本拥有的权能被划分到地主和佃户的权利当中，使后两者的权利能同时实现扩增。

第二节　身分法领域
——以家庭制度为中心

南京国民政府的民事立法是一个试图毕其功于一役的完整体系，职是之故，社会本位的理念不仅在财产法部分得到贯彻，也成为身分法的指引。身分法主要对应民法所调整的人身关系，在潘德克顿式的民国民法体系中反映为亲属编和继承编两编。笔者拟选择亲属编中的家庭制度作为分析对象，探讨社会本位理念在亲属编中的贯彻与影响。① 之所以这样安排，首先是因为在作为身分法载体的亲属编、继承编两编中，亲属编更具基础性，许多继承法规则都是以亲属身份相关制度为先决规则的。其次在亲属编中，家庭制度具有枢纽作用。从制度角度而言，它与亲属编中的婚姻、父母子女、监护、扶养等制度存在较大的接合面；从价值角度而言，起草民法亲属编的重要导向如宗法传统之破除、男女平

---

① 家庭制度并非一个严格的法律用语，其在亲属法中相对集中地体现在"家制"相关规定中。当然，家制并非家庭关系的全部。夫妻关系、父母子女关系中许多规定也与此相关。以下为讨论的方便，以家制相关规定为主线，必要时旁及亲属编其他规定。

等之确立、亲属独立之奖励等皆以家庭制度为主要表现领域。① 因此，家庭制度是民国亲属法社会化研究的合适"题眼"。

一　社会本位与亲属立法原则

中国自近代以来，家庭制度一直是社会变革的焦点问题，不唯法制中如此。新文化运动前后，胡适等新文化干将曾指出中国社会革新的十大重要问题，其中属于家庭领域及与家庭有关者达一半以上。② 原因无他，在中国几千年的宗法国家体制下，传统家族及与之相应的亲属身份规则，不仅规定了亲属之间的身份关系，更拱卫着整个传统社会的纲常秩序，因此，在推动社会变革的进程中，家庭制度的革新应为首要任务。这种诉求反映到法律领域，就体现在亲属法中对家庭制度的重视。在民国民法起草之时，依照主政者的看法，中国的亲属立法不是像西方一样与财产法平行、仅具体内容有异的民事法律或契约自由的另一领域，③而是从根本上改变传统社会格局、培养新的社会观念、塑造人格健全之合格国民的法律路径。"其直接关系于个人终生之休戚，间接关系于国家社会之隆替者至为巨大。"④ 正是考虑到新亲属法的重要使命，在民法正式起草之前，国民政府成立法制局，进行了以新理念构造民法亲属规则的试验。根据亲属法起草说明，此次起草所贯彻的原则大致有三。其一为承认男女平等。立法者认为，重男轻女之积习不但在中国社会牢不可破，而且在号称先进文明诸国，法律上男女地位不平等亦所在多有。本草案"无论就何事项，苟在合理的范围以内，无不承认男女地位之平等"。其二为增进种族健康，主要通过提高最低婚龄、扩大亲属禁婚范围、严格父母教养责任等实现。其三为奖励亲属互助而去其依赖性，主

---

① 参见胡汉民《民法亲属、继承两编家族制度规定之意义》，载《胡汉民先生文集》第四册，台北"中央文物供应社"，1978，第882页。
② 这十大问题是：（1）孔教问题；（2）文学改革问题；（3）国语统一问题；（4）女子解放问题；（5）贞操问题；（6）礼教问题；（7）教育改良问题；（8）婚姻问题；（9）父子问题；（10）戏剧改良问题。参见郭湛波《近五十年中国思想史》，岳麓书社，2013，第73页。
③ 如康德将婚姻关系视为与财产契约相似的要物契约或诺成契约，英国的布莱克斯通亦说："吾人之法律不能在民事契约以外之观点考虑婚姻。"参见史尚宽《亲属法论》，中国政法大学出版社，2000，第99、102页。
④ 《中华民国民法制定史料汇编》下册，台北"司法行政部"，1976，第338页。

要通过限定亲属扶养关系、依贡献决定财产所有权等方面体现。①

这三种法律原则，极为明确地揭示了民国亲属法和家庭制度的价值意蕴为社会本位无疑。增进种族健康、奖励亲属互助而去其依赖性两项与社会整体利益的关联至为明显，故不再赘述。男女平等如何承载实现社会整体利益的职能尚需稍作解释。根据当时政府和知识界的共识，实现男女平等可以激发全体社会成员为国家、民族、社会贡献力量，是挽救危亡的必经之途。立法领导人胡汉民在谈及助进女权的必要性时认为："中国的事，件件不如人家，这一点（指男女不平等、女子无权——笔者注）也许是一个大原因。"因此男女必须"平等做人、平等服务"。②负责民法起草的傅秉常也认为，女子过去在法律上无行为能力，无法享有各种权利，导致社会整体组织偏而不全，因此必须贯彻男女平等，"如斯则社会整个发展，永无畸形之状态矣"。③ 在前述三个具体的法律原则之上，立法者的眼光实际上更加高远。他们是把法律变革放到近代中国社会再造的大背景下加以定义的，法律的原则从法律的社会使命推导得出，要服从于社会目的。据立法者自陈，亲属立法的社会目的亦有三端：其一为"应党国急切之需要"，即国民党的政治主张；其二为"社会现实之要求"；其三为符合伦理学、社会学及其他科学所指示的"科学原理"。④ 这种对于立法目的的认识，涵盖了社会本位立法理念的价值观与方法论两个层面。

一方面，它体现出以亲属法来塑造新社会的使命意识，准备通过亲属法规则以社会本位立场改造旧有家庭制度。法制局的任务本来是起草全部民法，但立法者认为，应当把身分法即亲属、继承两编放在优先位置。其理由是，民法其他各编，有民间习惯及历年法院判例，暂时足供

---

① 《中华民国民法制定史料汇编》下册，台北"司法行政部"，1976，第338～339页。

② 胡汉民：《女子研究法政的意义与归宿》，载《胡汉民先生文集》第四册，台北"中央文物供应社"1978，第1178页。另外，对于以社会整体利益为追求的三民主义来说，男女平等也是题中应有之义，是"革命民权"在身分法上的主要体现。胡汉民在谈及行使女权的重要性时说，三民主义所谓"民"是全民，所谓"民权"也就是全民所有的权，当然充分包含妇女在内。参见胡汉民《怎样使全国妇女能行使女权》，《胡汉民先生文集》第四册，台北"中央文物供应社"，1978，第1186页。

③ 傅秉常：《新民法与社会本位》，《中华法学杂志》第1卷第2期，1930。

④ 《中华民国民法制定史料汇编》下册，台北"司法行政部"，1976，第338页。

司法者运用；"惟关于亲属继承，习惯及判例皆因袭数千年宗法之遗迹"，既不符合世界潮流，也与国民党的政治主张相悖，故决定先行起草亲属、继承两编。① 可见，他们对亲属法在法制变革乃至近代转型中的基础性角色有明确的认知。转型的关键在于社会成员的意识和行为，只要宗法式的亲属法没有发生根本变革，在此家庭制度和习俗环境中就不可能培养出现代立宪国中的合格公民。因此。要建立所期望的新法制与新社会，必须以亲属法改变旧有的宗法式家庭关系。相较之下，晚清的变法者没有意识到亲属法将在社会转型中发挥保障性功能，反而把亲属法视为法制变革不能触动的禁区，导致变革的效果极为有限。② 另一方面，在认识到亲属法对社会转型具有重要意义的基础上，完整揭示社会本位理念在价值观和方法论两个层面的内涵，为亲属法更全面地对其进行贯彻、提高立法的科学性也至关重要。社会本位在价值观层面的意义相对容易体会，男女平等、增进种族健康、奖励亲属互助而去其依赖性都是立法者所认可的重要价值；方法论层面的自觉则属难能可贵。社会本位本有价值观与方法论两个层面的指向，而民国法学理论普遍重视价值的宣示而忽视了其方法论内涵。③ 考虑到这一背景，立法者于亲属编起草时宣称"以期不背于伦理学、社会学及其他各种科学所指示之原理"就显得较为全面。这种宣示绝非虚言，在亲属法起草的 20 世纪 20 年代，潘光旦、陶希圣等学者所进行的社会学及社会史研究，为亲属法起草的科学性提供了必要的准备。他们研究中国历史上婚姻和家庭（族）的演变，分析中国当代的家庭问题，阐述"家"在新社会塑造中的作用，以此探讨中国新亲属法的应然规则。④ 如有人分析了古代"累世同居不分财"的"佳话"后指出，传统中国的大家庭并非民众生活的

① 谢振民：《中华民国立法史》下册，中国政法大学出版社，2000，第 749 页。
② 白中林：《亲属法与新社会——陶希圣的亲属法研究及其社会史基础》，《社会学研究》2014 年第 6 期，第 178 页。
③ 参见本书第三章第三节相关内容。
④ 陶希圣的社会史研究是在其整体的法律变革方案的指引下展开的。在他那里，史学是法律变革方案得以实现的辅助性途径，是法律与社会革命的连接杆。参见白中林《寻找思想史上的陶希圣》，载陶希圣《中国社会之史的分析（外一种：婚姻与家族）》，商务印书馆，2015，第 291 页。

自然需求，而是儒家理论的赞助加上国家法律干涉，强制民众服从所致。① 陶希圣通过社会史研究指出，自汉代以后，中国的大家族聚居模式已被五口左右的家庭所取代；到 19 世纪末 20 世纪初，传统家庭的家父长制度也渐次解体，出现了夫妻本位家庭的趋势。② 根据这些结论，要在法律上继续维持大家庭制度，现实理据不再充足。那是否该走向其对立面即西方资本主义小家庭制度呢？社会学的研究也不支持。事实上，对于西方式小家庭离婚率高、老人在经济与精神上失去赡养等种种弊端，中国知识界在清末即有认识，在民国时期这种认识更加普遍化。③ 可行的途径，似乎是全面考量人的两重性即作为亲属的个体和作为社会一分子的国民，兼顾其自然性与伦理性，维持两者间的比例性平衡，以此构造新的家庭制度。④ 简言之，根据社会史研究的启示，新亲属法中的家庭制度，是在服务于社会变革的大前提下，在传统中国大家庭制度和西方式小家庭制度间求取"中道"。后来，民国民法亲属编中的家庭制度正是秉此理念而设置。

二　民国民法中家制的功能

家庭制度并非一个严格的法律用语，其在亲属法中相对集中地体现于"家制"相关规定中。近代中国的几部民法文本，对"家制"的态度并不一致。在 20 世纪初叶激烈的"家族主义—个人主义"争论中，学者们不但对民法上"家制"的具体规则莫衷一是，甚至对"家制"要不要在民法上专门规定都有分歧。清末北洋时期的三部亲属法草案采家族主义立场，保留家制实属自然；⑤ 国民政府法统中的选择与之迥然有异。前述法制局亲属法草案即在民法中不设"家"之规定，而直接以夫妻关

① 曹杰：《中国民法亲属编论》，上海会文堂新记书局，1946，第 353 ~ 354 页。
② 陶希圣：《婚姻与家族》，商务印书馆，1934，第 2、104 页。
③ 参见杭苏红《性爱、家庭与民族：潘光旦新家制的内在理路》，《社会学研究》2018 年第 1 期，第 195 页。
④ 潘光旦认为不论是个体还是社会的发展，都受到自然性与伦理性的影响。合理的做法是兼顾两者、维持其比例平衡，他称之为"权衡事理"。参见潘光旦《种族与文化机缘》，载潘乃穆、潘乃和编《潘光旦文集》第 8 卷，北京大学出版社，2000，第 236 页。
⑤ 包括《大清民律草案》"亲属编"、民国四年（1915 年）民律草案亲属编、民国十四年（1925 年）民律草案亲属编，都以专章规定了家制。

系及父母子女的相互关系（含财产关系）为规范对象，立法者在说明"夫妻关系"相关制度时表达了对"家"的看法："吾国夙重家制，而一家之主体，厥为男子；女子不过附庸，仰人鼻息，听命而已。积习相沿，牢不可破。"① 这些当然不符合立法者对新社会的期许。在"矫枉必须过正"思路下，家制被"一方面谋夫妻生活之安全、另一方面兼顾个人独立人格"的夫妻关系所取代。② 法制局草案被搁置后，立法者在民法亲属编起草时对这一问题也十分纠结。最后，经国民党中央政治会议通过，亲属编立法"先决意见"认可了家制存在的必要，意见称：家制应设专章规定之。理由为："个人主义与家属主义在今日，孰得孰失，固尚有研究之余地。而我国家庭制度，为数千年来社会组织之基础，一旦欲根本推翻之，恐窒碍难行，或影响社会太甚。在事实上似以保留此种组织为宜，在法律上自应承认家制之存在。"③ 这一说明并未明示对家族主义和个人主义的取舍，而是将社会现实作为家制存在的依据。胡汉民曾说，法律应注重社会的需要，"社会需要的便保障，不需要的便取缔；将来不要而目前仍要的，便不能立刻取缔，只好慢慢地促进它"。④ 显然，家制属于"将来不要而目前仍要的"。之所以目前仍要，不仅因为其普遍存在的事实，还因为根据社会学的"科学理论"。家庭作为社会的单位，具有"为个人求发展，为社会谋秩序，为种族图久长保大"的功能，尤其为种族图生存、促种族之演进，对当时中国意义重大。⑤ 这符合社会本位的立法取向。而之所以将来不要，则同样是根据社会化立场，社会化的发达会使家庭组织的范围缩小、功用相应减轻，甚至日后不必再有制度性的存在。⑥ 换言之，就现阶段而言，家庭可以在社会化实现过程中承担部分功能，有其存在的意义。另外，胡汉民等人认为"家"的存在甚至可以成为中国实现社会本位的捷径。社会本位强调团体性，家是

---

① 《中华民国民法制定史料汇编》下册，台北"司法行政部"，1976，第345~346页。
② 法制局草案的体例为：第一章"通则"；第二章"婚姻"；第三章"父母子女"；第四章"监护"；第五章"扶养"；第六章"亲属会议"。
③ 《中华民国民法制定史料汇编》下册，台北"司法行政部"，1976，第591页。
④ 胡汉民：《民法上姓、婚姻、家庭三问题之讨论》，《胡汉民先生文集》第四册，台北"中央文物供应社"，1978，第871页。
⑤ 潘光旦：《中国之家庭问题》，新月书店，1929，第110~112页。
⑥ 麦惠庭：《中国家庭改造问题》，商务印书馆，1935，第87页。

团体性的存在，虽然远未达到"社会"团体性的广度，但比起分散的个人，家与社会本位的距离更近。这甚至可以被认为是相比于欧美个人主义的优势，① 因此可以保留"家"的存在。至于家族主义和个人主义的优劣得失，立法者并未给出答案，其实正因为这不是法律上应否规定家制的核心问题。② 社会本位因其强调"社会需要"，具有一种极强的实用主义品格。在立足社会本位的亲属法看来，家族主义和个人本位下的家制规则皆可祛除其灵魂，作为新家制取舍采择的材料。无论是传统家族主义的家制规范体系，还是个人主义的家制内容，均可以"社会整体利益"这把剪刀来进行裁剪和重组。

正是基于这种思路，民国民法在形式上保留"家"之规定的同时，关于家庭制度的核心理念发生了变化。《亲属法先决各点意见》关于家制本位问题认为：①家制之规定，应以共同生活为本位，置重于家长之义务；②家长不论性别。立法意旨解释说：

> 承认家制存在之目的，原为维系全家共同生活起见，故应以家人之共同生活为本位，而不应以家长权为本位。我国习惯，注重家长之权利，而漠视其义务，又惟男子有为家长之资格，而女子则无之，殊与现在情形不合，故于维持家制之中，置重于家长之义务，并明定家长不论性别，庶几社会心理及世界趋势两能兼顾。③

从以上意旨可以看出，民国民法亲属编中的"家"，和传统中国的宗法家庭及清末北洋时期三部亲属法文本中的"家"大异其趣。"先决各点意见"揭橥的"注重共同生活""侧重家长义务""男女平等""增强扶助而去其依赖性"等立法目的，都围绕着社会利益即当时所注重的培养人格健全国民、增强民族竞争力而展开，并通过"家制"的具体规

---

① 参见胡汉民《社会生活之进化与三民主义的立法》，载《胡汉民先生文集》第四册，台北"中央文物供应社"，1978，第798页。

② 民国学者在这一问题上争论许久，但在笔者看来，其实双方意见并无实质性分歧，只是在讨论时对法律上的家、社会事实上的家及礼法观念中的家未作严格区分，对几个不同层面的概念混用，所以时常陷入"鸡同鸭讲"的境地，无法获得共识。对于这一点，笔者将另文分析。

③ 《中华民国民法制定史料汇编》下册，台北"司法行政部"，1976，第592页。

则加以贯彻。

三 家制规则中社会本位的贯彻

从立法体例上观察，即可发现民国民法上的"家"具有不同于以往的气质。中国近代的五部亲属法文本中除了法制局草案之外，其他四部皆规定了家制。清末北洋时期的三部法律草案将家制置于亲属编总则之后、其余各章之前，表示在亲属法的具体制度中首重家制，以之作为亲属法的基础，再配合突出男性尊长权利的其他制度，家族主义取向甚为鲜明。① 而民国民法中，家制一章位于"通则""婚姻""父母子女""监护""抚养"五章之后，"亲属会议"之前，这样的安排并非只是顺序上的寻常调整。据参与民法亲属编起草的胡长清先生解释，之所以将"家"置于各章之后，是因为"家制不过为一定亲属间共同生活之方式，非复亲属关系之关键。故我民法以之次于亲属关系及由此关系而生之权义各章之后"。② 也就是说，"家"在亲属编中的地位，更多是在家的组织被分化为夫妻关系、亲子关系、家长家属并分别规定各方权利义务之后聊备一格的存在，已经不是理解亲属和家庭关系的基础。另外，由于民国民法在继承编不承认宗祧继承，即使"家"还存在，也无法如当时的日本民法一样"寓宗于家"而维持一家一族的系统，"家"的本意已在很大程度上流失。③ 从这一点可以看出，并非民法上有"家"之规定即为家族主义立法，因此，关于民法亲属编的"家族主义"与"个人主义"之争可以说甚属无谓。

就"家"一章本身的制度规定而言，主要从前述的男女平等、促成家庭成员独立、克服家庭依赖性三个方面实现社会本位取向。以下分别阐述。

（一）男女平等

如前所述，男女平等是国民政府亲属法的重要价值取向，它不仅仅

---

① 以《大清民律草案》之"亲属编"为例，其篇章体例为：第一章"通则"；第二章"家制"；第三章"婚姻"；第四章"亲子"；第五章"监护"；第六章"亲属会议"；第七章"扶养之义务"。

② 胡长清：《中国民法亲属论》，台湾商务印书馆，1972，第5页。

③ 参见曹杰《中国民法亲属编论》，上海会文堂新记书局，1946，第354页。

是破除传统宗法礼教、体现近现代文明趋势的姿态，更是解放中国一半人口、使之发挥能力以增强民族竞争力的需要。民国民法对男女平等的贯彻是广泛的，总则编承认女子之行为能力与男子相同，在拥有财产、离婚、行使亲权等方面皆规定男女平权，就家制而言，主要体现在两个方面。

第一，在组成家之亲属系统上，不再因男系女系而有所区别。家的主要组成人员为家属，除少量例外，都具有亲属关系。[①] 中国古代法律及宗法中的亲属，向来以男系亲为中心，称为宗亲或内亲，母亲及妻子的血缘亲属称为外亲和妻亲。就法律规则而言，重宗亲、轻外亲和妻亲的倾向极为明显。[②] 故传统法上家的成员一般以男系宗亲为限。民国民法亲属编为了贯彻男女平等，抛弃了以往将亲属分为宗亲、外亲的分类方式。以血统及婚姻关系为标准，将亲属分为血亲和姻亲两类，不再区分男系女系。标示亲属间亲疏远近的亲等之确定也实行男女平等，如祖父母和外祖父母、伯叔与舅姨、堂兄弟姐妹和表兄弟姐妹皆与自己亲等相同。由此，民国民法上所谓之家，其成员既可包括男系亲属，也可以包括女系亲属，血亲与姻亲皆可被概括在内且不计亲疏。[③] 这已和过去男系宗法家庭大为不同。

第二，规定家长不论男女皆可担任。家长不论性别，是中央政治会议确定的先决意见之一。中国传统法中的家长制向来有"父权家长制"之称，一方面是因为从宗法角度看家中男子才是祖宗之气所分之"形"，[④] 主持家政名正言顺。另一方面是因为女子在法律上实为限制民事行为能力人，自身人格尚不完全，又有"三从"之义，故除极少数例外情况，无法担任家长。与以往不同，民国民法上的"家"更多被定位为社会中的亲属生活组织，承祖宗祭祀、延续祖宗血脉的宗教性职能被

---

① 这些少量例外如传统遗留之妾、童养媳、奴婢等。

② 参见戴炎辉《中国法制史》，台湾三民书局，1979，第200页。

③ 赵凤喈：《民法亲属编》，台北编译馆，1974，第40页。

④ 关于继承，中国人在传统上存有以父子为同一生命之连续、视子孙的繁荣为祖先永生的观念，即"同气分形"；在子孙的赓续、繁荣之中所体现的祖先之永恒的生命便是"气"，父子兄弟等男性成员便是"形"。女性对于子孙生命的本性即这种"气"并无意义。参见〔日〕滋贺秀三《中国固有家产均分制度与传统社会结构之相互关系》，载谢冠生、查良鉴主编《中国法制史论集》，台北"中华大典编印会"，1968，第455~456页。

大大消解。家长管理家务"系基于团体机关之职权，而非纯粹的立于亲属身份关系"。① 这样一来，与旧日家庭看重延续祖宗血脉的能力不同，民法上家长作为亲属共同生活团体的主持者，行使团体机关职权的要件是行为能力，此时女性已成为完全行为能力人，人格上不存在障碍，当然可以担任家长。因此民国民法明文规定家长不论性别，实质是肯定女子在担任家长、主持家政方面与男子有同等权利。

（二）促成家庭成员独立

传统中国的大家庭，成员的人格附着于家，因此造成"家庭的专制"，家属诸如职业、婚姻等自由皆受家庭极端干涉，不但在事实上不具有独立的人格，久而久之甚至失却人格独立的意愿。② 社会本位时代的民法，要能使个人自觉其个性、充分发挥其才能，以实现社会全体之利益。③ 对于中国而言，家庭成员独立不但可以在民商法中为促进产业发达提供适格的行动主体，而且可以为现代国家建设培养人格独立的公民。因此民法进行如下规范设置。

1. 否定"家"的民事主体资格

传统中国家族制度下之"家"为经济生活和政治生活的基本单位，其本身是具有法律人格的团体，具有权利能力及行为能力。构成"家"的个人则并无法律上的重要意义，只不过从属于家。④ 而在民国民法中，家属作为自然人民事主体，其独立的人格得到了确认，"家"的民事主体资格则被否定。从民法的规范体系来看，有关"家"的规定只存在于亲属编，并未被置于总则编中与自然人、法人等民事主体并驾齐驱。这表明"家"并非法律上的权利主体，不具有主体资格，不能以"家"的名义拥有财产或作出法律行为。基于家长家属等身份的法律关系，只存在于家长家属之间内部，与一般物权、债权等法律关系并不相涉。⑤ 换言之，"家"中的各成员，人格并未被"家"所吸收，而是独立的权利

① 史尚宽：《亲属法论》，中国政法大学出版社，2000，第789页。
② 参见胡汉民《民法亲属、继承两编家族制度规定之意义》，载《胡汉民先生文集》第四册，台北"中央文物供应社"1978，第880～881页。
③ 参见〔日〕冈村司《民法与社会主义》，刘仁航、张铭慈译，中国政法大学出版社，2003，第205页。
④ 参见陈棋炎《论吾国民法上之家制》，《台大法学论丛》1984年第2期，第157页。
⑤ 参见史尚宽《亲属法论》，中国政法大学出版社，2000，第3页。

义务主体，以自己的名义独立对外开展民事活动、享受权利承担义务。
这就使家庭成员在法律上摆脱了家的束缚。

2. 将推定（选）作为家长产生的原则性方式

家长为家中拥有管理家政之权的成员。根据民国民法的规定，家长
产生的方式包括推定（选）、法定及指定三种，由于指定实际上是法定
的变体，故推定（选）和法定是家长产生的两种主要方式，而这两种方
式中又以推定（选）为原则，应推定（选）而未推定时适用法定方式即
以家中最尊辈者为之。被作为原则的推定（选），其实是一种推选家长
的制度。推选的方式并无限定，可以由亲属共同选举、抽签、依照习惯
拥戴或依合约确定。可见，相比于依血缘及自然事实（辈分及年龄）确
定家长的法定形式及传统形式，推定（选）强调一家之中亲属成员的个
人意思及其合意，是极明显的"身份"与"契约"之别。① 有资格被推
选为家长的人，不论其男女性别、辈分尊卑、年龄长幼，也不问是婚生
还是妾生，只要具有民事行为能力即可（司法院院解字第 3160 号解释）。
关于家长推选的规定，是新家制建构中颇具革命色彩的设计，这一规定
在相当程度上打破了自然身份关系的束缚，凸显出"家"作为一个团体
机关由成员合意决定管理职权之赋予。如此一来，民法上的家长与传统
法上可以擅作威福的男系尊长产生了本质区别，当时学者将之譬喻为世
袭君主与共和国民选总统的差异，极为形象。② 民法规定家长由推选产
生，不但破除了家父长权威，而且使家庭成员对团体管理及其职权来源
有了体会。可以看出，民法系以家庭为训练场，通过推选家长训练家庭
成员的独立人格与民主素养，为现代立宪国家养成合格国民。

3. 家长重在承担义务，权利较为有限

传统家族生活中，家政由家长统摄，享有广泛的权利。若依现代法
学概念，这些权利既有公法意义上的，也有私法意义上的。前者如生杀
之权、刑罚制裁请求权（请求官府以刑罚制裁其家属子女），后者如家

---

① "身份"与"契约"是英国法律史学家梅因对传统法和近现代法特性的经典总结。简
　　单来说，"身份"指基于自然原因形成的家族、阶层地位等关系，"契约"指基于当事
　　人合意形成的法律关系。梅因把从传统法向近现代法的转型称为一个"从身份到契约"
　　的过程。参见〔英〕梅因《古代法》，沈景一译，商务印书馆，1959，第 96～97 页。

② 赵凤喈：《民法亲属编》，台北编译馆，1974，第 41 页。

内惩戒（打骂）家属、管理家产、安排生产活动、为子女主婚、出卖妻妾子女或将其当作债务抵押品等。① 由于家长一般是尊长，家长权的实质是尊长权。这些权利部分经国家明确承认，更多则是长期宗法社会中被认为理所当然具有的习惯权利。这些权利使家长成为类似于"一家之君"的存在，家属则被强制居于服从地位。进入近代，民法上规定了家制的诸国虽然大多否定了家长在公法上的权利，但私法上的家长权仍然相当广泛。如当时的日本民法规定，家长有入家去家同意权、居所指定权、家属婚姻同意权、家属收养同意权、离籍权、复籍拒绝权、婚姻或收养撤销权、终止收养同意权、禁治产与准禁治产的宣告请求和撤销权。即使不以家族主义为追求的瑞士民法，也特设一节规定家长权，其中规定家长权及于全体共同生活之人，家长有权制定家规、支配家属。② 但民国民法对于家长权未作规定，仅规定"家务由家长管理"，未使用"家长权"字眼，且"家务"的含义也不明晰。综合民国民法规定，家长的权利仅有管理家务、指定家属居所、有正当理由时令家属离家三项，不但谈不上对家属支配，连维持家室秩序方面最低限度的权利也不充足。之所以如此，是因为从民法的规范效果来看，若法律上确定了家长统摄家政的诸项权利，家属就会相应地产生服从的义务。③ 这可能会变成立法者所不期望的身份上的支配关系。故民法上不作家长权的规定。另外，家长根据民法拥有的少量权利也大多带有"候补性"，即仅在适用具体亲属规则如父母子女、配偶和其他亲属角色相关规定无法解决问题时，这些权利才发挥作用。换言之，民法仍然将个人化作为亲属身份关系的基本原则，家长拥有的带有团体性质的法律权利处于补充地位。

4. 家属有离家之权

民法中"家"的分离一项，也是保障家庭成员独立性、促其自立的制度设置。传统中国的"家"作为法律上的基本单位，是个人必须依附于其上的亲属团体，离家行为不但在社会观念中不被认可，在法律上也绝少获得正当性的可能，甚至"父母在别籍异财"是法律明文规定的犯罪，除非得

---

① 参见徐朝阳《中国亲属法溯源》，商务印书馆，1930，第 71～74 页。社会史视角的研究，参见高达观《中国家族社会之演变》，台北里仁书局，1982，第 33～37 页。

② 参见史尚宽《亲属法论》，中国政法大学出版社，2000，第 779～780 页。

③ 邵义：《民律释义》，北京大学出版社，2008，第 481 页。

到父祖的许可。由此造成"家庭的专制"成为传统家族主义最明显的弊端。①而民国民法中则认可家属自家分离出来的权利。如果家属已成为完全民事行为能力人（成年或虽未成年但已结婚），可以请求离家。离家的请求知会家长即可，家长并无否定之权。如此一来，家属在家生活或者离家，取决于自己在家中的生活感受，若认为家庭生活与自己个人幸福不相协调，可以随时跳出牢笼。这样一来，家长对家属的压迫在法律上就失去了空间。

（三）克服家庭依赖性

中国传统家族最为突出的属性是"同居共财"，尤以男系宗亲为核心的亲属共同生活、共同劳动、共同消费，这种生活模式的优点显而易见，家庭成员劳力集中、节约开支，并有相互扶助之效，可以起到替代国家福利的功能；由社会而言，也是避免贫富悬殊的重要因素。但利之所在，弊亦随之。这种同居共财是一种以亲属关系为纽带的"大锅饭"。和其他任何"大锅饭"一样，必然出现孟子所谓"中也养不中，才也养不才"的局面，亲属个人在同居共财中易生依赖心理，很难有足够的动力创造财富，久而久之就会生之者寡、食之者众，影响整体社会财富的增值。另外，由于维持家族生活的负担，造成一种严重的家族利己心。为了满足家族中寄生者的生计所需，有能力者必然尽力搜括社会财富，一念肥家，不能使财富有益于社会的发展。在立法者看来，亲属的依赖与家族的利己是中国家庭最严重的问题，是造成中国社会道德堕落、政治窳败的重要原因。② 简言之，传统家庭的"同居共财"虽可以使家族中的弱者免于饥寒，但它是一种典型的守成而非进取、保障而非发展的家庭模式，不但对积极创造社会财富、推动社会进步妨碍明显，而且长远来看也无法使保障功能持久发挥。为了克服这些弊端，民法进行了如

---

① 即使到了20世纪，传统家父长制家庭已渐趋于解体的情况下，家属离家另过的难度也是很大的。当年陶希圣在研究亲属法变革时曾结合自己的经历回忆说，从乡间的大家族里，一个子弟要把妻子、儿女搬出来，那是一道关口。那一道关口是不易渡过的。参见陶希圣《潮流与点滴》，中国大百科全书出版社，2016，第74页。关于家属不能离家造成"家庭的专制"，参见胡汉民《民法亲属继承两编中家族制度规定之意义》，载《胡汉民先生文集》第四册，台北"中央文物供应社"，1978，第880页。

② 参见胡汉民《民法亲属、继承两编家族制度规定之意义》，载《胡汉民先生文集》第四册，台北"中央文物供应社"，1978，第881页。

下设置。

1. 对于家产不作规定

家产即以"家"的名义所有的财产，可以说是"家"的经济基础。这种财产归属于"家"本身，既非归属于父祖，也非分散于家人，而是与传统家族生存逻辑相一致的一种财产权能和占有状态，与近代所有权等概念并不十分对路。① 家产虽然以"产"名之，但并不仅仅是私法意义上的财产，它首先是一种宗庙关系，是在"三父"，即父系、父权、父治的宗法精神下处理的物质。② 简言之，家产的性质可归结为：它是家人共同有"分"的财产，共同有"分"并非现代民法中的共同共有，"分"是家人因作为家中一分子的角色和地位而能享用家产的资格。家产的目的在于维持家人的生活并延续本支的血脉使祖宗得享祭祀，它不但关系到家人的幸福，而且影响一"家"的兴衰，所以家产由治理家政的父祖等尊长统筹管理及使用，也是家长权的重要支撑。③ "家"通过家产吸收了家庭成员的财产权利，从而使其对家庭成员的人身制约成为可能。可以说，家产是"家"实质化的重要保障。近代民法上的家制中亦不乏关于家产的规定。作为民国民法仿效对象的瑞士民法，其存在的环境并非家族主义社会，而是保护家之制度，法律规定一定不动产附属于家，其所有人不得随意处分，并禁止债权人扣押，从而使家产成为"家所以为家"的必要条件。从比较法律史上看，这种家产为保护小农家庭所发挥的效用非常显著。④ 另外，近现代民法中的家产也可以使个人财产合成共有财产并维持其不分割，以增进共同生活的利益。⑤ 而民国民法则对家产未作规定。民法将家定为以永久共同生活为目的的亲属组织，所谓以共同生活为目的，其意义是同居共爨而互相扶助，即饮食起居同

---

① 参见俞江《论分家习惯与家的整体性——对滋贺秀三〈中国家族法原理〉的一个批评》，《政法论坛》2006 年第 1 期，第 32~60 页。

② 参见陶汇曾编纂《亲属法大纲》，商务印书馆，1928，第 159 页。

③ 参见黄琴唐《民国初年亲权法制的开展——以大理院的司法实践为中心》，硕士学位论文，台湾政治大学，2008，第 35 页。

④ 参见黄章一《从法史学观点论我国民法之家制》，硕士学位论文，台湾中兴大学，1996，第 90 页。

⑤ 参见陶希圣《中国社会之史的分析（外一种：婚姻与家族）》，商务印书馆，2015，第 150 页。

出于一轨、"家计同一"，不包含共财在内。① 也就是说，民法对于家存在的目的即共同生活，侧重分担家庭团体生活收支的一面，而不侧重于财产的所有。换言之，家产是否存在并非民法上的"家"是否成立的必要条件。事实上，当时社会生活中以"家产"名义存在的财产所在多有，也存在与现代民法逻辑和洽的可能；② 但民法亲属编不但未如瑞士民法一样规定"家财团"及"家宅"，甚至对基于个人权利独立以共同共有方式形成的家产也采取了回避态度。对家产未作规定使"家"变成悬虚的存在，引起了诸多批评。推测立法者的意图，可能因无论何种方式形成的家产都带有集合的团体性质，如果亲属法上肯定其存在，则会彰显家的实质性，并且可能使家长家属间产生财产法上的支配服从关系。③ 不如采取回避态度，使之成为习惯上的存在或者以家庭成员个人间的财产契约来处理。此时，即使存在家人共产，也只是契约性的财产集合而不是身分性的家产。另外，家产保护小农家庭的效用与立法者所期望的新式家庭并不对路，当是其中的重要考量。④

2. 家庭内部财产关系高度个人化

由于民法对家产问题未作规定，而家又是一个共同生活组织，成员之间必然会发生财产关系。如何看待这种家庭成员间的财产关系？分析民国民法的规范效果，只能按照亲属编规定的父母子女财产关系或夫妻财产关系处理，也就是否认家在财产法上的团体性，以个人财产之间的

---

① 参见曹杰《中国民法亲属编论》，上海会文堂新记书局，1946，第360页；另参见戴炎辉、戴东雄《中国亲属法》，台湾三民书局，1992，第459页。

② 如可以因为家庭成员合意，各自提供一些财产共同共有，以共营一家之生活（包括夫妻约定共同财产制），也可能一家之中的共同继承人继承遗产之后未对遗产进行分割，而以遗产共营一家生活。最高法院在判解中也不止一次使用过"家产"一词。如1931年上字第204号判决、1934年院字第1069号解释。参见吴经熊编《中华民国六法理由判解汇编》第二册，上海会文堂新记书局，1939，"亲属编补遗"第54~55页。

③ 参见陈棋炎《关于亲属的身分人及亲属的身分之研究》，载陈棋炎《亲属、继承法基本问题》，台湾大学出版部，1980，第94~95页。

④ 当时在中国社会史和亲属法研究领域很有影响的陶希圣则从民生主义的角度来理解家产制。他认为，小农的保护要靠践行民生主义才能实现，"从枝叶上去制定免除抵押的家产制度是没有多大效果的"。也就是说，是否规定家产制对于实现民生主义无关大体。参见陶希圣《中国社会之史的分析（外一种：婚姻与家族）》，商务印书馆，2015，第150页。

关系处理。① 即使存在家庭成员共同共有关系的情形，因为民法总则中对个人权利和行为能力独立的规定、亲属编中关于父母子女财产关系和夫妻财产关系的规定，家人共有财产在法律上成为团体性的家产存在技术上的极大困难。因此不可能依照团体法理加以处理，宜依照父母子女财产关系或夫妻间财产关系或合伙、一般共有、共同继承等共有关系处理。② 换句话说，根据民国民法的规定，家的财产关系只能以具体家庭成员的个人财产关系来处理，主要是夫妻财产关系和父母子女财产关系。

就夫妻财产关系而言，民法规定的夫妻财产制包括联合财产制、共同财产制、分别财产制。后两种为约定财产制，由夫妻以契约确定，取决于财产所有人个人意思，若无约定则采法定的联合财产制。联合财产制名为"联合"，实则"特色在于夫妻财产所有权之自始分离"。③ 联合财产制下，夫妻特有财产归夫或妻个人所有自不必说，即使"联合"财产也是各自保有结婚时全部财产的所有权及婚姻存续中取得的全部财产之所有权。"联合"之意义仅在于一般由夫管理。

至于父母子女财产关系，则更能体现鼓励独立性的取向。传统所谓"子妇无私货、无私蓄、无私器，不敢私假、不敢私与"（《礼记·内则》）的状态被独立、平等的财产权利所代替。根据民国民法的规定，父母与成年子女间的财产关系本着个人财产独立的精神处理，不必再因身份关系而发生牵制；就未成年子女而言，其财产的独立地位也受法律充分保障。未成年子女财产分为特有财产与非特有财产。特有财产指子女因继承、受赠或其他无偿方式取得的财产；非特有财产指子女因自己劳力所得财产或因职业、营业所得收入。对于不因劳力取得的特有财产，父母拥有的权限相对广泛，包括管理权、使用收益权，但处分权只能因保障子女利益行使。对于以劳力或经营获得的非特有财产，子女可以基于自己意思行使权能，排除父母之管理、使用、收益甚至处分行为，父母仅在子女行为能力有缺陷时有财产法上的代理权和同意权。这些规定，体现出子女对劳力所得拥有更大权能，有利于鼓励其参与生产、创造

---

① 参见戴东雄《亲属论文集》，台湾东大图书公司，1988，第565页。
② 参见陈棋炎等《民法亲属新论》，台湾三民书局，1993，第450~454页。
③ 黄章一：《从法史学观点论我国民法之家制》，硕士学位论文，台湾中兴大学，1996，第143页。

财富。

财产的个人化使家内财产关系取决于个人权利和行为能力，依贡献决定财产所有权，与过去以宗法上的"分"形成的共财关系有天壤之别。背后的理念则是国家逻辑取代了宗法家族逻辑，法律"广其民曰公民，子女非父母所得而私，即人子之权利，亦非父母所得而抑"。[①] 子女在国家法的保障下成为独立的权利主体，可以自由行使其权利而不必受父母牵绊。获得独立的财产权利后，其人身权利的实现也有更多保障。

3. 家长可以令能够自立的家属离家

此点与家属有离家之权的规定相对，这是从被动一面对离家所作规定。为了避免家庭内的依赖性以促进社会生产，在家属已成年足以自谋生计时，或家属众多、食指浩繁，家长难以一己之力支撑时，则家长可以命令家属离家；[②] 被命令离家的家属无权要求家长给予财产（最高法院 1944 年上字 4644 号判决例）。这一规则的意义主要在于克服传统家庭养成的依赖性，促使家属及早自立谋生，改变财富"生之者寡、食之者众"的局面，以利于国民经济发展。

通过以上制度设计，民国民法上的家庭制度表现出了既不同于中国传统的家族制、又不同于西方家庭制的特点。传统中国的家族制度，以个体在祖宗血脉延续中的作用来决定其在家中的地位和权益，父子兄弟与男系祖宗"同气分形"，故在家中享有较大权益和资源；相反，其他主体在祖宗血脉延续中的作用相对次要，则享有权益较少或其人格被男子吸收而有"夫妻一体"等制度后果。民国民法中的家庭制度，以个人在国家存亡、社会发展中所能发挥的作用为期许，故着力养成家庭成员健全的理性与独立的人格，使之成为有能力推动国家公共秩序建构的合格公民。就此点而言，较为接近受启蒙价值影响的西方近现代民法。但与西方大多数国家在私法中没有规定"家"不同，民国民法并没有放弃"家"这个训练合格国民的场所。家与家族观念在中国社会普遍存在的事实，使立法者因势利导地利用家的形式，将家庭纳入国家治理，"使全国的孝子、慈父、贤兄、顺弟都变成忠臣，于国家前途庶乎有豸"。为达

---

① 《大清民律草案附理由书》，载《法律草案汇编》，修订法律馆，1926，第 36 页。
② 戴炎辉、戴东雄：《中国亲属法》，台湾三民书局，1992，第 474 页。

到这一目的，国家就要给予家庭成员各种自由，使其直接与国家发生关系，对国家担负责任，以养成家庭成员有独立之生计与独立之能力。①这种着眼于社会整体利益的立法选择很难以家族主义或个人主义涵盖，也因此受到来自两方面的批评。个人主义者看到其规定了家制讥之为家族主义残留，保守者则批评随处可见的家属个人自由。但实际上，民国民法中的家制并非要在家族主义和个人主义之间站队，而是基于社会本位的价值取向，分别撷取二者的部分规则。一方面，为了培养人格健全的国民，故家庭制度中的个人自由和个人权利得到发扬，与传统大家庭大异其趣。另一方面，在培养个人理性成熟的过程中，家庭所起的保障作用为国家福利能力低下时所必需；家所具有的集体主义性格及排斥市场规则的天然倾向，也与立法者一心要防止个人权利泛滥之弊的思路一致，民法中以专章规定"家"之制度，实为必然结果。

通过以上分析可知，在身分法领域，通过社会本位理念的贯彻，家庭制度其实已被纳入国家治理轨道，家庭成员既直接与国家发生法律上的联系，被赋予广泛的权利和自由，又被推动着为国家社会的整体利益作贡献。王伯琦先生认为，身分法上新法的断然实施，将行之数千年之宗法遗规，毅然予以废除，实为促进中国进入现代文明不可不有之措施。②社会本位取向的家庭制度使身分法成为塑造新社会的一个重要领域。法律内容以公益为出发点，确立男女平等原则，表现出王道精神，并改革家族制度，对于中国社会制度的改革最大，被胡适称誉为"一个不流血的绝大社会革命"。③

本章通过财产法领域的永佃权制度和身分法领域的家庭制度，对民事立法中社会本位理念的贯彻作了剖析。正如前文所言，民国民法在立法社会化方面的表现远不止这两部分内容，但限于本书篇幅，将所有民法社会化的表现如永佃权和家制一样逐个分析势必难以做到；不过笔者觉得为了避免不应当的缺席，还是有必要对其他相关方面内容稍作提及。鉴于当时任民法起草委员会负责人的傅秉常先生已作了较为全面的论述，

---

① 刘晴波主编《杨度集》，湖南人民出版社，1986，第527页。
② 王伯琦：《民法总则》，台北编译馆，1963，第18页。
③ 蒋永敬：《胡汉民》，载秦孝仪编《中华民国名人传》第一册，台北近代中国出版社，1984，第248页。

笔者以傅先生的论述为线索，对民国民法中其他社会本位的制度设置概述如下。①

其一，属于总则方面的，法律原则上主要是禁止权利滥用，这是对私权神圣原则的限制。《中华民国民法》第 148 条规定，权利之行使，不得以损害他人为主要目的，以禁止权利之滥用。另外还包括对法人设立的限制、消灭时效期间之短缩。第 30 条规定，法人非向主管官署登记，不得成立。第 46 条规定，以公益为目的之社团，于登记前应得主管官署之许可。第 59 条规定，财团于登记前应得主管官署之许可，以资取缔而重公益。消灭时效期间过长使权利处于不确定状态，会严重妨害社会经济发展，故《中华民国民法》第 125 条规定普通消灭时效为十五年。如法律所定特别时效较短者，仍依其规定，并明定当事人对于时效期间不得加长或减短，也不得预先抛弃时效利益。这些均是为了保护社会公益。

其二，债法方面对契约自由进行限制。债法针对双方民事主体之间的关系，是民法中社会本位取向的重要表现领域。民国民法的设置具体如下。①利息之限制。民国民法规定对于应付利息的债务，其利率未经约定、法律也无特别规定的，周年利率为百分之五。又规定约定利率超过百分之二十的，债权人对于超过部分的利息没有请求权。②赔偿责任的减免。如果对于损害的发生或扩大，被害人也具有过失，法院得斟酌情形，减轻或免除加害人的赔偿金额，以期公平。又规定损害不是故意或重大过失所致的，如果赔偿导致加害人的生计发生困难，"衡之事理，亦属过酷"。故规定法院得减轻其赔偿金额。③违约金之减少。当事人之间约定若债务人不履行债务应支付违约金的，如果债务人属于全部不履行，债权人当然可以请求违约金之全部。但如果债务人已履行一部分债务，仍许债权人请求全部违约金，则对债权人的保护未免过厚。故《中华民国民法》第 251 条规定：法院得比照债权人因一部履行所受之利益，减少违约金。另外对于违约金数额，当事人固然可以自由约定，但如果失之过高，殊欠公允。故于第 252 条规定：对于明显过高的违约金，法院得减至适当数额，以期公平。④受雇人之保护。雇佣契约本属于劳工契约的一种。南京国民政府另外制定有劳工法典，故民法关于雇佣契约

---

① 参见傅秉常《新民法与社会本位》，《中华法学杂志》第 1 卷第 2 期，1930。

的规定极为简单，而保护劳工的精神则贯彻无余。《中华民国民法》第483条规定，对于事先未约定是否给报酬的，如依情形非受报酬即不服劳务者，视为要给报酬。第487条规定，雇佣人受领劳务迟延者，受雇人无补服劳务之义务，仍可以请求报酬。第488条规定，雇佣未定期限，亦不能依劳务之性质或目的定其期限者，各当事人得随时终止契约。但有利于受雇人之习惯者，从其习惯。皆侧重于保护受雇人之利益。⑤急迫、轻率及无经验者之保护。这是关于显失公平情形的规定。《中华民国民法》规定，法律行为之违反强制或禁止规定，或背于公共秩序、善良风俗及不依法定方式者，均属无效。另外，可能有人乘他人之急迫轻率或无经验，使其为财产上的给付或为给付约定，虽然既没有违反强制或禁止规定，又无悖于公共秩序或善良风俗，但如果认为其有效，则无以保护急迫轻率及无经验者之利益。故《中华民国民法》第74条规定，若法律行为依当时情形显失公平的，在行为作出后一年内，法院得因利害关系人之申请撤销其法律行为或减轻其给付，以资保护。

其三，对过失责任原则进行修正，主要是酌减过失责任以减轻债务人的负担。根据债法一般原理，债务人因对其过失负责，需承担给付责任。但如果过失范围漫无限制，亦属过于苛刻。《中华民国民法》第220条规定"过失之责任，依事件之特性，而有轻重"，使司法官有自由裁量余地，根据具体情况作出合理裁决。并作出例示规定：如某一事件，债务人虽有过失，但并未因此获得利益的，尤其应该从轻酌定，以保护债务人利益。

其四，撷取我国传统法律中具有"王道"精神的内容所作的法律创新。这方面最突出的是关于"典"的规定。"典"属于我国固有习惯，具有救急济弱的效用。出典以后，如典物价额低减，出典人抛弃其回赎权，即可免除负担。反之如典物价额高涨，则有"找贴"即请求补差价的权利。该制度体现出我国传统道德中济弱观念的优点。民国民法酌采固有习惯，特设关于典权的规定。但规定典权存续期间不得超过三十年，约定期间超过三十年者缩短为三十年。另外吸收传统上保护出典人的精神，《中华民国民法》第926条规定，出典人对于典权人表示出让典物所有权的，典权人需要按当时市场价找贴，取得典物所有权。同时，出于兼顾典权人利益及交易秩序考虑，对习惯上迭次请求找贴导致纠纷，使权利状态不易确定的，民法规定找贴以一次为限，以平衡各方利益。

可以看出，民法对于私权绝对、契约自由和过失责任三大传统原则都有所修正，基于社会利益确立了禁止权利滥用、保护弱势主体、促进财产流通利用等法律原则和规则，体现出明显的社会本位气质。

第五章　民法社会化的司法之维

第一节　社会本位司法理念的内涵特征

民法社会化的领地不仅在于法律理论和立法，司法也是其必不可少的方面。这就产生了社会本位司法理念。民国时期的社会本位司法理念，是受民法社会化思潮影响、法律人关于司法中法律适用和利益衡量的系统思考。简言之，社会本位司法理念以立法社会化为基础，要求法官树立社会利益最大化的理念指导裁判过程。在民国法律人看来，社会本位司法理念之所以应当推崇，首要是人类社会的法律进入社会本位时代的必然要求。法律已进入社会本位时代，司法自然应该与时俱进。如燕树棠先生认为，社会本位时代，正义观念的重心已由个人转移至社会，司法应追求"社会的公道"（social justice）而不是"法律的公道"（legal justice）或"个人的公道"，作为实际解释、利用或运用社会公道心的过程，司法"尤须注意或了解社会的公道心"。①

对社会本位司法理念的推崇还源自对社会现实需求的体认，在民国法律人看来，20 世纪的社会已经进入工业经济下的城市生活，社会关系变得极为复杂，如果只靠原有法律再加上机械式的逻辑推理来解决一切，很难达到公平的目的。② 面对复杂多变的社会事实，立法社会化固然不可少，但"立法方面所能做到的，只能限于极抽象的原则，其余一切实际上的运用，不得不委之于执法者，于是执法者的权责日重，须要运用自己的智慧来寻求人群共同生活的准则"。③ 为了有效应对新的社会问题，"今日之急务，应从根本上承认新思想，与以适当形式，使裁判所知

---

① 燕树棠：《公道与法律》，载《清华周刊》第 38 卷 7、8 期"社会科学专号"，1932；燕树棠：《公道、自由与法》，清华大学出版社，2006，第 133、135 页。
② 梅汝璈：《现代法学之趋势》，《法律评论》第 9 卷第 19、20 期，1932。
③ 王伯琦：《近代法律思潮与中国固有文化》，清华大学出版社，2005，第 82 页。

所遵循，是为治本之策"。① 故此，黄右昌先生斩钉截铁地认定："今日之法律解释，应为社会本位；今日法律之适用，应为社会本位；今日之立法，亦为社会本位也。"② 在此基础上，法律人对社会本位司法理念的各项要素进行了广泛探讨。

一　社会本位司法理念的技术表征

社会本位司法理念基于对概念法学的批判而产生，在民国法律人看来，概念法学司法观的诸种主张，如误信完全立法之可能而否认法官之立法、误信法律的解释为寻觅立法者意思之手段而不容许法官有考虑"案情"之自由、误认法律规则之运用为机械的手续、误信法院判决为逻辑的程序而不知系法官之私见等，均属对司法本质的错误理解，"过信法律之能力，错认司法之意义，误解法官之任务"。③ 并且他们认为，法官绝对摒弃价值判断、严格适用法律的主张并不具有现实性，"不惟现在立宪各国，未有此种现象，而事实上，亦将不能适应社会上之需要"。④

受到法律人青睐的是西方新兴的自由法说（freirechtstheorie）。因为自由法说是"最近法律带有社会化之一发现"，力图摆脱概念法学，主张"审判官若于法律规定有不明了或欠完备时，可依利益之较量与价值之判断，不拘于法律之文字而寻出活的法律"。在学者看来，自由法说"可补助法律之不逮，能使法律自由发达，以适应社会之要求"，⑤ 故值得提倡。

受自由法说的启发，法律人对社会本位司法理念的技术原则进行了系统总结："吾人应以裁判官为法律工程师，而非自动机器。吾人当认裁判官不独适用法律，且得创造法律。吾人应以各个案件之公平裁判，非立法者之意思或其所用之文字，为解释之准据。吾人应注重者，乃实际上之效果，不是抽象的原则。一言以蔽之，吾人须推翻机械式的裁判，而树立人事的裁判也。"⑥ 并对各个要点作了详细阐发。

---

① 谢光第：《社会问题与裁判所》，《法律评论》第 4 卷第 30、32 期，1927。
② 黄右昌：《民法诠解——总则编》上，商务印书馆，1944，第 53 页。
③ 燕树棠：《法官之自由与责任》，《法学杂志》第 8 卷第 4 期，1935。
④ 张知本：《社会法律学》，上海会文堂新记书局，1937，第 83 页。
⑤ 黄右昌：《民法诠解——总则编》上，商务印书馆，1944，第 52 页。
⑥ 金兰荪：《裁判官与立法》，《法轨》创刊号，1933。

首先，承认法官自由运用法律的正当性。在法律人看来，否认法官运用之自由，实际上是不可能的事。因为在司法过程中，法律的运用必须靠"人"——法官来完成，而"人"是依"心"而动的，人心之动依"人格"之高低大小为准，人格之构成则受法官自身的个性、脾气、教育、环境以及种种私见影响。故此，"法官之判决，在实际上，成于法官之情感，不是成于法官之理智，更不是成于机械逻辑之三段论法"。① 另外，社会现实的变化也要求法官发挥自身主观能动性。司法院院长居正主张，在社会变动剧烈、新生事项日益繁多的情况下，司法官不应"借口成法，故步自封"，而应"深究立法精神，随时代之演进，为适当之运用"，使司法裁判成为法律改进的先驱。② 如此一来"法律的适用，再不能是无生命的逻辑概念里的机械运转。有生命的道德观念，代替了无生命的法律概念，有理性的司法者代替了机械的逻辑"，道德因素和人的因素大量地进入了司法过程中。③

其次，主张法官在司法中可弥补法律之不足。"法官之职责，不仅适用法律、解释法条，以判断案件而已。因法律之不备，引用其自由裁量之权而弥补之，殆其尤要者也。"④ 因为社会情形千差万别，法律不可能涵盖无遗，"如果只许裁判官机械地适用法律，而无补充法律之权能，则遇有法律全无规定或规定不全之时，即将感受莫大之困难"。因此，裁判官可"不依向来之论理的定型以解释法律，而立于自由的见解以解释法律"。⑤ 有学者则根据瑞士民法立法例，明确肯定法官可解释法律以弥补现有法律之不足："裁判官于无法律与习惯时应自视为处于立法者之地位，而以立法之观念处理之，也就是利用法律解释之手段，补充和修正现存法律。"⑥ 并且，从法官与现有法律的关系出发，进一步思考法官与法律发展的关系，"法官之职责非仅利用论理学之三段论法以适用法规决

---

① 燕树棠：《法官之自由与责任》，《法学杂志》第 8 卷第 4 期，1935。
② 居正：《全国司法会议开会辞》，载范忠信编《为什么要重建中国法系：居正法政文选》，中国政法大学出版社，2009，第 249 页。
③ 王伯琦：《近代法律思潮与中国固有文化》，清华大学出版社，2005，第 87 页。
④ 钱清廉：《法官与法律发展之关系》，载何勤华、李秀清主编《民国法学论文精粹》第五卷，法律出版社，2003，第 282 页。
⑤ 张知本：《社会法律学》，上海会文堂新记书局，1937，第 83 ~ 84 页。
⑥ 金兰荪：《裁判官与立法》，《法轨》创刊号，1933。

讼折狱，谓可称职。盖又有其发展法律之重大使命在。……法官之责非论理，而在于法律所予之范围内适应环境，发展法律以实现当时社会之衡平观念也"。①

最后，在承认法官有自由裁量和弥补法律不足的权能的基础上，成文法在司法中的地位及裁判的目的也得到了重新定位。法律人认为"法规不过为审判官之一般的指南，审判官应于法规以外，用科学自由探究的方法，以发现基于事物本性之法律而裁判之"。② 换言之，成文法的严格适用并非裁判的最终目的，司法"除了要使法律原则公平之外，并且应使每个案件所得到的实际结果都要公平"，③ 即个案的衡平应成为裁判的目标。

针对质疑裁判官在司法中可自由裁量及弥补法律不足的观点，学者们作了辩护，认为它不会影响法律的尊严，因为"法律之所以应尊重者，不在法律之意义永久固定，而在法律之运用，能适合法律基础（经济生产力发展）之变迁，以使社会进化，圆满运行"；同时，也不会影响法律的确定性，因为"法律之确实，不在以同一事项，嵌入于杓子定型之中，而在使法律上常常达到公平解决之结果"。④

二　社会本位司法理念的价值内涵

社会本位司法理念的价值内涵为其技术表征的精神内核，是对社会本位价值取向的具体化，即阐释了到底如何进行价值权衡与取舍才合于社会本位的要求。从民国法律人的社会认识来看，其一是打破形式平等的抑强扶弱，其二是国民党相关党义之贯彻。

（一）抑强扶弱

如前所述，社会本位以社会利益为价值追求。根据孙中山的民生史观，社会上大多数人的利益相调和便是社会利益所在。⑤ 为此，必须反

① 钱清廉：《法官与法律发展之关系》，载何勤华、李秀清主编《民国法学论文精粹》第五卷，法律出版社，2003，第301页。
② 黄右昌：《民法诠解——总则编》上，商务印书馆，1944，第52页。
③ 梅汝璈：《现代法学之趋势》，《法律评论》第9卷第19、20期，1932。
④ 张知本：《社会法律学》，上海会文堂新记书局，1937，第84～85页。
⑤ 参见《孙中山选集》下卷，人民出版社，1956，第765～787页。

对个人权利本位。个人权利本位是概念法学司法观的价值取向，在社会法学看来，它允许巨大的不平等存在，又强调法律面前的平等从而使这种不平等加剧，在法律适用中，"越是依据同样的法律命题处理富人和穷人，就越增加富人的优势"。有鉴于此，为了调和各主体利益，社会本位试图"通过给富人强加限制的社会制度和法律命题来抵消富人事实上所享有的优势，并防止富人过度地利用这些优势"。① 在司法中，就必须破除无视实际差别的"平等"，而应"基于个别的社会权势者和无力者地位的不同，进一步考虑怎样保护后者而抑制前者"。②

胡汉民举例说明法官如何在司法过程中对此加以实现。如侵权赔偿问题，若债务人因故意或过失致债权人损害，但该事件对债务人来说并无利益，那法官就可以斟酌减轻或免除债务人的赔偿，并不一味以压迫债务人为能事。再如契约之债，"普通债务者负了债，照理是应依契约按期偿还的，但有时债务者没有依照契约的能力，而且这种能力的失却，事实上又不是故意的过失，那么，法官也可以斟酌其经济情况，于不甚损害债权人利益之相当范围内，令其分期偿还，或展期偿还，这完全因为债务者是经济上的弱者，所以要多保护他一些"。再如受雇人致人损害时，虽然雇佣人无过错，但假若受雇人很苦，而被害人亦很可怜，"法官为主持公道计，可以斟酌两方经济情形，使被害者得到相当的赔偿"。③居正也以土地所有权人和承租人的关系为例来说明，根据《中华民国民法》第 457 条和第 844 条的规定，土地承租人（或永佃权人）因不可抗力，致其收益减少或全无者，得请求减少或免除佃租，且此种权利不得预先抛弃。司法中如何理解该条所谓"收益减少"？司法院院长居正认为，从保护佃农的立场出发，此"收益"应当解释为纯收益而非总收益。这样一来，即使承租人（永佃权人）的总收益并未减少，但耕种成本上升致纯收益减少时，亦得依本条请求减免。④

---

① 〔奥〕尤根·埃利希：《法律社会学基本原理》，叶名怡、袁震译，中国社会科学出版社，2009，第 179 页。
② 吴传颐：《社会法与社会法学》，《中华法学杂志》第 7 卷第 1 期，1948。
③ 胡汉民：《民法债编的精神》，载《胡汉民先生文集》第四册，台北"中央文物供应社"，1978，第 855～856 页。
④ 参见居正《司法党化问题》，载范忠信编《为什么要重建中国法系：居正法政文选》，中国政法大学出版社，2009，第 188～189 页。

从以上论述可见，近代中国社会本位司法理念的价值内涵，符合西方社会法学理论的普遍特征，实际上是在司法中落实对近代民法三大原则的修正。"一方推翻数百年来之不干涉主义，一方以使匹夫匹妇各得其所为目标而救社会上弱者于倒悬。"① 与此同时，它还具有特殊的中国面向。因为与三民主义的主张颇多重合，社会本位司法理念与南京国民政府的法统结合，成为实现三民主义的司法途径。这决定了它的第二个特性也即本土化特性：三民主义化，以贯彻国民党党义为司法的重要追求。

（二）党义之贯彻

在民国法律人看来，三民主义是社会本位的集大成者，所以中国的法制自然是一种社会本位的法制。② 在此语境下，中国司法的前途，"亦不失为国民革命之一课题。是故今日司法之改革，即为三民主义之实现"。③ 三民主义不但决定了司法官适用法律的方式，要求司法官"为国家社会在法条之外图谋应该图谋的利益"；同时也给出了自由裁量的界限，即"司法官补充法律的机能之实践，仅在拥护民族主义和实现民生主义前提下，才是合理的"。总而言之，"中国司法的理想，在于维护三民主义的社会正义"，并且个案中具体的正义也并非仅靠法条和逻辑即可确定，而是"客观上早被三民主义的理论和中国社会的历史规定了"。④

职是之故，长期担任国民政府司法院院长的居正，直接将社会本位司法理念的运用定为"司法党化"问题。"司法党化"不但要求司法人员信奉国民党党义，而且"适用法律之际必须注意于党义之运用"，要求司法人员努力研究三民主义法律哲学，并能运用于裁判。⑤ 在司法党化语境下，裁判中的价值取向即居正所谓"中心法理"亦因之而确定。居正认为，在建立三民主义国家的目标下，中国需要特殊的正义观念和特殊的基本法理。"革命民权""国家自由""平均地权""节制资本"等理论，"就是适合于殖民地革命客观的环境而由国民党扶植生长之主观

① 镜蓉：《民法社会化之倾向》，《法律评论》第45期，1924。
② Louis Josserant：《权利相对论》，王伯琦译，中华书局，1944，"译序"。
③ 蔡枢衡：《中国法理自觉的发展》，清华大学出版社，2005，第171页。
④ 蔡枢衡：《中国法理自觉的发展》，清华大学出版社，2005，第182~184页。
⑤ 参见居正《司法党化问题》，载范忠信编《为什么要重建中国法系：居正法政文选》，中国政法大学出版社，2009，第168、185页。

的法理"，"一切法律、一切裁判都应该拿它做根据，才能与客观的环境相适应而合于人民生活之要求"。① 国民党党义，既体现了法律社会化的一般内容如立法的社会政策性，也含有以法律为解决中国的总体性问题助力、塑造理想社会的意图。这对近代中国社会本位司法理念的实践具有关键性影响。

三　在法律系统中的内化与制约

就法律适用的技术性原则而言，社会本位司法理念给予法官相当大的自由，同时也带来了风险：法官若毫无限制地选取法律之外的裁判依据，无疑会使法律的权威性受到影响，甚至产生法官擅断。黄右昌先生认为："以如此变更法律之权，赋之审判官，设使不得其人，流弊亦不堪设想。"② 有鉴于此，法律就有必要通过一系列立法技术，一方面使法官寻找价值共识的行为在现有法律框架内找到依据，另一方面又对这种行为加以制约，如此方可维护法律秩序的权威。这就构成了法律体系中社会本位司法理念的内化与外在制约机制。

（一）内化

社会本位司法理念的"内化"集中体现在民法对于民事法源和"一般条款"的规定中。在贯彻社会本位司法理念的立法例中，瑞士民法关于法源的规定（第 1 条）颇受法律人推崇，认为其"与自由法说最近似，而为最适当也"。③《中华民国民法》第 1 条仿此规定：民事，法律所未规定者，依习惯，无习惯者依法理。这一条"实即予法官以发展法律之机会也"。④ 根据该条的规定，法官发展法律的权力通过适用习惯和

---

① 居正：《司法党化问题》，载范忠信编《为什么要重建中国法系：居正法政文选》，中国政法大学出版社，2009，第 175 页。

② 黄右昌：《民法诠解——总则编》上，商务印书馆，1944，第 52 页。

③ 瑞士民法第 1 条规定："关于文字上或解释上，凡本法已有规定之法律问题，皆适用本法。未经本法规定时，裁判官得依据习惯法，如习惯法亦不存在时，裁判官得自为立法者，依照可以设定为法规之情形而裁判之。前项情形，裁判官得准据确定之学说及先例。"参见金兰荪《裁判官与立法》，《法轨》创刊号，1933；张知本《社会法律学》，上海会文堂新记书局，1937，第 86 页。

④ 钱清廉：《法官与法律发展之关系》，载何勤华、李秀清主编《民国法学论文精粹》第五卷，法律出版社，2003，第 297 页。

探求法理来实现。关于习惯之适用，民法总则编"立法原则审查案"对第 1 条的含义进一步具体化，认为"无习惯者依法理"不仅指没有相应习惯，也包括虽有习惯而法官认为不良的情形，即法官于某一社会关系处理中即使发现有相应习惯，亦可认定其为不良习惯不加以援用，而根据自己依法律精神推断出应该适用的法理来进行裁判。"立法原则审查案"对此解释说，民法中所谓无法律时应加以援用的习惯，专指善良习惯；各国判例及前大理院认定习惯之效力，也以习惯合于情理为要件。① 而习惯是否合于情理或是否为善良习惯须由法官加以判断，为了唤起法官注意，民法将"虽有习惯而法官认为不良者依法理"的精神明确加以规定。② 就此可见，立法者强调法官在习惯适用中的重要地位，即法官必须运用相关价值标准对习惯是否善良、是否应当加以援用进行判断，以实现立法者的目的。

至于适用法理，则更近似严格意义上的"裁判立法"。因为法理与习惯不同，后者在社会上有其"应然"的存在，只待法官"确认"，前者却有待法官去整理、批判而"形成"。③ 法官的主观衡量也就尤为重要。根据立法者的定义，法理是"推定社交上必应之处置，例如事亲以孝及一切当然应遵守者皆是"。④ 可见，法理其实是超越法律之上、人们在社会交往中关于行为准则根本性的价值共识。就司法中法理的形成而言，社会的主流思潮、时代精神，既定的公共政策或最新的立法趋势，包括理论学说，皆为重要依据。在个人本位时期，拿破仑法典所确立的所有权神圣、契约自由、过失责任三大原则，即为当时西方社会一般人所共信必须遵守的原理原则，也就是当时所谓的法理。那么，到了社会本位时期，对社会利益最大化的追求，则应该成为中国的法理，毫无疑义。这需要法官在个案中予以具体化的运用而实现。

法官需要以其价值判断为裁量准据的，还包括民法所规定的"一般

---

① 《中华民国民法制定史料汇编》下册，台北"司法行政部"，1976，第 378 页。

② 该意图通过《中华民国民法》第 2 条的规定实现：民事所适用之习惯，以不背于公共秩序或善良风俗者为限。

③ 参见苏永钦《民法第一条的规范意义》，载苏永钦《跨越自治与管制》，台湾五南图书公司，1999，第 298 页。

④ 吴经熊编《中华民国六法理由判解汇编》第一册，上海会文堂新记书局，1939，第 13～14 页。

条款"，如公序良俗（第 72 条）、主要目的（第 148 条）、相当之注意（第 188 条）、斟酌行为人与被害人之经济状况（第 187 条）、诚实信用之方法（第 219 条）、斟酌债务人之境况，许其于无甚害于债权人利益之相当期限内，分期给付或缓期清偿（第 318 条）等，这些"一般条款"的具体内涵"常因时代之变迁而不同，其内容如何，殊难具体决定"，所以民法"仅为抽象的规定者，正所以畀审判官以职权认定之自由也"。① 总之，民法中关于法源的规定和一般条款，使得法律尽可能抽象而予以法官较大的自由裁量之余地。根据这些法条的意图，法官在适用法律的过程中，需要权衡该相关问题所涉及的利益，加入一些务实的考量及公平性与伦理性的因素，以利于社会共识的形成。② 同时，也使法官的此类行为具有了现行法上的依据，"法官在此场合，根据实施时之社会环境，抽出其个人所认为善良风俗并公共秩序之观念，不得谓为非法"，③ 从而维护了现有法律秩序的权威。

（二）外在制约

民国法律人认识到，在法典法的传统下，为了使法律能有效因应社会，法官在法律适用中发挥自身主观能动性是不可避免的，也是必要的。但这种发挥不能随心所欲，必须考虑到法律统一与适用的准确性。因此必须作出一些制度安排，对法官适用法律的行为施以约束。民国法律体制的相应安排是，确立最高司法机关在法律适用中的特殊地位，使其判解具有拘束力和权威性。首先，赋予其统一解释法令的权力。法律要得到准确理解与运用，"解释之统一，与夫行使解释权者之具有特殊学识经验威望等，成为不可缺乏之条件；故享有此权之法院，又应以最高者为限，而不能徧及于一切之普通法院也"。④为此，南京国民政府成立后，将法令解释权属赋予最高司法机关。最初由最高法院行使，1928 年 11 月后，根据《司法院组织法》的规定，由司法院行使，唯实际上仍是最高

---

① 胡长清：《中国民法总论》，中国政法大学出版社，1997，第 201 页。
② 参见苏永钦《民法第一条的规范意义》，载苏永钦《跨越自治与管制》，台湾五南图书公司，1999，第 292 页。
③ 张季行：《私法解释方法论》，北京傅信书局，1938，第 57 页。
④ 袁家骢：《论法律解释权》，《越旭》第 5 期，1925。

法院主其事。① 最高法院自 1927 年 12 月起至 1929 年作出"解"字 245
号解释，后来司法院自 1929 年 2 月起至 1948 年 6 月，共发布 4097 号解
释。② 这些解释对明确法律的确切内容和意义、避免理解与适用上的偏
差具有重要意义。

其次，另一保证法律适用统一的重要方式为最高法院判例的发布。
我国自民国建立初期起，因重要法典不备，大理院所作出的高水平判解，
成为各级司法机关法律适用的主要依据。"此种现象，迨于今之最高法院
时代，犹不稍杀。……今者，各种重要法典虽已次第颁行（民法法典即
其中之一），而前大理院及今最高法院之判例，仍将不失其补充法律及习
惯之效力，则可断言。"③ 杨仁寿先生认为，判例在民国法律体系中处于
补充法源的地位，其有助于维持裁判的一致性、持续性以及达成法安定
性。④这种作用主要通过最高法院判例对各级法院的约束发生。"在吾国
法制，最高法院之判例，在法律上原无拘束下级法院之效力。但关于成
文法律之解释适用，习惯之是否有效，法理之是否妥适，均可上诉第三
审。设如下级法院违反判例，虽非违法，但必遭废弃。故事实上最高法
院之判例，多为下级法院所遵从。"⑤ 可见，最高法院在成文法的解释适
用、习惯是否有效及法理是否妥当等重要问题上作出的判断，因其最高
审级地位，对下级法院具有实际上的拘束力。在最高法院的司法实践中，
法官们也认识到了这一点，并且以这种作用为期许决定自己的审判活动。
"每一判例之成立，无不作原则性之论断，而憬憧于将来发生之事件，事
实上为下级法院采纳适用"，⑥ 这种客观地位和法官们有意识的努力，使
最高法院在法律适用的统一中发挥了不可替代的作用。据杨仁寿先生的
观察，司法实践中各级法院对最高法院判例之"援用"，几乎与"适用"
画上等号，法官于具体案件援用判例时，殆多视之为抽象的一般法规，

---

① 参见杨兆龙《中国司法制度之现状及问题研究》，载陈夏红编《大陆法与英美法的区
　别》，北京大学出版社，2009，第 112～113 页。
② 参见廖与人《中华民国现行司法制度》，台湾黎明文化事业公司，1982，第 107 页。
③ 胡长清：《中国民法总论》，中国政法大学出版社，1997，第 36 页。
④ 黄源盛：《民初大理院与裁判》，台湾元照出版公司，2011，杨仁寿"序"。
⑤ 王伯琦：《民法总则》，台北编译馆，1963，第 8 页。
⑥ 王伯琦：《民法总则》，台北编译馆，1963，第 8 页。

作为裁判的大前提。[①] 其地位已与成文法相去不远。

通过以上制度安排与法律实践，最高法院判解的拘束力使"法律的效力不会因解释的见解不同，失去它整齐平等的重心"，[②] 从而维护了法律的统一和权威。另外，最高法院判解发挥作用的方式，也是对成文法权威的肯定和维护。因为无论是解释还是判例，均属对成文立法的运用，而不能等同于成文立法。"这也就决定了法律解释的效力只能低于法律，其本身更不是法律。"[③] 如此一来，更加明确了法官对法律的运用，必须在法律秩序的框架内进行。

概括言之，社会本位司法理念在民国的兴起，既有合乎法律发展一般规律的因素，也立基于当时社会的发展需求。不过，就其直接（或许也是最重要的）因素而言，它是法律人主观建构的结果，反映出法律人为了国家和法治事业的前途，力图超越概念法学、"迎头赶上一切最先进法理"（胡汉民语）的决心。[④] 值得肯定的是，在这一赶超式的司法理念革命中，法学家并没有忽略对中国社会特点的体察——即没有概念法学的兴盛，相应地也缺少法治传统。因此，虽然主张法律应当抛弃机械性而有效因应社会，但在理论上，法律人并未对自由法说的激进立场予以全盘接受；制度安排上，至少就立法者的本意而言，也未明确肯定裁判立法，而是对法官自由运用法律的裁量权表现出某些警惕，反映出学者对法治秩序的追求。然而遗憾的是，对社会本位司法理念的兴盛起到重要作用的三民主义意识形态及司法党化，同时也给这一理念造成了致命的伤害。虽然该理念在表面上也服膺西方法治理论，但以一党一派的意

---

① 参见黄源盛《民初大理院与裁判》，台湾元照出版公司，2011，杨仁寿"序"。杨兆龙先生亦认为，无论从诉讼实践还是从法官与律师的心理倾向来观察，承认最高法院判例的普遍拘束力，"已代表中国法律界的多数意见"。参见杨兆龙《中国司法制度之现状及问题研究》，载陈夏红编《大陆法与英美法的区别》，北京大学出版社，2009，第116～117页。

② 朱采真编著《现代法学通论》，世界书局，1929，第124页。

③ 袁家珹：《论法律解释权（续）》，《越旭》1926年第6期。将法律运用与法律本身进行区别，系受刘昕杰、杨晓蓉文章的启发，参见刘昕杰、杨晓蓉《法律方法的早期探索：民国学者对法律解释的研究（1911—1949）》，载陈金钊、谢晖主编《法律方法》第十二卷，山东人民出版社，2012，第153页。

④ 关于近代法律人对法治理想的追求，参见张仁善《论中国近代法律精英的法治理想》，《河南省政法管理干部学院学报》2006年第1期。

志作为社会价值共识，要求法律的运用为主义服务，极容易使司法过程忽略法律概念应有的（最低限度的）作用，从而突破现有法律秩序的框架，导致法官擅断。其最终结果，可以说是从根本上取消了司法。

第二节　社会本位司法理念的个案适用

——以一起诉请别居案为例

社会本位司法理念的内涵特征已如上节所述，本节拟从个案角度对其实际运作进行考察，分析其在规则适用和利益衡量方面的特征。笔者选取的是当时影响广泛的与男女平等、女权保护相关的案件。在一起妇女诉请别居案中，虽然《中华民国民法》并未规定别居制度，按照民法传统理论，当事人不能享有诉请别居的权利。然而司法官秉持社会本位司法理念，突破法律常规，以保护妇女权利的社会价值共识指导司法过程，赋予妇女诉请别居的权利，并在判令别居后的权利义务安排上予以照顾，从而贯彻了民法社会化精神。

一　案件与问题

笔者所选取的案例是最高法院 1932 年 1 月民事上字第 111 号判决例。之所以选取该案例，一方面是因其判决时间处于国民革命结束和抗日战争开始的中间点，相较于革命期间和抗战开始后的案件，更能体现稳定的常规治理下司法运行的情况；另一方面该案被编入当时的《最高法院判例汇编》，表明在当时的法律实务界，该案例被认为具有相当的代表性，故可作为我们的观察对象。这个案件的案情很简单，安徽芜湖的张明芳以其夫刘德坤时常打骂、不堪虐待为理由，向法院诉请与其夫别居，并请判令其夫按月给付生活费。一审法院没有支持张明芳的诉求，张明芳上诉至安徽高等法院，安徽高等法院改判准予别居，并判令刘德坤别居后一年内按月给付张明芳生活费十元。刘德坤不服，上诉至最高法院，最高法院判决如下。

　　主文：上告驳回，上告审诉讼费用由上告人担负。

　　理由：按本件被上告人以其夫即上告人时常打骂不堪虐待为理

由，提起别居之诉并请判令上告人按月给付被上告人生活费，举出吕福堂、黎光裕为证。上告人虽不认有打骂被上告人之事，并攻击吕福堂在原审证称"德坤时常打他（指被上告人）总有二三十回，我替他调解已有多次"等语，与其在第一审所称不符，显属不实。然核阅卷宗，吕福堂在第一审称"他两造吵嘴是经我调解过数次"云云。究竟吵嘴原因是否由于上告人殴打所致，在该证人系因第一审推事并未于言词辩论时就此诘问，故未及明言。原难以此谓与原审供证不符，且两造吵嘴经人调解多次，证以黎光裕及上告人一方之证人左丽生等证词益明，即上告人亦自认吵嘴是常有的，并谓去年冬月间曾扭被上告人到第三区。则原判认两造之有不堪同居情形已非无据，被上告人请求别居自非无法律上理由，其要求上告人给与暂时生活费，按诸夫妇婚姻未经离异以前，其夫依法仍应对于其妻尽相当养赡之义务，上告人亦属无可免责。原法院废弃第一审判决改判两造准予别居，上告人并应自别居后一年内按月给付被上告人生活费十元于法尚无不恰。上告论旨独谓原判决采证之不当殊非有理。又，本件别居之诉其事件发生在民法亲属编施行前，依该编第一条原不适用该亲属编之规定，原判决援用该亲属编第一千零一条但书以为判断固未尽合，惟上告人据以指摘原判结果之失当究属无可采取。据上结论，本件上告为无理由。①

最高法院最终支持了张明芳的诉请。从案由来看，该案实际上是对《中华民国民法》中关于夫妻同居之规定的一次司法实践。然而，揆诸《中华民国民法》的规定，最高法院和安徽高等法院在法律适用上不无可议之处，其要有三。

其一，安徽高等法院判决准予别居所援用的法条为《中华民国民法》第1001条，最高法院虽称其"未尽合"，但并没有予以更正，也没有对根据该条所作的判决结果作出变更，故实际上可看作对这一裁判过程的认可。然而，该案的事件发生在《中华民国民法·亲属编》（以下

---

① 郭卫编《最高法院判例汇编》第十一集，上海会文堂新记书局，1933。该案标题为"诉讼后之赡养责任"，似与案由不合，实际上颇有深意，详见后文。

简称"民法亲属编"）施行日亦即 1931 年 5 月 5 日之前。民法亲属编施行法第 1 条规定："关于亲属之事件，在民法亲属编施行前发生者，除本施行法有特别规定外，不适用民法亲属编之规定。"而别居并不在该施行法规定的特别事件之列。因此，法院以民法亲属编的规定对过去发生的事件进行裁判，违背了《民法亲属编施行法》的规定和"法不溯及既往"原则。

其二，退一步说，即使可以适用民法亲属编，法院支持妻子张明芳的别居诉请也是值得商榷的。法院所持的法律依据为《中华民国民法》第 1001 条："夫妻互负同居之义务，但有不能同居之正当理由者，不在此限。"当事人正是根据该条后半段的但书获得了法院对其别居诉请的支持。然而，按照民法理论，诉请别居获准要求当事人必须有别居的诉权。诉权是当事人请求法院保护其民事权益的权利，诉权的产生，以请求权的存在为基础，只有存在民法上的请求权，才能够行使诉权。而请求权存在的目的，是使主体得请求他人为一定行为以实现自己依法享有的某种权利。① 可见，请求权又以民法上的原权利为基础。本案中安徽高等法院和最高法院皆认可并支持了当事人的别居之诉，也就是说，是认可当事人享有诉请别居的诉权，实质上就是承认当事人享有实体法上不与配偶同居的原权利。但是，《中华民国民法》中并未规定别居制度，也未明文规定夫妻一方有诉请别居的权利。时行的《民事诉讼法》第 568 条所列举的婚姻事件中亦无别居之诉。别居之诉属婚姻诉讼，而婚姻诉讼作为人事诉讼，其种类是法定的，不应人为创设。② 从法院所援用的《中华民国民法》第 1001 条的表述来看，该条实际上强调的是夫妻双方的同居义务，也就是说，同居是夫妻双方的法定义务，若一方不履行此义务，另一方可依据该条请求对方履行。后半段的"但书"仅仅是规定了履行这种义务的例外，亦即存在某些事由时，当事人可以拒绝履行法定的同居义务。这种对同居义务暂时性的免除属事实上的别居，与法律上的别居制度不同。对于事实上的别居，妻子若认为存在不堪同居的事

---

① 参见周新民《民法总论》，上海华通书局，1934，第 65～67 页；王伯琦《民法总则》，台北编译馆，1963，第 26～27 页。

② 参见施绮云《别居制度之比较研究》，载戴东雄主编《民法亲属继承论文选辑》，台湾五南图书出版公司，1984，第 103 页。

由拒绝与丈夫同居时，直接分居即可，无须待法院判决，并且她也无权诉请法院判决别居。只有在存在别居制度的情况下，当事人方享有诉请别居的权利，此与离婚制度中当事人有权诉请离婚同理。而在无法定别居制度的情况下，拒绝同居的权利在司法中并不能形成积极的请求权，只能是一种消极的抗辩权。换言之，拒绝同居之一方并不能主动诉请法院判令别居，只有在另一方提起请求同居之诉时，她（他）才可以"正当理由"提出拒绝同居之抗辩。正因为根据民国民法的规定不存在别居请求权，故《民事诉讼法》第568条仅列夫妻同居之诉，而不列别居之诉；夫妻一方诉请同居时，他方亦不得提起别居之反诉。① 总之，在法律并未规定别居制度的情况下，妻子只能为事实上的别居或在丈夫行使同居请求权时以正当理由进行抗辩拒绝同居，而不能享有自己诉请别居的诉权。②

其三，再退一步说，即使可以适用民法亲属编，当事人享有别居诉权，法院判令丈夫刘德坤自别居后一年内按月给付妻子张明芳生活费也并无妥当的法律依据。《中华民国民法》中并未规定夫妻双方有扶养义务，仅于各夫妻财产制下规定"家庭生活费用之负担"。在法定财产制即联合财产制之下，生活费用确实是以夫负担为原则（第1026条），最高法院将"未经离异"作为判令丈夫给付生活费的理由，也是认为只要婚姻存续，丈夫负担家庭生活费用的义务就不能免除。然而，揆诸第1026条的精神，若要将丈夫的这一义务与婚姻存续相联系，最本质的要件即共同生活就是不可或缺的。"盖男女因结婚而成夫妻，夫妻之身分在于履行婚姻共同生活之幸福，因此同居义务为婚姻本质之要件，欲履行

---

① 参见罗鼎《亲属法纲要》，大东书局，1946，第157页以下。"最高法院"1981年台上字1904号判决认为："原则上夫妻应互负同居之义务，但夫妻之一方，如有不能与他方同居之正当理由之一方，得拒绝与他方同居之抗辩权而已，并非谓该有不能同居之正当理由之一方，有请求与他方别居之权利，此观民事诉讼法第568条第一项及572条第一项，仅有夫妻同居之诉，而无所谓夫妻别居之诉之规定自明。""司法院"释字第147号（二）亦采同样立场。参见台北"最高法院"法律丛书编辑委员会编《"最高法院"民、刑事裁判选辑》第二卷第二期，第277页。《司法院大法官会议解释汇编》，台湾"司法院"秘书处，1977，第419页。

② 《中华民国民法》的起草人史尚宽先生认为，民法唯承认事实上的别居，拒绝同居的权利仅有确认的效力，与有别居制度之国的别居判决不同，并无形成的效力，法院不得判令别居。参见史尚宽《亲属法论》，中国政法大学出版社，2000，第525～526页。

同居生活，夫妻非互负扶养义务不可；而扶养对方之生活程度应与维持自己生活程度相当，始能达到婚姻共同之幸福生活。"[1] 可见，只有共同生活这一要件与婚姻同时存在，夫妻互负扶养义务才符合婚姻的初衷。法国民法典以夫妻财产分离和家庭费用负担义务的消灭作为别居的法律效果，[2] 其故正在于此。此外，民国民法之所以规定家庭生活费用以夫负担为原则，是考虑到妻子对家庭生活之贡献，立法理由称："护养子女，及料理家务，就社会普通情形而言，多为妻方偏劳之任务；亦即其对婚姻共同生活重要之贡献。故本案权衡轻重，关于维持家庭生活费用，以由夫负担为原则，藉资补偿，而求夫妻间真正平等之实现。"[3] 而本案判决别居，共同生活不复存在，妻子对家庭的贡献也无从谈起，丈夫扶养义务的继续就背离了法律规定的初衷。再者，即使以婚姻存续为理由要求丈夫承担扶养义务，也应虑及双方的经济情况。1954 年台上字第787 号判例认为："民法关于夫妻扶养义务未特设明文，依民法第 1114 条及第 1117 条解为受扶养权利者，仍须以不能维持生活而无谋生能力者为限。"而本案中，法院在判令丈夫支付生活费时并未给出妻子谋生能力方面的理由，仅依婚姻存续与否来判定，因此，在法律未对别居期间的扶养作出明文规定的情况下，法院的这种判决更多是一种自身的见解，不无将法外义务加于丈夫之嫌。

作为民国时期的最高司法机关，最高法院的判决何以出现如此之多的违背民法理论之处？有学者从别居制度与诉权的角度出发，认为这是因司法人员业务能力不足、造成错误理解的后果。[4] 笔者认为，这种看法值得商榷，其故有三。其一，民国时期的法院，就全国范围而言，固然存在机构设置不全、人员不足及法官素质参差不齐等问题；然而，省高等法院和最高法院却是法律人才荟萃之地，尤其是最高法院。当时的法律人尽管仍有法律研究群体和法律实践群体的区分，但二者在很大程

---

[1]　戴炎辉、戴东雄、戴瑀如：《亲属法》，台湾大学出版部，2007，第 460 页。

[2]　参见施绮云《别居制度之比较研究》，载戴东雄主编《民法亲属继承论文选辑》，台湾五南图书出版公司，1984，第 61 页。

[3]　《中华民国民法制定史料汇编》下册，台北"司法行政部"，1976，第 346 页。

[4]　参见许莉《〈中华民国民法·亲属〉研究》，法律出版社，2009，第 152 页。

度上都实现了知识构成和人员的共享。① 因此，级别较高的司法机关，也是全国法学理论水平较高的法律人才汇聚之地。汇集了最杰出法律人才的两级法院同时出现理解和适用法律的错误是不可想象的。其二，该案载于当时的《最高法院判例汇编》，该汇编定期收集最高法院判决中具有代表性的案例公开发行，在实务界指导法律适用的功能备受认可，载于该汇编，更能证明该案绝非理解和适用法律错误。其三，就民国时期的司法裁判来看，该案并非最高法院和地方法院认可别居诉权案件仅有的一例，② 多个层级和地域的法院不断重复这种错误同样令人难以想象。综上，笔者认为，这一案件不能简单断定为业务能力问题，而应该探索更深层次的原因。

对于该案的判决，当时的法学家郁嶷亦曾撰文提出质疑，认为在法律没有规定别居制度的情况下，法院支持夫妻一方的别居诉请，判决当事人别居，实际上是免除了法律规定的同居义务，这是不恰当的。"夫妻同居义务，（民法一〇〇一条）系强制规定，尤非法院所能免除。盖民法虽系私法固多自由规定，俾当事人任意之取舍，或由法院以类推解释补充其缺略，而夫妻同居义务不然，关系家庭之组织，影响社会之公益，实具有强制性，绝不许任何人以契约加以限制，亦非法院之判决或解释所能变更，此一般之通说而无容疑者，今司法当局竟以判决承认别居制，强当事人之遵循，是不特于法无据，抑且显违法律强制之规定矣。"③ 从郁嶷先生的论述可以看出，他之所以认为最高法院的判决值得质疑，除了法律适用上的原因之外，还涉及社会利益的原因，即夫妻同居义务关涉到家庭组织的稳定，如果免除夫妻一方的义务会有害于社会公益。从社会利益角度对该判决进行质疑无疑暗含了这样一种批评：最高法院法

---

① 该方面的情况可参看俞江《清末至民国法学家人名简录》，载俞江《近代中国的法律与学术》，北京大学出版社，2008，第344页以下。

② 如司法院1932年院字第770号解释例；最高法院1931年上字第1645号判决例。参见吴经熊编《中华民国六法理由判解汇编》第一册，上海会文堂新记书局，1939，第537页；吴经熊《中华民国六法理由判解汇编》第二册，上海会文堂新记书局，1939，"亲属编补遗"第18页。地方法院的相关判例，如湖北广济地方法院审理的"干细毛、张细香脱离同居案"，湖北省档案馆LS7-2-2，见付海晏《变动社会中的法律秩序——1929—1949年鄂东民事诉讼案例研究》，华中师范大学出版社，2010，第264~267页。

③ 郁嶷：《别居制当否》，《法律评论》第11卷第19期，1934。

官对夫妻同居义务所承载的社会利益未进行充分的认识和考量。郁嶷先生的批评使我们对该案判决的认识可以推进一步，即不仅涉及法律适用，也关涉到社会利益的权衡。而这两个问题涵盖了民法适用的外在（法条适用）与内在（利益权衡）两个方面，因此必须放入民国时期民法建构的整体背景下进行考量，这就涉及民法社会化问题。

　　如前所述，民国民法社会化的特征主要是强调以社会利益对个人权利进行平衡，故相比于传统民法，国家对私法关系的干预有所增强，同时注意对弱者的倾斜保护。这不仅在立法中得到体现，司法作为实现法律的过程，更要强调社会本位理念。传统民法适用与其个人本位的价值取向相一致，司法中追求形式正义，强调以现有的法律通过严密的逻辑推理得出合法结论，使法律运用成为法律逻辑推理的客观过程，主张杜绝规范以外的因素如道德、文化等渗入法律思维体系。而社会本位司法理念追求社会利益最大化，强调在社会结构中实现正义，要求"人的行为或某一种社会事物所追求的价值目标符合大家所公认的政治理想、伦理道德或宗教信仰"。① 它不但不排斥法官个人的价值判断，还倡导法官在审理案件时不仅要依据法律，也要使判决符合某种公认的法律之外的价值共识，以使个案达到公平至善。在当时司法界领导人居正看来，司法不是司法官机械地适用法律、单纯地进行逻辑推理的过程，它本身也在创造法律。它允许甚至要求司法官将法律之外的价值判断带入司法过程，司法官对现有法律如何适用，必须以外在于法律规范的社会价值共识为取舍标准。而当时最重要的价值共识载体，则属国民党党义。在当时的国民党党义中，助进女权、实现男女平等是毋庸置疑的重要内容。在国民革命之初，国民党提倡助进女权，不无壮大革命力量的意图；待到革命结束，建国立制、进入常规治理以后，国民政府的助进女权则更多出于社会利益的考量。胡汉民认为，女子能否享有女权，关涉到中国国家和民族的生存能力，"中国的事，件件不如人家，这一点（指男女不平等、女子无权——笔者注）也许是一个大原因"。② 因此，国民党自孙中山起，就一直主张"男女平等做人，平等服务"，"本党同志自来也

---

① 严存生：《法治社会与实质正义》，《山东法学》1999年第2期，第11页。
② 胡汉民：《女子研究法政的意义与归宿》，载《胡汉民先生文集》第四册，台北"中央文物供应社"，1978，第1178页。

能秉承总理的意旨，在这一点上努力。所以本党政纲上，早已确定了男女平等的原则。世界上很进步的女权之说，我们不仅主张，而且已经力求实现"。① 最为突出的成果体现在立法中，通过民法在多个领域赋予男女平等资格，"二十年来，我国妇女所怀疑而不信的，所争求而未经承认的，以及他国妇女费了很多的力才求得的，或至今尚未求得的，在本党政纲与最近颁定的民法之中，我国现在的妇女，已经毫不费力地得到了"。② 但胡汉民同时也认识到，法律的生命在于被实践："现在民法及一切公私法中，虽破除了男女的区别，倘事实上妇女不知道适用那些法，那些法对于妇女，还不等于虚设吗？"③ 可以看出，作为立法者的胡汉民也认为，立法上的确立并不等于女权保护的实现，而更要依靠司法来完成。至此，女权保护对司法的期望和国民党对"司法党化"的要求，构成了民国时期社会本位司法理念与妇女权利保护的完整图景，放入这一大背景下观察，前述案例无论是法律适用还是社会利益考量，皆有进一步探讨的必要。

二　社会本位视角下的法律适用问题

该案的案由为别居，属于民法上规定的夫妻同居义务之免除。夫妻同居义务表面上是对夫妻双方而言，然结合民国民法中对夫妻住所的规定，该义务实际上由妻子单方承担。《中华民国民法》第 1001 条规定了夫妻同居义务后，紧随其后的第 1002 条规定："妻以夫之住所为住所，赘夫以妻之住所为住所。"住所为履行同居义务的场所，住所由夫指定，意味着夫妻同居义务实质上是妻子和丈夫同居的义务，这一点也为历来立法例和法律解释所共认。④ 民法上的同居义务既更多是课以妻子的，

---

① 胡汉民：《怎样使全国妇女能行使女权》，载《胡汉民先生文集》第四册，台北"中央文物供应社"，1978，第 1186 页。

② 胡汉民：《怎样使全国妇女能行使女权》，载《胡汉民先生文集》第四册，台北"中央文物供应社"，1978，第 1187 页。

③ 胡汉民：《女子研究法政的意义与归宿》，载《胡汉民先生文集》第四册，台北"中央文物供应社"，1978，第 1179 页。

④ 民律一草对于夫妻同居义务明文规定："妻负有与夫同居之义务，夫负有使妻能与其同居之义务。"（第 1350 条）对《中华民国民法》中夫妻同居义务的学理解释，参见朱方编纂《民法亲属编详解》，上海法政学社，1931，第 31~32 页。

故实践中追求同居义务的免除也多由妻子进行。同时，本案中妻子诉请别居的理由为"不堪虐待"，这又涉及《中华民国民法》第1001条但书的"正当理由"，法律对此并无明文规定，根据司法实务上的见解，包括受配偶之虐待、妻受夫之母或家属之虐待、夫之纳妾、夫与其他女人同居等，① 可见，这些属于"正当理由"的事件皆是对妻子权利有重大损害的事件。结合前述因素可见，在不堪虐待时请求别居，是处于弱势的妻子一方保护自己权利的行动，如此一来，法院对妻子的诉请是否支持，就含有对女权持何种态度的重大意蕴。以这一视角来检视，该案判决中的可议之处无疑是出于女权保护目的对社会本位司法理念的实践。

首先，关于是否适用民法亲属编的问题。不同的法律有不同的价值取向和规则安排，选择适用何种法律，对当事人的权利义务影响至关重要。关于本案所涉及的别居问题，在民法亲属编颁行以前，适当的法律依据为《大清现行刑律》的"民事有效部分"和大理院判解，大理院1917年上字259号判例认为："为人妻者有与其夫同居之义务；至同居之处所，依现行律（即《大清现行刑律》的'民事有效部分'——笔者注）别籍异财门载'祖父母、父母在者，子孙不许分财异居，其父母许令分析者听'等语，祖父母、父母在者，当然应遵从祖父母、父母之意思定之。故其夫亦不能有决定之自由。即或于定婚之初与女家约定同居之地点，亦惟于得有祖父母、父母之同意或祖父母、父母不在时其夫始有守约之义务。"② 可见，按照《大清现行刑律》和大理院判解，在同居事务上，妻子除了处于对丈夫的依附地位，更要受到来自夫之祖父母和父母的层层束缚，其不利地位可想而知。民法亲属编则在该问题上破除了宗法主义限制，夫妻事务皆由当事人自己决定，充分尊重婚姻双方意愿。故对于妻子而言，适用民法亲属编可以使其在同居事务中免受来自夫之祖父母和父母的干涉，提高其意志自由的实现程度。这样的法律适用固然突破了"法不溯及既往"的原则，"惟社会之改革，制度之维新，均有赖于新法之施行，如其谓人民之既得权益不能受新法之影响，则旧制度之陈迹，终将任其遗留，新法之效力能发挥者，几希矣。故就实际

---

① 参见最高法院1931年上字1645号、1929年上字2641号、1934年上字1061号判例，"最高法院"1982年台上字4373号判例。

② 姚震编《大理院判例要旨汇览》第一卷，大理院编辑处，1919，第142页。

情形观之，既得权益受新法之影响者，比比皆是，而以社会须要剧烈改革时为尤然"。① 法院适用民法亲属编，就是力图以新民法调整社会关系，保护妇女权利之努力。

其次，妻子是否可以根据《中华民国民法》第 1001 条获得别居诉权？ 如前所述，按照传统民法理论，当事人并不能依据第 1001 条获得诉请别居之权。法院认可并不存在原权利的诉权这种做法，显系突破了法律适用的常规。根据社会本位司法理念的要求，法官要以社会利益最大化为目标，以社会正义理念去发掘法的内在精神和外部渊源。因此处理疑难案件时不得以形式主义的"无法律即无裁判"为理由拒绝履行审判职责，而应通过自己对社会正义之法的价值判断寻找审判依据。② 从否定形式主义的角度来观察本案，从别居作为一种社会关系的实际情形来看，其正当理由包括受配偶之虐待、妻受夫之母或家属之虐待、夫之纳妾、夫与其他女人同居等，这些事由同时也正是民法上规定可以诉请离婚的事由（第 1052 条）。就妨害婚姻共同生活来说，离婚显然比别居严重。上述事由可以诉请性质较重的离婚，诉请性质较轻的别居反而不准，揆诸情理，不可谓平。③ 故在本案中，为了实现实质上的正义，最高法院突破常规，未拘泥于诉权以原权利和请求权为基础的要求——居正所谓"活用法律"，而是将诉权认定为一种"本案判决请求权"。按"本案判决请求权"的观点，诉权是当事人要求法院就自己的请求是否正当作出判决的权利。纠纷解决是民事诉讼的首要目的，因此在纠纷发生时，当事人有请求法院作出本案判决解决纠纷的权利。法院作出决定的依据是综合考量自己接受诉请的必要性而非对民法上的权利与案由进行对照。当事人有无实体上的请求权，对其行使诉权并不产生影响。把诉权定位为"本案判决请求权"的优势在于，当一国私权体系不发达或者社会发生急剧变化、私权立法严重落后于社会现实时，当事人仍然可以行使诉权。"因为在私权体系不发达的国家，在对没有实体权利与之对应的利益发生纠纷时，当事人基于本案判决请求权，可以请求法院对该争议本着公正或者良心或者其他的社会价值观念进行裁判"；在社会发生急剧变

① 王伯琦：《民法总则》，台北编译馆，1963，第 13 页。
② 参见曹燕、吴亚琳《试论社会本位的司法理念》，《政法论丛》2004 年第 5 期，第 72 页。
③ 参见戴炎辉等《亲属法》，台湾大学出版部，2007，第 125 页。

化、私权立法严重落后于社会现实的国家，情形也是如此。① 将诉权界定为本案判决请求权，实质上是赋予了法官通过裁判创设私权的权力，从而可以使纠纷及时地得到解决，并且能够通过判例来创设法律或者弥补立法的不足。在南京国民政府建立之初这样一个新旧交替的社会变革时期，最高法院作出此种判决，无疑是为了使革命政策和时代精神在法律适用中得到体现，从而有效解决纠纷和保护妇女权益。

最后，法院判令丈夫给付生活费虽无妥当的法律依据，但纳入保护女权的背景下观察，该案的判决合乎党义和司法政策的要求。此案的案由虽为诉请别居，但从案件的各要素分析，请求扶养费用恐怕对妻子一方意义更为突出。如前所述，妻子若要与丈夫别居，直接以行动进行即可，无须待法院判决；但生活费用的取得却并非妻子仅依自己行为即可实现的，必须依靠外力的介入和帮助，如此一来，法院判决就成了妻子可以依赖的重要方式。最高法院以"诉讼后之赡养责任"为本案定性，显系对妻子的需求有所体认。法官在党义的指导下，没有拘泥于扶养和同居的联系，判令丈夫承担法律没有明确规定的义务，完全以妻子的扶养需要为判断标准。正是基于同样的逻辑，1932 年 6 月 10 日司法院院字第 770 号解释例正式确定了别居后妻子的生活费用由丈夫负担这一规则："至妻别居后之生活费用，即家庭生活费用，若妻无财产或有财产而无民法第一○六二条一○三七条一○四八条之情形，均应由夫支付之。倘按时支付而有窒碍时，妻得就夫之财产收益中请求指定其一部以充支付。"②

三　案件中的社会利益考量

除了上述法律适用问题之外，对于郁嶷先生所批评的社会利益考量问题，也有进一步探讨的必要。夫妻同居义务是夫妻关系和家庭关系稳定的基础，确实关乎社会利益。在个案中认可一方的别居诉权，等于是免除了一方的同居义务，这对法定同居义务发挥稳定夫妻和家庭关系的作用无疑是有损害的。郁嶷文所暗含的批评并非空穴来风。然而，若说

---

① 段厚省、郭宗才：《民法请求权与民事诉权之关系考察》，《河北法学》2009 年第 10 期，第 181 页。

② 吴经熊编《中华民国六法理由判解汇编》第一册，上海会文堂新记书局，1939，第 537 页。

该判决是最高法院对社会利益考量不周使然，恐怕失之武断。就该案的判决理由来看，最高法院之所以支持妻子的别居诉求，是认定妻子所称的存在不堪同居之情形属实，如夫妻经常吵到需要别人调解的地步、丈夫有打骂行为甚至"去年冬月间曾扭被上告人（妻子）到第三区"等。法院为了避免妻子继续遭受丈夫的虐待，遂支持其别居诉请。可见，保护妇女权益是法院在该案中免除同居义务的主要目的。同居义务是夫妻家庭关系稳定的基础，也是实现"繁殖国民之义务"的保障，关乎社会利益；[1] 但在同居生活中丈夫对妻子的打骂和虐待侵犯妇女权利，而妇女权利作为"革命民权"同样是社会利益的载体，也需要得到保护。对于这种不同社会利益发生冲突的情况，胡汉民指出，各种社会利益并不具有等量的价值，要因时因地比较各种社会利益之需要程度而定。[2] 法官的任务是对各种社会利益加以权衡和取舍，使其达致协调。该案中法官并非对社会利益考虑不周，而是在同居义务所承载的家庭稳定和妇女权益保护这两种社会利益之间经过权衡后，结合具体情况，认定如若维护前者就会对后者造成重大损害，因此选择了后者。换言之，是保护妇女权益的社会利益考量压倒了对家庭稳定和社会秩序的重视。对这一点更清楚的认识，可以将该案和另一个关于同居义务的案件结合考察后得出。

这个案件就是 1932 年民事上字第 1002 号案例，该案的案由是丈夫张才诉请妻子张屠氏履行同居义务，而张屠氏抗辩称公公曾对她进行调戏，丈夫也曾对她进行殴打，因此不能同居。地方法院和河北高等法院皆支持丈夫的诉求，判决妻子应履行同居义务。最高法院在审理时认为，张屠氏所称张才之父对其进行调戏，无合法证据证明；至于所称丈夫张才曾对其进行殴打，虽张才亦供认殴打过，"但仅因一时口角，互相打殴尚未达不能同居之程度"，因此判决驳回张屠氏的上告，即张屠氏必须履行与丈夫张才的同居义务。[3] 从该案可以看出，与郁嶷所批评的不同，最高法院对夫妻同居义务的实现是重视的。就该案的案由来看，丈夫诉

---

① 赵凤喈编著《民法亲属编》，台北编译馆，1974，第 95 页。

② 参见胡汉民《三民主义之立法精义与立法方针》，《胡汉民先生文集》第四册，台北"中央文物供应社"，1978，第 790 页。

③ 郭卫编《最高法院判例汇编》第十四集，上海会文堂新记书局，1933。

请的是妻子与其同居，而同居这种生活状态与当事人的人身自由密切相关，一方要求对方履行同居义务实际上是对对方人身自由的限制，在现代法制之下，这种关系人身自由的同居义务在当事人不愿履行时是不能强迫实现的，涉及同居的判决也不能强制执行，[①] 故此直接诉请同居的案件是比较少见的。但该案中丈夫作出此种诉请后，各级法院仍然依法支持了丈夫的诉请，保障其与妻子同居的权利，判令妻子履行同居义务。结合上述两个案例的判决过程来看，法院判决同居抑或别居的关键，是看妻子的抗辩能否成立，即是否存在不能同居的正当事由。而对正当事由的认定，则是权衡两种社会利益的结果。具体言之，主要是衡量同居生活对妇女权益侵害的程度如何。前述第一个案件中，丈夫经常打骂和虐待，致使妻子不堪同居，法官认定履行同居义务对妇女权益会造成重大伤害，故而选择了保护后者；第二个案件中，丈夫的行为被认定为家庭口角所引起的偶尔打骂，并未达不能同居的地步，因此选择保护夫妻关系和家庭的稳定。结果虽然不同，却共同说明了最高法院的判决始终注重对社会利益的考量，只不过在对不同载体作出权衡时会因实际情况的差异而有不同的表现。当然，在明确最高法院的裁判注重社会利益这一前提下，有一些细微的差别我们仍然不能忽视。最高法院在第二个案件中对同居义务的保障是基于法律的明确规定，而在第一个案件中对妇女别居权利的认可和保护却不惜突破法律常规，这显示出，尽管注重各种社会利益的平衡，但在包括妇女运动在内的革命洪流中，司法的天平还是向妇女权利倾斜的。

　　本节所展开讨论的案件仅是民国时期诸多有关男女平等的案件中较为典型的事例。正是类似司法实践的大量存在，促使司法政策发生了有利于妇女权利的变化，弥补了立法的不足。除了前述关于别居后妇女生活费用的请求权，对于别居诉权，司法行政部 1940 年训字第 2731 号训令称："别居之诉，虽为《民事诉讼法》第 568 条所未列，惟民法第1001 条但书既明定夫妻有正当理由得不受同居义务之拘束，司法院二十一年院字第七七〇号解释及最高法院二十二年上字第九三八号判例且准

---

① 参见司法院解释例 1929 年院字第 93 号，1931 年院字第 476 号，《司法院解释例汇编》第二册，台北"司法院解释例编辑委员会"，1972，第 75、377 页。

许别居之请求，法院自应就其请求有无正当理由，依普通事件程序，为实体上之裁判。"① 根据这一训令，此后法院对妇女诉请别居的认可不再游离于违背现行法律的边缘，妇女正式获得了诉请别居的权利。这一过程典型体现了社会本位司法理念以贯彻主流价值的个案凝聚共识、提供法律政策以实现权利保护的意义。在法律上的私权体系落后于生活实际时，司法机关——尤其是最高司法机关以突破法律常规的个案凝聚社会共识、总结司法政策指导司法实践，不失为社会转型时期保护弱势群体权利、实现社会公平的有益尝试。

第三节　社会本位司法理念的中国化问题

　　社会本位司法理念是近代中国民法社会化在司法领域的表现。在立法社会化的基础上，司法作为法律的实施环节，它与社会的关系尚有诸多需要探讨的特殊问题。本节将社会本位司法理念放入近代中国社会的大背景中，分析其与社会要素的关系；并与原教旨的社会法学司法观进行比照，以探讨社会本位司法理念在中国社会的本土化问题，也即中国化问题。

　　首要的问题即当时中国社会对社会本位司法理念的需求如何。从民国法律人的表达来看，社会本位司法理念之所以应当推崇，理由有二。首先是人类社会的法律进入社会本位时代的必然要求。就法律人关于这一必然趋势的论述来看，则大抵以西方法制先发国家的实践作为依据，其在逻辑上的不能自洽之处甚为明显。因为在西方出现这一趋势，并不能证明中国亦被这种"历史必然性"所规定。故此，这一论断若要成立，必然隐含着一个前提：西方的实践对中国具有示范性，在西方法律实践之后亦步亦趋是中国法律的必然选择。事实上，这是西学东渐以来法律人的一贯认识。自清末修律始，法律人即认识到"瀛海交通，于今为盛"，不能再以闭关锁国的姿态来制定法律制度，以免"彼执大同之成规，我守拘墟之旧习"。② "六法全书"制定之时，立法院亦以"近世

---

① 《增订国民政府司法例规》，司法院秘书处，1940，第4127页。
② 故宫博物院编《清末筹备立宪档案史料汇编》下册，中华书局，1979，第912页。

交通频繁，国内的社会生活俨成国际的社会生活"为立法背景。① 这些表明，法律人已经意识到，中外交往使中国法律的秩序依据发生了变化，不再单纯是国内的农业社会生活，而是超出国界、作为国际秩序之一环所面临的复杂生活，这种生活带有资本主义色彩，它要求中国必须将西方列强的金融资本主义作为秩序依据，法律样态也必须与此相适应。② 其次在法律秩序依据超出国界的情况下，中国法律的发展不能自外于世界，法律方法同样也不能缺少世界主义或国际化的关怀，必须时刻保持对外部世界的敏感。如此一来，将目光投向西方社会法学司法观势属必然，它出于法律方法上对西方的衷心服膺。在民国法律人看来，法律方法属科学方法之一种，中国古代虽有律学，然而其并非法学，"而且注定不能够成为一门科学"，主要是因其没有科学的法学方法。③ 从发生学意义而言，"科学方法——至少是完全的成熟的科学方法也是中国所无，西洋独有的东西"。在西法东渐背景下，国人接受西方法律方法论，"量的方面必须取其全体，质的方面必须取其最正确的。假使自知我们的能力还不够将西洋的方法论作任何有益的修正和改造，惟一的要义便是把方法论之世界的水准当做我们的标准"。④ 故此，在西方社会法学兴盛之时，中国的法律方法论立即有了直接映照。此即蔡枢衡先生所言的半殖民地风景图："在法哲学方面，留美学成回国者，例有一套 Pound（庞德——笔者注）学说之转播；出身法国者，必对 Dugiut（狄骥——笔者注）之学说服膺拳拳；德国回来者，则于新康德派之 Stammler（施塔姆勒——笔者注）法哲学五体投地。"⑤ 由于这种承认人有我无的谦虚（乃至自卑）心态，西方的最新理论使中国法律人几乎失去了对抗的能力，法律方法上向社会本位的改弦更张成为必然结果。

　　法律人推崇社会本位司法理念的另一个理由是中国社会的现实需求。

---

① 立法院第三次全国代表大会"立法计划"，转引自俞江《近代中国民法学中的私权理论》，北京大学出版社，2003，第 3 页。

② 参见蔡枢衡编著《中国法律之批判》，正中书局，1942，第 28 页。

③ 参见梁治平《寻求自然秩序中的和谐》，中国政法大学出版社，1997，第 319 页；杨仁寿《法学方法论》，中国政法大学出版社，1999，"序言"。

④ 蔡枢衡：《中国法理自觉的发展》，清华大学出版社，2005，第 14 页。

⑤ 蔡枢衡：《中国法学及法学教育》，载许章润主编《清华法学》第四辑，清华大学出版社，2004，第 14 页。

关于此点可能引起的疑问在于，社会本位司法理念乃适应金融资本主义的法律方法，与农业社会色彩浓厚的中国是否合拍？民国以来的法律人并未忽视对这一问题的思考。在他们看来，中国社会的最大特点是新旧因素交错并存，"断不能阻挠一部分之长足进步，而强使驻足相待，以近合于他部分之墨守成规者。再由国家政策着眼，又不能因城市与乡村，而为各异之立法与判决，则舍彼就此，亦属不得已之事"。① 居正则指出，司法机关当运用法律之冲，因农业生活和都市生活的差别，既不能一味舍新而图旧，又不能完全抑旧以从新，"处矛盾之环境，为一贯之裁判，其事至难。势非有普遍的协调精神妥慎应付，即无以全法律之用，而济事实之穷"。② 从社会发展的角度来看，中国社会的新旧并存，主要肇因于在传统社会解体和西方文明进入的双重作用下，社会逐渐由一元化向多元化转型的过程。这一进程的特殊性使民国社会对社会本位司法理念呈现出特殊的需求。一方面，由于传统社会的解体主要肇因于外力，并非自发而生，多元主体利益的实现虽在不断推进，却始终受到限制，这使中国社会不能像西方那样自发形成利益主体在高度分化下相互冲突却相互均衡的态势，需要公权力有所作为加以促成；另一方面，与新旧并存的社会转型相伴随，社会意识呈现保守与激进共存的局面，维护传统社会与崇尚权利自由的理念呈现出两极分化的形态，因此亟须以社会利益最大化的理念去平衡协调，解决社会意识的两极分化给司法造成的困境。③

在承认中国社会对社会本位司法理念有其需要后，下文将探讨这一司法理念与中国社会因素的关系。这些影响司法社会化的特殊因素包括国民党的意识形态、中国传统司法以及中国社会的法治程度等。

---

① 吴学义：《夫妻财产之立法问题（三完）》，《法律评论》第 7 卷第 44 期，1930。
② 居正：《全国司法会议开会辞》，载范忠信编《为什么要重建中国法系：居正法政文选》，中国政法大学出版社，2009，第 249~250 页。
③ 当时有学者以亲属法的变革为例论述了对司法的期望。新的亲属法旨在破除宗法，必须有"良善的执行"才能达到这一目的。所谓"良善的执行"，指的是在普遍设立"慎重、迅速、精细的"法院组织基础上，司法者以"圆活的而非形式的"程序、"和解的、调停的精神"以及"救济的、帮助的态度"去处理纠纷。参见陶希圣《中国社会之史的分析（外一种：婚姻与家族）》，商务印书馆，2015，第 157 页。

一　国家主义与司法党化

社会本位司法理念在 20 世纪 20 年代的中国尚是一种新颖的学说，到南京国民政府建立之后则成为法律方法领域的主流话语。这体现了政治架构对法律理论的影响。民国时期的法律家和政府共享三民主义意识形态，且认同三民主义为社会本位在中国的最高表现形式。① 这种政治意识造成了社会本位司法理念在中国的两个特殊面向：国家主义与司法党化。

按照西方社会法学的观点，司法的重心在社会本身，应当从国家主义中解放出来。② 而民国的社会本位司法理念带有强烈的国家主义印记，强调国家意志在司法中的作用，甚至直接将社会本位与国家主义等同（见本书第三章第三节）。这种定位既与中国缺少市民社会传统，从而无法确定"社会"的实态有关，也直接来源于国民党的政治理论。孙中山认为，民国建立之后，人民虽然名义上成为国家的主人，但实际上因为相关素养的欠缺，在公共事务方面差不多和初生的婴儿一样；国民党既然使人民有了主人之名，就有责任使其有主人之实，为此需要对人民进行保养和教育。"此革命方略之所以有训政时期，为保养、教育此主人成年而后还之政也。"③ 国家权力至上是这一逻辑的必然结果。因人民如初生之婴儿，对于社会利益——在国民党看来，同时也是人民自己的利益——识别能力不足，往往不顾整体利益和长远利益，人人各自为谋，最终必会损害自身利益。因此作为保育人的国民党必须通过法律全方位介入民众生活，教育民众重视整体利益。为此，需要在法律领域贯彻"党国体制"。"党国体制"在理论上来源于卢梭的人民主权原理，为了实现卢梭的"道德理想国"，产生了一种自信掌握着人类社会发展的必然规律并试图以此改造社会的总体党，总体党按照自己认定的理想模式行使国家权力，塑造社会。④司法领域的国家主义，体现了国民党作为自

---

① 参见 Louis Josserant《权利相对论》，王伯琦译，中华书局，1944，"译序"。见本书第三章第三节相关内容。

② 参见严存生《社会法学的司法观》，《华东政法大学学报》2011 年第 2 期。

③ 《孙中山选集》上册，人民出版社，1956，第 156 页。

④ 参见付春杨《民国时期政体研究（1925—1947 年）》，法律出版社，2007，第 1 页。

信掌握了社会发展规律的"总体党",力图以包括司法权在内的公权力设计和塑造社会公共生活的强烈愿望。如此一来,国家(政府)成为社会的"总管",司法活动就必须致力于贯彻执行政府的纲领与政策,遂有"司法党化"之兴。

司法党化是"党国体制"在司法领域的集中体现,也可谓是社会本位司法理念的中国版本。它是在批判西方传统司法观的基础上产生的。在国民党统一全国的过程中,曾任国民政府司法部部长的徐谦认为:"旧时司法观念,认为天经地义者,曰'司法独立',曰'司法官不党',此皆今日认为违反党义及革命精神之大端也。如司法独立,则司法可与政治方针相背而驰。甚至政治提倡革命,而司法反对革命,势必互相抵触。故司法非受政治统一不可。"① 为此,必须"以革命的手段澄清法官吏治"、去芜存菁,② 这就要实现司法党化。长期担任司法院院长的居正,对司法党化进行了系统的理论阐述。居正认为,"司法党化"包含两方面的含义:一是"司法干部人员一律党化——主观方面",即司法人员要由从"灵魂深处"信奉党义、具有强烈的三民主义社会意识的人担任,以便能理解和信奉三民主义及其在法律适用中的作用;③ 二是"适用法律之际必须注意于党义之运用——客观方面",这就要求所有司法人员应当努力研究三民主义法律哲学,并能运用于裁判。④ 在司法党化语境下,裁判中的价值取向即居正所谓"中心法理"亦因之而确定。居正认为,"革命民权""国家自由""平均地权""节制资本"等理论,"就是适合于殖民地革命客观的环境而由国民党扶植生长之主观的法理","一切法律、一切裁判都应该拿它做根据,才能与客观的环境相适应而合于人民生活之要求"。⑤

---

① 《民国日报》(上海),1926年9月20日,转引自张国福《中华民国法制简史》,北京大学出版社,1986,第221页。

② 时人认为,对于改良司法而言,司法的革命化是比制定法典和改革法院制度、审判制度更加切要的事。参见陈之迈《为司法会议进一言》,《独立评论》第145号,1935。

③ 参见居正《司法党化问题》,载范忠信编《为什么要重建中国法系:居正法政文选》,中国政法大学出版社,2009,第168~169页。

④ 参见居正《司法党化问题》,载范忠信编《为什么要重建中国法系:居正法政文选》,中国政法大学出版社,2009,第185页。

⑤ 居正:《司法党化问题》,载范忠信编《为什么要重建中国法系:居正法政文选》,中国政法大学出版社,2009,第175页。

　　具有独立地位的司法权在中国的出现，伴随着清末变法修律的进程。国人对司法权的认识和定位，从一开始就受西方三权分立政治哲学的影响，故遵从"司法独立"与"司法官不党"等信条，且有法律加以明文规定。[①] 南京国民政府建立后实行五权分立，从形式上讲也未直接颠覆这种定位（五权分立实为三权分立之变种）。然而，在其"党国体制"的确立中，司法权的方向已悄然偏移，司法权成为一种服务于政治、与行政权并无实质差别的公权力。只是相对于行政权，它仍然保有法律的形式与技术特征。这一转变的原因可以归结为两个方面。一方面，南京国民政府时期，司法界对清末以来法律形式化造成的司法与社会和政治的疏离有了更加深刻的体会，"我国之行此制（司法独立——笔者注），亦既经年，乃颂声不闻，而怨吁纷起……人民不感司法独立之利，而对于从前陋制，或反觉彼善于此"，"法庭之信用日坠，而国家之威信随之，非细故也"。[②] 故试图结合主流意识形态来挽救社会对司法的信任危机。另一方面，国民党在资本主义经济原则的支配下，[③] 已将司法权由三权分立的政治哲学转向经济自由主义立场。经济自由主义司法观将司法制度的正当性建立在促进一国经济力量（从而促进军事、政治力量）的增强上，为达此目的，它较为强调法律的技术特征和信用特征，而忽视其与民主、宪政之内在精神的共生关系。换言之，民国时期即使没有成熟的民主宪政，也可以有适应市场经济的司法制度存在。[④] "党国体制"与司法党化正是借此与形式上合乎现代法治的司法制度并存。这是在"总体党"的角色要求下对三权分立的否定。不过，通过从三权分立的政治哲学到"党国体制"和司法党化的转变，我们仍可以发现二者背后的逻辑是一贯的。三权分立本是在清末"救亡图存"的背景下引入中国的，这一事实背后暗含的逻辑是，当发现三权分立的政治理论和制度

①　北洋政府《政府公报分类汇编》，第 36 卷，第 9 ~ 10 页。

②　丁文江、赵丰田编《梁启超年谱长编》，上海人民出版社，1983，第 685 ~ 686 页。

③　关于资本主义经济原则对国民党法律立场的支配，参见黄宗智《法典、习俗与司法实践：清代与民国的比较》，上海书店出版社，2003，第 53 ~ 55 页。

④　经济自由主义司法观来自黄仁宇先生的理论，参见黄仁宇《资本主义与二十一世纪》，生活·读书·新知三联书店，1997，第 25 ~ 32 页。对黄仁宇理论的概括与批评，参见程春明、泮伟江《现代社会中的司法权（上）——由中国法律的实效性问题检讨司法权的性质》，《中国司法》2005 年第 9 期，第 18 ~ 20 页。

对提高中国的政治、军事和经济实力可能并没有帮助的时候，随时都可以将其抛弃。而南京国民政府建立之前的实践恰恰让国人觉得，三权分立及出自这一立场的司法独立只不过是政客借权力来争夺私利、掣肘国事的幌子，这种司法观缺乏应有的"国家意识"，[①] 它已经阻碍了对于中国而言极为必需的一个有足够权威和动员能力的中央政府的出现。既不能完成救亡的使命，被"总体党"的政治架构及司法党化取代就属势所必然。党化的司法试图调节法律与民族感情，并力图有效地促使司法承担起整合法律与政治的功能，为彰显政治主权与力量助力，它象征着一种民族主义的强硬表达。[②] 可以说，近代中国两种司法观的确立皆是为了救亡图存，立基于民族主义这一相同的逻辑。

二　与传统司法的貌合神离

社会本位司法理念要在 20 世纪上半叶的中国落地生根，需要面临的另一个特殊性问题在于，它必须认真处理与传统司法的关系。这种必要性来自两个方面。一方面，这是中国社会发展进程的特殊性所致。对于民国社会进程的特殊性，蔡枢衡先生精辟地论述道："中国本身之历史特征在于省略 19 世纪初期欧洲式的产业资本主义及民主政治阶段，由专制政治农业社会一跃而为现代的权威政治及工商业社会。法律与法官之关系史中，法官当作适用三段论法机械之阶段，亦因之省略。司法虽与立法分掌，法官虽与法律相互独立，二者间之内的关联则从未切断。司法之专制的擅断与权威的解释及裁量二阶段互相连接，未有间隔。"[③] 就法制先发国家的经验来看，传统（古代）司法思想—概念法学司法观—社会本位司法理念是与特定社会结构相适应、循次递进的发展阶段。[④] 而

---

① 居正认为："过去司法界常蒙有国家意识极淡薄之讥，意者以为司法乃独立体，可超然于一般政治形态以外。此其臆说，固为妄诞，而过去司法人员之未能发挥国家意识，忽视国家整体，亦属事实。"陈三井、居蜜合编《居正先生全集》，台北"中央研究院近代史研究所"，1998，第 582 页。

② 参见江照信《中国法律"看不见中国"——居正司法时期（1932—1948）研究》，清华大学出版社，2010，第 80 页。

③ 蔡枢衡：《中国法理自觉的发展》，清华大学出版社，2005，第 181~182 页。

④ 据学者研究，传统司法为集权制社会结构下的实质正义，概念法学司法观为分散型社会结构下的形式正义，社会本位司法理念则适应于利益多元化社会。参见曹燕、吴亚琳《试论社会本位的司法理念》，《政法论丛》2004 年第 5 期，第 70 页。

中国因产业资本主义阶段的缺席，使概念法学失去了繁盛的可能性，从而导致传统司法与社会本位司法理念"短兵相接"，后者的确立自然不能不受到前者的影响。

另一方面，社会本位司法理念与传统司法存在多方面的偶合。在中国传统司法中，由于追求以伦理秩序为终极目标的实质正义，成文法的权威向来有限，更谈不上法典至上；概念逻辑的严谨自洽，也并非司法关注的重点。故此到 20 世纪初，国人看到源自西方的社会本位司法理念"要打倒成文法至上观念，要排斥概念逻辑于法学之外，乃不禁喜形于色，曰：此非吾国行之数千年之老办法乎？于是认为西洋的最新法律思想，恰恰与我们的传统观念接了轨"。[1] 就价值取向而言，传统家族主义在一定范围内具有明显的团体性，它与社会本位追求团体利益、反对个人权利至上的主张也不乏重合。如此一来，传统司法思想与社会本位司法理念，虽然一属传统、一属最新，却存在剪不断、理还乱的关系。如何处理二者关系，成为社会本位司法理念中国化的先决问题。

蔡枢衡先生在论及中国传统司法对现代司法的影响时曾警告说："自正面观察，权威固有充分发挥之可能；自反面观察，传统的擅断精神亦大有其借尸还魂之余地。"[2] 事实证明，这并非杞人忧天，民国法律人表现出的认识分歧耐人寻味。有的法律人强调中国社会的传统色彩，在他们看来，社会本位司法理念是传统司法的重生，故应当结合立法礼教化，方合于当前社会。[3] 有的法律人虽未如此极端，但借传统司法的核心要素来阐发社会本位司法理念，其理论效果亦与鼓吹传统司法相去不远。如居正以古代的"春秋折狱"为自己倡导的方法论证成，认为"义理与学说往往有优于现行法之效力"；司法官在裁判时，不但可以用党义来补充法律、赋予法律具体含义，而且"法律与实际社会生活明显地表现矛盾，而又没有别的法律可据用时，可以根据一定之党义宣布该

① 王伯琦：《近代法律思潮与中国固有文化》，清华大学出版社，2005，第 175 页。
② 蔡枢衡：《中国法理自觉的发展》，清华大学出版社，2005，第 182 页。
③ 参见陶希圣《司法社会化》，《建设杂志》第 5 卷第 3 期，转引自王伯琦《近代法律思潮与中国固有文化》，清华大学出版社，2005，第 329 页。对近代中国法律有重要影响的董康即持此观点，参见刘舟祺《"知新—温故"：董康后期立法改革思想新论》，《近代史研究》2020 年第 4 期。

法律无效"。① 可以看到，在追求自由裁量、实现实质正义这一点上，它比社会法学司法观走得更远。它所倡导的理念落实到司法中，也成了有些法学家所忧心的"传统精神的借尸还魂"。以当时法律人关注的最高法院 1940 年上字第 1306 号判例为例，该案中，债权人依仗强势地位与债务人约定了过高的借贷利息，法官为了保护弱势的债务人，判决时不但对债权人超过法定额度的部分不予保护，连其应合法取得的部分也一并勾销，成了一种"民刑不分"的处罚。"这简直是把当事人的意思、法律的适用解释等问题，一概置之度外，只求达到目的，根本不择手段。"在法学家眼中，这是一种原始的司法观念，它和传统时期清官名臣断案异曲同工，而在有了进步的民法典的现代社会，实属难以理解。②若其弥漫开来，将会使法律秩序无法建立，法治理想难以实现。

故而，在更多法律人那里，虽然从反对概念法学的角度而言，他们对社会本位司法理念与传统司法的暗合表现出赞赏："我国所称陶侃用法，恒得法外意者，即此意也。"③ 但基于法学的理论自觉与中国缺乏法治传统的现实，这一理念就值得警惕了。有的法学家指出，中国的法官"不患其不能自由，惟恐其不知科学，不患其拘泥逻辑，惟恐其没有概念"。正是缘于这种警惕性，这部分法律人对社会本位司法理念与传统司法的分野保持较为清醒的认识，认为二者只是外表的偶合，不是观念的共通，属于貌合神离。将二者混同极为危险。④ 出于这种清醒认识，他们一方面以西方自由法说为理论奥援，将根据社会结构变迁而生的实质正义之追求注入概念法学司法观，以求得司法有效因应社会；另一方面，又试图维护其与概念法学相一致的"法治"追求，而与传统司法的擅断式实质正义划清界限。故此，不但不遗余力地宣扬"法治"否定"人

---

① 参见居正《司法党化问题》，载范忠信编《为什么要重建中国法系：居正法政文选》，中国政法大学出版社，2009，第 184、186 页。对"春秋决狱"与司法党化的系统比较研究，参见江照信《中国法律"看不见中国"——居正司法时期（1932—1948）研究》，清华大学出版社，2010，第 92 页。
② 王伯琦先生以该案和清末端方所判的一件势利赖婚案相比拟。参见王伯琦《近代法律思潮与中国固有文化》，清华大学出版社，2005，第 168～170 页。
③ 黄右昌：《民法诠解——总则编》上，商务印书馆，1944，第 52 页。
④ 王伯琦：《近代法律思潮与中国固有文化》，清华大学出版社，2005，第 168、176 页。

治"并将之作为新司法理念的前提，① 且通过立法技术上的内化与外在制约防止擅断，使其保持在法治秩序的框架内。

民国法律制度的安排更多是对后一派法律人立场的采纳。民国民法关于法源的规定系仿瑞士民法而来。瑞士民法产生于概念法学受到严厉批判之际，立法者希望对这一时代性的质疑有所回应，于是明确承认了法典的不完美，而赋予法官在发现法律漏洞时可立于立法者地位造法的正当性；同时也明确法官造法仅具有补充性，力图在法典主义和自由法说之间找出一个适当的平衡点。②民国民法的选择，虽系借鉴瑞士民法，实则与瑞士民法稍有区别。与瑞士民法明确认可法官可自处立法者地位不同，民国民法仅规定法官可适用法理，法理由法律推演而来，以法律为前提，故难谓存在于法律之外。有学者甚至认为，民国民法并未于法律与习惯外设定独立法源，只不过承认法官可依立法目的进行体系解释而已。③ 瑞士民法的立法例系对自由法说有保留地接受而来，民国民法则从其立场上又后退了一步，从而与自由法说保持了相当的距离。这样的处置，反映的仍然是立法者注重法治秩序，而对法官擅断有所警惕。

三　司法理念的社会功能

社会本位司法理念以立法社会化或曰社会本位的立法为基础。作为一种新的法律理念，从功能上讲，社会本位无论贯彻到立法还是司法中，都是为了使法律更好地应对社会现实，此点并无不同。不过，立法对于司法毕竟具有先在性，故而立法与社会的关系对司法自然会产生影响。若立法因应社会现实的程度较高，则对司法之能动性需求较小，反之则需求较大。立法社会化之后，司法的特性要受立法与中国社会之关系的制约，因此形成了社会本位司法理念中国化的一个重要问题。

---

① 参见燕树棠《法治与人治》，载燕树棠《公道、自由与法》，清华大学出版社，2006，第90页以下；陈茹玄《"人治主义"与"法治主义"》，《时代公论》第88号，载何勤华、李秀清主编《民国法学论文精粹》第一卷，法律出版社，2003，第237页以下；蔡枢衡《中国法理自觉的发展》，清华大学出版社，2005，第146页以下；等等。

② 参见苏永钦《民法第一条的规范意义》，载苏永钦《跨越自治与管制》，台湾五南图书公司，1999，第298～299页。

③ 金兰荪：《裁判官与立法》，《法轨》创刊号，1933。需要说明的是，作者在确认两种立法例不同之时，仍然属意瑞士民法的做法。

　　社会本位司法理念之所以在民国广受推崇，是因为它反对机械性而将社会现实作为法律适用的着眼点，这种方法论的自觉深得民国法律人认可："法律之保有真理性，常以能与社会现实间保有密切关系为前提，否则一经僵化，结果必至表现正义、维护正义的法律，常易成为违反正义、破坏正义的存在。"① 为了避免僵化，法律必须保持"完全与生动"，并与社会价值共识相符合。社会价值共识随时代变迁，法律原有的内涵往往不能适应其要求。在此种情况下，与其削足适履将新出现的社会现象生硬地纳入原有的法律含义，毋宁超越法律原有的体系而赋予其全新的内涵来因应社会的变化。这是对司法功能的一般期许，社会本位司法理念在"生动"地适用法律以跟上社会步伐这一点上表现得尤为突出。但近代中国法律的情况不同于一般常例。因为近代中国法律"原非自身社会之产物，其中所含社会事物之理，既非现实社会真理之反映，更非过去社会真理之陈迹。于今视之，毋宁为将来社会真理追求之目标"。② 也就是说，中国的立法是超前于社会的，法律所体现的是立法者对理想社会的预设，而非对当下社会关系的总结。故法律人认为，中国立法在当时并没有落后于社会价值共识，法官在解释和适用法律的过程中，也就没有在现有法律之外探求社会真理的必要，而"亟应就其原则本身之内涵，确切予以阐发，期能启发诱导现时之社会，适应法律原则中所含之真理"。③

　　既然立法超前于社会，是否表明社会本位司法理念在近代中国就无必要性呢？笔者认为并非如此。相较于概念法学司法观，社会本位司法理念将基于社会价值共识的实质正义放在重要位置；而实质正义的标准

---

① 蔡枢衡：《中国法理自觉的发展》，清华大学出版社，2005，第 165～166 页。
② 王伯琦：《民法总则》，台北编译馆，1963，第 10 页。
③ 王伯琦：《民法总则》，台北编译馆，1963，第 10 页。对于民国立法超前于社会，王伯琦先生直到民法颁行后二十余年仍感触颇深，他说："惟法律之规定为一事，社会之进步为一事。超前之立法，虽足以启迪社会之意识，究不能变更社会于一旦。新民法施行迄今二十余年，默察社会情况，与新民法之精神，仍有甚大之距离。在正常情形，社会前进，法律终须落后，如何使法律紧随社会而不致脱节，原为立法司法及法学方面最重要之任务。吾国情形，适得其反，法律超前，社会落后。立法者之任务固已完毕，司法及法学方面，应如何致力于发扬现行法律之精神，启迪社会之意识，使社会之意识能融合于法律之精神，实为当务之急。"王伯琦：《民法总则》，台北编译馆，1963，第 18 页。

是开放的，即使通过立法社会化将其在法律中加以体现，这种体现也注定是不完全的。① 民国法律中对社会利益的界定并未（也不可能）明确到司法官无须权衡、仅需将作为小前提的事实加入即可得到合理结论的地步。因之，将民法中具体的规则与私权形态在个案中按照社会利益最大化的标准进行权衡，仍然需要法官有所作为。另外，近代中国的立法面临的是一个新旧因素交织、传统和现代并存的社会，新的社会关系与立法相契合固不必论，如何将旧的社会关系形态纳入立法的规范、缓解法律与社会的张力，并启迪和诱导社会关系的现代性转化，也需要司法中高超的智慧和技巧。只不过，考虑到立法超前于社会及中国缺乏严格法律主义传统的背景，如何在应对社会急剧转型、有效解决社会纠纷的同时，保证司法通过（而不是绕过）普遍正义去实现个案正义、促进法治秩序的形成，需要司法官认识到法的安定性、确定性和稳定性亦是基本的社会利益，从而深刻领会社会本位司法理念中的"法治"内涵。

社会本位司法理念中国化这一课题，从民国开始至今，可以说仍未停止。在此过程中，法律人的探索是值得后人珍视和尊敬的。他们不但以国际化的视野思考了西方法律发展趋势与中国的关系，而且力图构建新的法律方法在中国法律和法学中的本土形态，探寻调和法律与民众感情的方法以挽救当时的司法危机。同时，出自对固有文化的珍视，法律人还对社会转型中传统的司法理念有无现代化的可能性等问题进行了追问。可以肯定，这些问题，不仅在民国存在，也需要当前的改革者和研究者深刻体察。

---

① 参见〔美〕达玛什卡《司法和国家权力的多种面孔》，郑戈译，中国政法大学出版社，2004，第42页。

第六章　中国近代民法社会化的理论反思

法律社会化是近代中国一股强有力的思想潮流，它不仅是救亡图存背景下整体主义思潮在法律领域的体现，也是中国法律人对社会需要和法律取向两者关系思考的结果。南京国民政府成立后，社会本位因与官方意识形态即三民主义存在较多契合，遂在法律思想中取得统治地位，对民法学、民事立法和司法皆产生了重大影响。可以说，南京国民政府时期中国民法近代化所取得的显著成就，离不开民法社会化理念这一灵魂。然而，随着后来国民党政权在大陆失败，包括民法在内的"六法体系"成为历史垃圾被扫地出门；作为民国民法价值重心的社会本位理念也变得声名狼藉，被认定为"蒋氏家族本位"或"官僚资本本位"的遮羞布。① 今天我们回顾这一段历史，一方面，应当承认，无论其社会实效如何，民法社会化思潮是中国民法近代化过程中的有益探索，它体现出中国法律人借助西方理论解决中国问题的开阔视野，也彰显了中国法律近代化进程中的某种"主体意识"，即寻找传统思想与西方理论的结合部分、对其进行创造性转化以构建新的法律体系。不论这些预设实现了多少，都有值得中国当代民事立法借鉴之处。因此，要避免因某些成见而将其视为一钱不值的废物。另一方面，我们也需要全面审视前人的得失，不能因"理解之同情"而以民国法律人的表达为意志，对其言说照单全收，失去了出乎其外、以现在看过去的能力。本章拟对中国近代民法社会化作整体的理论反思，将民法社会化置于中国民法近代化背景下，从正反两方面评析其理论意义和社会实效。

第一节　助力近代化的民法社会化

依笔者之见，民法社会化潮流在近代中国民法中的积极影响是不容

---

① 参见曾宪义、赵晓耕主编《中国法制史》第五版，中国人民大学出版社，2016，第298页。

否认的，这些影响广泛存在于法学方法、法律价值和立法事业的推进方面。概言之，它推动了中国现代民法的迅速成长，并使民法学乃至整个法学具有了一定程度的理论自觉。

一　对法学研究"科学化"的追求

法律社会化的兴起与西方社会法学密不可分。在 20 世纪上半叶，中国法学家对西方社会法学思想的推崇，并不仅仅因为它是西方的最新法理，还因为其具有"科学方法"的光环。在民国法律人眼中，社会法学的理论合于科学方法，因而是最具客观合理性的。也正因为此，在西方社会法学派的三位代表中，中国法学家对狄骥和庞德的认可就更胜于耶林。在他们看来，耶林开启了由个人本位向社会本位转向的先河，将法律的价值基础由个人的功利变为社会的功利，但这种将社会利益作为法律基础的思考，"究未能脱离理性哲学底圈套。试问没有优良的经济条件，怎能达到社会利益底目的呢？"[①] 也就是说，耶林的理论方法在注重社会实际方面犹有缺失，因而与其批判的对象——个人本位一样仍带有理性哲学色彩。而社会法学派的方法之所以科学，就是因为始终着眼于社会客观事实，以社会事实来决定法律的样态。根据中国法学家的认识，在社会法学派兴起之前，以前各个西方法学流派都未能采用"科学"方法。"历来法家对于主观权利的解释都是玄学的诡辩，并无事实的根据"，[②] 在不科学的方法指引下，"结果再研究几千几万年，法律仍然不能有什么大的进步，（又）能使法律对社会对人群增进多大的幸福呢？"[③] 正因为此，他们对法律现象的解释也就不尽合理。将主观权利作为法律观念的基础，既没有客观事实的根据，又不能与实际社会生活相适应；主观权利体系赖以存在的"个人生而自由"等理念，只是一种虚拟的假设，并不能得到事实证明；在此背景下，以主观权利为基础的个人本位的法律，就更成了无本之木，从而具有强烈的玄学性质，和实际的社会

---

①　萧邦承：《社会法律学派之形成及其发展》，《法轨》第 2 卷第 1 期，1935。

②　章渊若：《狄骥氏的私法革新论：从主观的玄学的个人主义的法制，演成客观的实际的社会主义的法制》，《东方杂志》第 16 卷第 18 号，1929，载何勤华、李秀清主编《民国法学论文精粹》第一卷，法律出版社，2003，第 624~625 页。

③　萧邦承：《社会法律学派之形成及其发展》，《法轨》第 2 卷第 1 期，1935。

生活不相容，亦与法律的积极精神不合。① 这种状况直到社会法学兴起后使用了科学方法才得以改观，"狄骥以'社会职务'这一法宝来攻破玄学鬼的迷魂阵。明白了这一观念，从前民法学者纠纷不已的难题都可以迎刃而解"。② 社会法学派之所以能打破玄想、解决长期存在的理论难题，是因为他们掌握了科学方法即客观考察、比较研究、历史研究三法，各方面已大致考虑周全。尤其客观考察，"是科学方法中开始求证的一个重要的法则"，社会现象很复杂，要用客观的眼光把它作为一种事务来考察，"凡是一切事像，若全凭理想，是万分不可靠的"。③ 正因为方法科学，所以其结论才更加客观可信。在民国法律人看来，与出于玄想的主观权利不同，社会法学派主张应当以社会联立或社会连带作为法律的基础，因为它"是一种立刻可以觉察得到的社会秩序的具体事实，也是社会组织本身的事实"，这种事实在德国等欧美国家的现实中已经非常显著，无须去抽象提炼即可感受到。因此，它既非一种情感作用，也不是一种抽象学说，更不是一种空洞原则，而是可以从科学上阐明其意义的。④ 简言之，社会法学派的立论基础是实际的、客观的社会事实，以事实为基础的社会法学理论当然是"科学"的。

科学在五四运动以来的中国，似乎有着不言自明的正当性。在当时提倡"赛先生"的知识界看来，科学方法是达致真理的唯一方法，任何信念如未被科学地证实，便不值得尊重。中国的落后是非科学思想统治的结果，要让中国走向富强，必须以科学取代各种非科学的思想。⑤ 唯科学主义的倾向其实是 19 世纪以来西方知识界中自然科学影响社会科学

---

① 章渊若：《狄骥氏的私法革新论：从主观的玄学的个人主义的法制，演成客观的实际的社会主义的法制》，《东方杂志》第 16 卷第 18 号，1929，载何勤华、李秀清主编《民国法学论文精粹》第一卷，法律出版社，2003，第 625 页。

② 章渊若：《狄骥氏的私法革新论：从主观的玄学的个人主义的法制，演成客观的实际的社会主义的法制》，《东方杂志》第 16 卷第 18 号，1929，载何勤华、李秀清主编《民国法学论文精粹》第一卷，法律出版社，2003，第 631 页。

③ 萧邦承：《社会法律学派之形成及其发展》，《法轨》第 2 卷第 1 期，1935。

④ 章渊若：《狄骥氏的私法革新论：从主观的玄学的个人主义的法制，演成客观的实际的社会主义的法制》，《东方杂志》第 16 卷第 18 号，1929，载何勤华、李秀清主编《民国法学论文精粹》第一卷，法律出版社，2003，第 627~633 页。

⑤ 〔美〕郭颖颐编著《中国现代思想中的唯科学主义》，雷颐译，江苏人民出版社，2010，第 16 页。

的余绪之体现。从 18 世纪的哲学开始，欧洲思想家相信人类社会也为自然秩序所支配，而自然秩序的运用规则也即社会法则必须被发现。探究社会法则的方法是以自然秩序概念与当时社会的情况相比照、相协调，其实是观察、理性与理想主义不同程度的结合。[①] 这种将自然科学方法作为观察社会问题及寻求解决之道的认识，经过五四运动的洗礼，在 20世纪前半叶占据着中国思想界的高地，所有社会科学问题可谓望风服从。在当时，无论是中国社会史论战还是关于西化模式的争论，都以科学的术语展开。国民党政府提倡儒家道德的许多努力（如新生活运动）也要披上科学的外衣，而忽略了传统中国思想与科学主义的内在冲突。[②] 在这种思想背景下，法律思想的采择也受到了明显影响，作出了服膺科学的姿态。在中国法律人眼里，社会法学派可谓法学流派中的"科学之神"。中国法律界对社会法学的膜拜，反映了法学研究中力图抛弃玄想、提高科学性的努力。这正是中国思想界希望崇扬"科学"、推动中国迅速现代化的情怀在法学领域的体现。

二　传统实用道德主义的现代性转化

西方社会法学理论传入中国后，其与中国传统社会价值观的某些相似性立即受到了关注。吴经熊先生对此曾有过一个精妙的断语，认为西方最新的社会法学思想和我国传统思想"天衣无缝"。对此，王伯琦先生指出："所谓天衣无缝，并非过言。不过这件天衣虽是无缝，但是件狐裘。西洋的时季已届隆冬，体质已剩了点皮骨，穿上这件狐裘，非常舒适。我们的季候乃是盛暑，体质亦浮肥不堪。穿上了这件狐裘，看来虽是漂亮，终不免觉得发燥。"[③] 在王先生看来，东西方社会及法律发展的线索不同，吴经熊先生所代表的观点只看到二者的某些形似，忽视了东西方法律价值"貌合"之下的"神离"。也就是说，吴先生的评价其实是错位的。就当时而论，王先生的观点称得上是洞见，并且在 21 世纪以

---

① 〔法〕艾尔瓦雷士：《十九世纪法国革命后之法学思潮》，刘遐龄译，《中华法学杂志》第 6 卷第 3 期，1947。

② 〔美〕郭颖颐编著《中国现代思想中的唯科学主义》，雷颐译，江苏人民出版社，2010，第 13 ~ 14 页。

③ 王伯琦：《近代法律思潮与中国固有文化》，清华大学出版社，2005，第 49 ~ 50 页。

来的中国法律思想界，已被认为是不刊之论。但是，事情总要百转千回方得窥其堂奥。我们在这种"错位"之评的背后再深入一层，发现吴经熊先生并非盛暑季节把社会法学的狐裘披在了胖子身上，而是充分认识社会法学方法论后的真知灼见。吴先生对社会法学尤其是美国社会法学的实用主义精神有着入木三分的观察，他在论述庞德法律思想的哲学基础时认为，从庞德提出问题的态度即可以看出他是实用主义者。其哲学与杜威（John Dewey）最为接近。然后又借用他人之言解释了实用主义哲学的精髓：

> 实用主义者，乃试用理性以解放行动者也。此乃希求一成长而非停顿之世界；思想非为已成实现之反复，而为社会进行之真实方法。此方法不仅使我人由蒙昧主义之不变理想中解放，亦使我人不再妄求新奇或过分之自由……①

吴先生断言，这段对杜威实用主义哲学的概括，亦足以表现庞德法律思想的哲学基础。在实用主义之下，社会法学所提倡的社会利益的内涵不像过去所谓"自由"一样是固定不变的，而会因时因地有所区别。"每一项均依照时与地需要之正比例，而升降其价值。"② 例如在战争时期，社会利益中一般安全（平安、和平、秩序）的价值最大，其他的如公平、发展都退居次要地位；在落后国家中，社会的进步这一价值应当是优位的；对于力求免除外患、改革内习的国家，则发扬自由、平等、博爱主义最为重要，而发扬这些价值，在享受独立已久的富强国家，意义就并不突出。

也就是说，社会法学以实用主义为哲学基础，强调法律的历史性和空间性，对其普适性并不绝对追求；虽然有"社会利益"这样的价值准则，但不认为社会利益的内涵及各要素的重要性是永恒不变的，而应当

---

① 吴经熊：《庞德之法学思想》，狄润君译，《震旦法律经济杂志》，第 3 卷第 5 - 6 期，1947。

② 吴经熊：《庞德之法学思想》，狄润君译，《震旦法律经济杂志》第 3 卷第 5 - 6 期，1947。

从现实出发，应现实而变。① 这种认识，和传统中国的法律认识论相当接近，后者是一种被黄宗智称为"实用道德主义"的认识方法。"实用道德主义"认可法律必须由道德观念来指导，但不像形式主义法律那样要求把法律条文完全统一于某种逻辑，再把这种逻辑应用于任何事实状况。它承认道德价值观念和现实有时不完全一致，"应然"与"实然"有所不同，考虑到实用性和无限的事实状况，允许法律在运作时作出不一定符合道德理念的抉择。这使其具有可以适应几乎所有社会环境的开放性。不过，美国的法律实用主义和中国传统实用道德主义的法律观有一个显著区别，即前者不像后者那样有明确的道德观念，而主要是一种中立的认识方法，并不具有自己明确的"立法议程"。② 但是，庞德时代的社会法学，适逢一个道德性十足的法律思想变革时代，社会本位的诸多法律主张使实用主义的方法论中包含了许多道德性很强的法律价值，如体恤弱者、抑制强者、保护劳工等。这在美国只是一时之现象，但外在表现却和中国的实用道德主义严丝合缝，因此获得了中国法学家的青睐。吴经熊先生由衷地赞叹说："总之，以社会利益之理论，作为立法之理论及司法判决之根据，无有比其更适合，更含蓄，更平稳者。"③

20 世纪上半叶的中国法学理论，多是法学家试图承担建立理想国家的社会责任而形成。主张社会本位的法学理论，也是这种时代使命感的体现。如前所述，作为"外来资源"的西方社会法学，它的价值取向与传统中国价值观和近代中国社会需求之间的相合性已被充分注意到，此处所要揭示的，是二者在方法论领域其实也不乏共通之处。实用主义的选择，使中国的法律变革有更充足的底气来对抗原教旨主义的西方法律价值，为法律移植过程中的本土化提供了理论依据。另外，实用主义哲学所强调的法的历史性与空间性，也让中国传统的道德价值（如胡汉民所谓"王道精神"）可以名正言顺地进入近现代法律体系，在近现代法

① 邓正来把社会法学的分析框架称为一种"实用自然法"。这里"实用"和"自然法"两个词很好地体现了社会法学在实用性和道德性方面的关注。参见邓正来《社会学法理学中的"社会"神——庞德法律理论的研究和批判》，《中外法学》2003 年第 3 期。

② 参见〔美〕黄宗智《经验与理论：中国社会、经济与法律的实践历史研究》，中国人民大学出版社，2007，第 407、408 页。

③ 吴经熊：《庞德之法学思想》，狄润君译，《震旦法律经济杂志》第 3 卷第 5 - 6 期，1947。

律价值和术语的掩护下顽强生存，实现民族法律价值的传承。认识到这一点，我们就可以对民国法学家的选择少一点"貌合神离"之讥，对这种理论对中国社会的意义更多一些理解。

三　民法社会化思潮的社会效能

除了法学方法和法律价值传承的意义之外，民法社会化潮流对近代中国的立法事业也有明显的积极作用。主要有二。

第一，社会本位法律观实现了中国法律近代化进程中立法精神的统一，改变了自清末以来法律思想"歧路亡羊"、法律变革缺乏"中心法理"作为总纲领和"建国础石"的局面。中国法律的近代化进程自清末开始，在整个社会思想文化大碰撞的背景下，颇多起伏变化。由于北洋政府在意识形态领域的政策颇具自由放任色彩，法律变革中也没有在法律思想上形成一个独立的、适应近现代中国社会需要的立法原则，而是由西方个人本位法律原则和中国传统家族本位法律原则在立法思想上相互冲突斗争、妥协融合，最终形成了二者平分秋色的共主局面。法律也因此成为西方法律制度和传统法律的杂烩。① 社会本位法学理论传入中国之后，经政府与法律家的主动采择，马上获得法律界的一致推崇，并借助国民党的意识形态成为立法指导思想，以社会利益为决定法律规则的标准，并通过大规模系统性的立法活动加以贯彻，结束了清末以来立法思想上犹疑不定和政出多门的局面，成为"六法体系"迅速成型的一大推动力。

第二，改善了中国社会的私权状况。在对民国时期的民法社会化进行评价时，今人常有一种观点，即认为民国时期的中国连权利保护都无法保证，更遑论权利的过度膨胀与扩张；因此，权利本位才更切合当时需要，社会本位并不对症。这一观点不无合理之处，但不应忽略的是，社会本位也具有保障权利的功能，将二者对立是不可取的。民国时期的学者在主张社会本位时多走偏锋，将社会本位视为权利本位的取代物以

① 在三民主义定于一尊之前，中国思想界的情形极为多元。除了秉持中国传统思想的流派外，西方思想中的国家主义、马克思主义、无政府主义、基尔特社会主义、工团主义甚至法西斯主义，都曾流布于国内。参见陶希圣《潮流与点滴》，中国大百科全书出版社，2016，第50页。

强调社会利益，实际上是将二者对立。此固属无庸置辩的事实。当今学界在对这段往事进行评价时，看出了民国法律人的此一谬误并加以批评，实属高明之见。然而，当代学者在批评民国法律人将二者对立之时，却常常也会忘记社会本位是对个人本位更加全面的思考、修正和完善，忽视其私权保障的功能，从而也不自觉地落入了将二者对立的窠臼。民国法律人出于阐扬社会本位理论的需要，于言说之中将个人本位与社会本位两者对立或者说夸大了两者的对立，从而在一定程度上遮蔽了社会本位的私权保障功能，但这只是理论学说上的后果。就具体法律制度的规范效果而言，社会本位法制的私权保障功能并不会消失。在近代移植西方法制的大背景下，中国的立法只是在西方法制的不同分支中择何者而从的问题，不论其理念有何等差异，皆不能脱离基于启蒙价值的西方法制的底色。从近代西方法制的发展线索来看，社会本位是个人本位的深化和调整，而非否定和取消，社会本位立法中同样会具有保护私权神圣、意思自由等价值和功能在内，舍弃个人权利基础的社会本位不可能实现。关于这一点，王伯琦先生早已指出。他认为，社会本位法制的产生，"其基本出发点，未能脱离个人及权利观念也……法律一日为人类社会之规范，个人观念、权利观念必有其一日之存在"；"近代法律思潮固从权利本位迈向社会本位，然吾人试就大清民律草案以来之历次民法草案，以至于现行民法，若认为无权利本位之成分，则尚非事实，若谓无社会本位之倾向，则亦不能涵盖其精义"。[1] 胡汉民也承认："在我们的民法中，个人主义的原则是不能绝对的消灭和铲除的。"[2] 只要对民国时期社会本位的立法进行规范分析便可发现，个人的权利和自由并未缺席，而是作为制度设计的前提和基础渗透到了法律的每一个角落。"试观吾国民法，众认为社会本位者，法律行为岂不仍以自由之意思表示为构成要素乎？权利之保护，岂不仍为法律之最大任务乎？责任之构成，岂不仍以过失为要件乎？"[3] 可以看出，社会本位立法并不能颠覆近代法制的根本要素如权利保护、自由意思、过失责任等。以至于有学者认为，民国民法鼓

---

① 王伯琦：《民法总则》，台北编译馆，1963，第 33～34 页。

② 胡汉民：《从立法委员的宣誓说到立法的工作》，载《胡汉民先生文集》第四册，台北"中央文物供应社"，1978，第 849 页。

③ 王伯琦：《民法总则》，台北编译馆，1963，第 33 页。

励人们为私权而奋斗的导向得不到社会大众的认同，这是其在民国时期实效不佳的重要原因。[①] 这一评价从反面表明了近代社会本位法制在私权保障方面的功能。结合当时的社会条件分析，即使当时中国社会的个人自由和权利观念并未得到发扬，但通过以个人权利和自由为基础的社会本位法律之实施，制度的设计自然会调整和引导人们的行为并进而促成其思想的转变（民国民法在外观上和固有法制的形似是其顺利推行的一大优势），近现代民法的基本价值仍然能够在规范的落实中得以发扬，并不会因为法律人在理论上的绝对化就失去了保护私权的功能。因此，认为近代中国在个人权利需要培育和发扬之时不能采取社会本位，其实是对社会本位的价值内涵作了绝对化理解、将之与个人本位截然对立的结果。就前述立法、司法的效果来看，社会本位取向之下，至少佃农、妇女等社会群体的私权得到了提升，社会公平程度因之有所改善是无可置疑的事实。这印证了牧野英一先生对社会本位的一个判断："就法律社会化之现象观之，其于限制从来之法律的特权阶级之点虽系社会化，然在他方则因从来之特权阶级既被限制，结局乃使社会上一切他之个人地位均行上升。是此意味之社会化，又实不外乎个人化矣。"[②] 换言之，社会化进程中的社会本位与个人本位其实有相伴共生的成分，二者并不对立；社会本位对于私权保障，亦能起到积极的作用。

除此之外，民国民法出于社会利益考虑而对传统家族制度进行变革，以毅然决然的勇气和举措，力倡男女平等，保护子女利益，使中国身分法迅速实现了近代转型。曾多次参与近代中国立法的董康出于对旧律的怀念，认为国民政府所立各法，大致竞骛新奇、罔顾习俗，尤其是民法亲属、继承两编颁行以来，"青年以家庭为桎梏，妇女视操行等闲，定夫妻财产制度，反召乖睽；倡男女平权之党纲，弥增讼累。凡法律所诩为保护人民者，罔非供斩丧伦常之利器。社会受害之烈，非楮墨所能罄述矣"。[③] 这种批评可以让我们从反面看出民国民法在身分法领域的革命

---

① 参见马汉宝《法律、道德与中国社会的变迁》，载"中华学术与现代文化丛书"编委会编《法学论集》，台北"中华学术院"，1977，第74页。

② 〔日〕牧野英一：《法律上之进化与进步》，朱广文译，中国政法大学出版社，2003，第99页。

③ 董康：《中华民国民法亲属编修正案、继承编修正案的两个呈文》，载华友根编《董康法学文选》，法律出版社，2015，第351页。

性。以前家庭中的"卑幼"具有了独立人格，获得了民法上的诸多权利，这和传统中国的私权状况不可同日而语。正因为此，谢怀栻先生曾评价说，民国民法在开创中国的私法制度与私法文化方面，较之法国民法典（《拿破仑法典》）犹有过之，[①] 正是对民国民法改善中国私权状况的认可。

第二节　民法社会化的异化与警示

在对近代中国的民法社会化进程表现出"理解之同情"的同时，我们也应当全面审视前人的努力与得失，不讳言其缺憾。民法社会化思潮毕竟是在中国法学较为幼稚之时为法律人所认知，又适逢南京国民政府以三民主义统一思想文化的政治环境，这对中国法律人来说产生了极为艰巨的思考任务。要恰当、全面地实现社会本位，中国法律一方面必须超越传统的整体主义、发扬权利自由等价值以奠定近现代法制的基础；另一方面，又不能无视西方已经出现的对个人主义的纠偏，必须要考量其得失利弊以为构建中国法制的借鉴。但当时的环境并不允许就这种"双重超越"进行从容的思考。无论是三民主义意识形态的限制，还是救亡图存的历史责任感，都使法律人对社会本位的价值宣示表现出过多的关注，因而造成了中国近代民法社会化潮流中的某些负面因素。这些负面要素举其要者，大致有三。

一　理论上的误读

民国法学理论批判权利至上，接受社会连带主义为法制的理论基础，作为民法灵魂的私权被重新定位为个人实现社会职能的手段。社会职能意味着对国家、社会和他人天然存在义务，它要求每个人都以义务之心来规制自己的行为，以此保证社会利益得到最大程度的满足。[②] 但是被民国法学家忽视的是，依照这种定位，则权利和义务的区别就不复存在，其弊病恰与民国法学家所批判的权利绝对化观点如出一辙。其实，法的价值追求

---

① 参见谢怀栻《大陆法国家民法典研究》，中国法制出版社，2004，第 124 页。
② 参见胡玉鸿《社会本位法律观之批判》，《法律科学（西北政法大学学报）》2013 年第 5 期。

以正义公平为目的。而法学学说能于利益关系间给出平衡之道才能称得上持平之论。从利益本身来讲，社会利益也是法律调整之利益格局的一方，与个人权利并无轻重高下之别。权利无所限制固然不妥，但纯以限制为目的只重社会公共利益，也不免失之偏颇。公平的实现固然以利益为基础，然而公平观念一旦产生，在特定时空条件下，就具有独立于利益格局之外的特征而不再是某种利益本身，不能被单一利益所替代（包括社会利益）。故此，无论是以社会效益最大化还是权利最大化等学说来代替法的目的，皆有将法的价值简单化的弊端。① 其在认识论上的缺陷至为明显。

民法社会化所提倡的社会本位理念，归根结底是如何认识、处理私权与公益的关系问题。作为一个由西方法学提出的命题，它着眼于解决西方社会在 19 世纪末 20 世纪初所面临的突出社会问题。这些解决方法虽然与启蒙价值在早期的表现方式有异，但并非背离这些价值，而只是调整了权利、自由等价值的实现方式。20 世纪的世界已成为互相联结的整体，中国也有借鉴先发国家经验来解决国内社会问题的需要，遂有社会法学理论的继受。然而，民国时期的民法学说，在热烈拥抱社会法学的同时，于西方法学理论演进的历史与底蕴未能深究，对作为社会法学底色的启蒙价值并未有充分注意，因此在阐扬社会利益之新说时无形中设立了一个"私权与公共利益必然对立不相容"的前提。而这一前提，实乃中国传统"公私界分"观念的继承。正因为这一暗含的前提，言说者在对私权进行讨论时都不可避免地要在"私权"和"公共利益"间进行一种表态。这种表态结果往往是把社会利益认定为较高级的目的，私权在大写的社会利益面前很难抬起头，在适用上难免造成以社会利益为名漠视个人权利的风险。②

除此之外，由于工具性地理解民法的社会效用，民国时期的社会本位学说根据中国所处的历史环境，认为社会连带以主权国家为范围，一国内处理好社会成员之间的连带关系，方可在与其他国家的竞争中求得生存。这明显地带有以救亡图存的视角去理解法学理论的倾向，湮没了法学作为权利保障之学的本来内涵。更有甚者，因为将法律视为民族复兴的重要工具，有的法学家表现出对当时纳粹德国所宣扬的种族法理学

① 参见俞江《近代中国民法学中的私权理论》，北京大学出版社，2003，第 97~98 页。
② 参见俞江《近代中国民法学中的私权理论》，北京大学出版社，2003，第 131 页。

的赞赏，更是将民法学带入了一个十分危险的境地。①

二　"服从整体利益的法学"：法学独立品质的削弱

西方的社会法学派为社会本位论的主要倡导者，然而社会法学派的理论具有一种明显的非国家主义倾向。与纯粹法学或概念法学不同，他们不再把法律与国家捆绑在一起思考，而认为凡是存在社会的地方皆有法之存在，因而提出了"社会法"（gesellschaftliches recht）和"民间法"（volksrecht：folk law）的概念，进而认为在国家产生之前就存在法，所以有诸如"原始人的法"等命题的产生。不唯如此，在法律的位阶上，他们将国家制定法放在一个次要的位置，认为它是次生级的法，非真正意义上的法，甚至把它排除在法律范畴之外，认为它只是一种审判的权威性资料或参考。② 可以看出，西方社会法学派的理论力求彰显法律相对于国家相对而言的独立地位，其理论的客观后果实质上是维护近代民法的基础——市民社会，法学理论也因此具有了独立的品质。而反观民国时期的社会本位理论，由于服膺三民主义的群体本位需求，带有明显的国家附属性。如王伯琦先生在论及中国法制之性质的时候认为："吾国立国的主义是国父的三民主义，而三民主义是集社会主义的大成的。所以我们中国的法制应当是一种社会主义的法制，自属当然。"③ 黄右昌先生论及法律分类时曰："若以现时之情形论之……所有法律，都是民众的法律，乃必强分为曰：何种法律，为国家与国家之关系，或国家与人民之关系，谓之公法；何种法律，为人民与人民之关系，谓之私法，岂不与建国大纲第一款及三民主义相刺谬耶！"④ 其他论述不遑枚举（参看本书第三章）。仅此两例，我们可以看出，民国法学家在讨论民法学术问题之时，所下的结论有时不免武断，这些结论与其说是学术研究的结果，毋宁说是一种政治表态。国家权力是法律的保障，但法律若完全依赖权力运作，其自身的发展势难形成独立的品格。20 世纪上半叶，中国政权

---

① 如刘陆民先生认为，德国"人种法则的法律理论"虽然有其缺陷，但将种族特殊的名誉心和牺牲精神贯注于法律之中的旨趣，却有可采之价值。参见刘陆民《建立中国本位新法系的两个根本问题》，《中华法学杂志》新编第 1 卷第 1 期，1936。

② 参见严存生《西方社会法学的法观念探析》，《学术研究》2010 年第 1 期。

③ 〔法〕路易·若斯兰：《权利相对论》，王伯琦译，中国法制出版社，2006，"译序"。

④ 黄右昌：《民法诠解——总则编》上，商务印书馆，1944，第 2 页。

更迭频繁、武力不断卷入，法律维持社会秩序与稳定的功能极为微弱，法律人也难以从纯知识角度关注法律。诚如时人所言："在今日之中国，思想家没有政治思想和主张，其思想即无价值可言，时代使然也。"① 不论是混战连年的北洋时代，还是形式上统一的南京国民政府时期，关注现实政治并从政治角度去观察法律成了法学自觉的选择。政治家的政治思想引导着法学的变迁，政治领袖对法学思想起了决定性作用。甚至可以说，法学思想和理论的领袖更多是由政治领袖兼任的。南京国民政府时期的许多法律文本，事实上是孙中山、胡汉民法律思想的立法表达，不少学者在阐述法律问题时也把政治家的言论作为经典论据。这将民国法学不具有独立品质的一面彰显无遗。虽然从时代来看，这种对政治权威的认可有值得理解之处，但是法学理论作为一种知识，应当体现出法律人对现实的思考和概括，不能完全成为政治的背书。即使认可某一政治理念，哪怕出于改善它的目的，知识的独特性也需要保持。着眼于改造社会的政治主张往往是将社会作为一个系统的整体来看待，这种视角出于政治一贯性要求舍弃了许多重要的变量，知识的价值正在于关注这些变量，以一种"片面的深刻"呈现出被整体性遮蔽的局部真理，以利于对整体的准确把握。就此点而言，民国法学家以政治主张为学术研究作出结论，不但有偷懒之嫌，也未能完全尽到三民主义拥护者的任务。

三　不完善的权利保护：民法本性的背离

休谟曾说："一个人若不是有充分而完全的财产权，就是完全没有；若不是完全有实践某种行为的义务，就是完全没有任何义务。"② 这句话说明，权利和义务在观念上完整与否会极大影响其功能的实现。社会本位法律按其本意，主要的功能指向大致为两方面：其一是公益和私权发生冲突时，以有利于大多数人福利的原则作出抉择，对私权的权能进行某些限制以防止私权的狭隘和短视，如近代工业发展中允许在私人土地上架设电线、在其上空飞行之类；其二为私权和私权之间发生冲突时，依济弱精神对弱者的权利进行倾斜保护，如保护主佃关系中的租佃人、

---

① 郭湛波：《近五十年中国思想史》，岳麓书社，2013，"再版自序"。
② 〔英〕休谟：《人性论》，关文运译，商务印书馆，1980，第219页。

劳资关系中的劳动者，这意味着对出租人和雇佣者的传统权利进行限制以维持社会整体安定。这两种功能指向一是为了社会的发展进步，二是为了维持社会安定，此二者恐怕在任何社会都需要追求。只不过在其实现过程中，始终有两种风险相伴随：其一是"国家"和强势团体垄断社会利益的表达权和代表权，以社会利益的名义侵害私权以遂其私；其二是在以济弱为取向时，冲突的双方主体中被认为较强势的一方就整个社会观察，未必是真的强势（如同样挣扎在温饱线上的小地主）——胡汉民认为中国没有贫富悬殊，只有大贫与小贫之分——此时对他们的权利进行抑制，不但会有损于作为新法制基础的私权和权利观念，经济的发展乃至社会的进步也将受到一定影响。

民国时期的中国，社会状况非常复杂，最主要的表现就是农业社会和资本主义工商业因素交错并存，而立法又不能因为这种情况而为城乡之别，因此，不考虑其他外在因素，仅就上述社会本位本身的两种功能指向而言，采取社会本位可以说是明智之举。这是因为，作为近现代法治组成部分的社会本位，可以说是更加成熟的个人本位或个人本位的"升级版"，相比于启蒙时代原教旨的个人本位，它在有资本主义因素存在的社会中因应社会现实、解决现实问题的能力更强——毕竟它是总结了前者经验教训之后的修正。另外在当时的中国社会，它提倡社会公益的理论特质更能为国人所接受。但就实施效果来看，因为民国时期客观环境的不理想，上述两种功能指向中，第一种因为有国家权力与之结合，几乎被发挥到极致，它所伴随的风险也变成现实表现得淋漓尽致；而后者则因为法律运行的环境不理想，济弱的功能未能较好发挥（如土地问题未能解决），[①] 不管是私权主体中的强势者还是弱势者，其权利都在很大程度上受与国家权力相结合的"最强势者"侵犯。这样，民法作为权利保障之法的特性并未得到充分的展现。

---

① 当时的人对这一点也有深刻的体会。如陶希圣在阐述了对新亲属法的认可和建议后说，要使亲属法能够落实，必须注意法外的"功夫"，如进行经济制度尤其是土地制度的改革，否则无法破除宗法的影响，新亲属法也会遭遇强大的阻力成为一纸空文。对于这一点，早在新亲属法出台前后他就表示无法抱有强烈的信心。"革命的法律必须有革命的立法权者始能成立，又必须有革命的环境始能满意执行。在这一点上，我们抱无限的希望和憧憬及恐惧。"参见陶希圣《中国社会之史的分析（外一种：婚姻与家族）》，商务印书馆，2015，第157页。

综合来看，中国近代的民法社会化潮流，是中国法律人在"西法东渐"过程中作出的智识性努力。选择社会法学，意味着选择了一种创造性哲学而放弃了西方法律原有的政治宿命论和法理学悲观主义，对人类在法律方面可以有所作为并通过法律塑造社会怀有极强的信心。① 这合乎中国法律人当时的历史责任和社会抱负。同时，摒弃了原教旨的概念法学，以社会法学理论作为参照，国人可以看出西方法律并非在所有方面都完美无缺。法律社会化兴起之前，西方法律在满足社会目的方面的滞后、法律人在认识社会目的方面的迟钝、法律思想与紧迫的社会改革问题之间的鸿沟，都一览无余地展现在中国法律人面前。这使中国的法律现代化事业可以站在一个较高的起点上。社会法学突破了仅仅通过法律本身来思考法律的藩篱，试图把分析历史、哲学和社会学等方法结合起来思考法律问题，并通过某种社会哲学把法理学和其他社会科学统合起来，从而实现了对法律与社会的更全面思考，具有明显的理论合理性。其主要的思考路径如关注法律在社会中的运行和功能、反对只强调法律的抽象性质；强调"行动中的法律"、反对"书本上的法律"；反对"个人化的法律"而主张"法律的社会化"，都对试图以法律迅速改造中国社会的中国法律人具有相当的吸引力。另外，社会法学将"社会目的"或"社会利益"作为法律秩序的核心概念，又承认法律秩序的时空性以及各种利益包括社会利益在不同语境下重要程度的可变性，实际上是为法律发展提供一种中性的框架。以符合社会目的的不断变化和不断发展之内容为根本特征的"实用自然法"，可以供法律人根据特定的法律图景或意识形态来确定法律的利益取舍。② 这种特性增强了法律适应社会的能力，扩大了立法者和司法者的行动空间及余地，受到当权者青睐自在情理之中。从一个更广阔的视野来看，民法社会化思潮力图以社会政策进入民众生活的基本法律，这是一种将法律纳入社会系统工程之中，使之达成社会目的的总体性思维。这种思维和近代中国寻求社会危机总体性解决的需要也是极为契合的。近代中国的总体性危机在很大程度上是"旧已破、新未立"的局面导致的，危机表现在三个方面：对外，由

---

① 参见〔美〕罗斯科·庞德《法律史解释》，邓正来译，商务印书馆，2016，第17页。
② 参见邓正来《社会学法理学中的"社会"神——庞德法律理论的研究和批判》，《中外法学》2003年第3期。

于落后于列强而挨打受欺；对内，社会整合困难，呈现一盘散沙状态；精神层面则是传统道统失序，带来人心难以安顿的问题。因此，近代以来国人奋斗的任务也就体现在这样三个方面：独立自主地开展富国强兵之宏业；建立具有高度社会控制和动员能力的"总体性社会"体制；重建道统，铸造新人。① 从这一角度来看，社会法学在中国的兴起实际有应运而生的因素，其必要性是毋庸置疑的。

　　然而，在近代中国特定的法制发展阶段，在法学和法律都不成熟的情况下，社会法学的理论特质也使缺乏反思能力的中国民法学饱受困扰。如前所述，社会法学以社会本位为倡导，给法律发展提供了一个较为中性的框架。在民法理论及民法发展已经积淀较深的国家，这种中性的针对性和适用条件是较为明确的，那就是对私权过度膨胀的情形进行纠偏以更合理地维护每个人的权利和长期利益。就其适用条件而言，由于长期以来的私域自治传统，"政治国家—市民社会"二分的理论和认识已经成熟，"社会本位"之"社会"一词中，以自生自发的方式发展起来的事物与国家刻意组织起来的事物大致清晰可辨（尽管困难在不断增加），这使其对过往弊端的修正可以保持适当的分寸。社会法学的代表人物庞德对此曾说："足够的经验表明，如果人对自由的自我主张的欲求所遭到压制的程度超出了保障其他社会利益所要求的合理妥协的限度，那么其后果是极其严重的。"另外，承认个人生活中存有社会利益，也是西方社会法学保持其权利保护底色的重要表现。②

　　但对于中国知识界及中国社会而言，情况迥然不同。由于社会及法律发展线索有异，社会本位对中国而言不是一个矫正以往弊端的新工具，更多是一种原生态的"理想图景"。也因此，至关重要的"社会"一词失去了既定条件而变得意义模糊，以自生自发的方式发展而来和国家刻意给定的区别就被完全遮蔽了。缺乏自生自发传统，又遇到寻求社会危机总体性解决的紧迫环境，再叠加知识界尚不具备理论反思能力的因素，"社会本位"变成一种单纯强调国家目的的价值判断也可以说并不令人意外。同时，这种状况也给中国法学的发展留下了

① 应星：《村庄审判史中的道德与政治：1951～1976 年中国西南一个山村的故事》，知识产权出版社，2009，第 1 页。
② 参见〔美〕罗斯科·庞德《法律史解释》，邓正来译，商务印书馆，2016，第 156 页。

印记。中国法学理论服务于政治目的，以政治目的与法学中的核心概念关联互证，导致法学长期停留在"大词法学"阶段，这也与"社会本位"的内涵在中国语境中长期未得到有效的智识界定、停留在不言自明的口号阶段有关。

结　论

　　民国时期的民法社会化如今已成为一段往事，但它所揭示的问题仍然值得我们继续思考。个人本位和社会本位的更替，显示的是人类法律在个人权利保护这一根本问题上有了新的思考。社会本位理念之所以必要，是在人类进入个人利益多元且相互冲突的社会以后，国家权力在私权的合理安排上可以有所作为。这就是休谟所称的政府在促进某种公共目的并"进一步扩展它的有益影响"方面的积极作用。休谟论证说："两个邻人可以同意排去他们共有的一片草地中的积水，因为他们容易互相了解对方的心思，而且每个人必然看到，他不执行自己任务的直接后果就是把整个计划抛弃了。但是要使一千个人同意那样一种行为，乃是很困难的，而且的确是不可能的；……因为各人都在找寻借口，要想使自己省却麻烦和开支，而把全部负担加在他人身上。政治社会就容易补救这些弊病。"执政长官可以拟定促进那种利益的任何计划。① 从人性的角度，休谟看到了个体固有的自私和偏狭以及因此造成的私权的短视，国家权力可以"在某种程度上免去人类所有的这些缺点"。但是，深入剖析西方法律发展的线索可以发现，相比于个人本位时代的法律，社会本位的权利义务安排方式虽然表现出新的特点，但二者的最终目的是一致的——就是对人的权利更加完善的保护。换言之，社会本位并未创造新的目标，仍然是为了完成和个人本位同样的任务。萨维尼认为，法律主要是体现人类本性的，是一种道德规定性的体现。因为人在外部世界中最重要的因素是与其同伴"在本性与命运上的联系"并且"互惠互存"；而法律服务于道德的目的就在于"保障每个个体意志中存在的力量的自由发展"。也许是预见到了社会利益可能会动摇法律保障个体自由发展的目的，他接着说："所有法律共同的职责可以简单地归结为对人类本性的道德确定，……法律承认这一个目的就足够了，它没有必要在其

---

　　① 〔英〕休谟：《人性论》，关文运译，商务印书馆，1980，第578~579页。

之外再设置一个公共福利名义之下的一个完全不同的目的，在政治经济方面另行确立一个独立于它的道德原则。因为后者试图对我们讨论的领域进行一个超本质的延展，这只能有助于增加、提高达到人类道德目的的手段，但它并未包括新的目标。"① 换言之，从某种意义上讲，无论是社会本位还是个人本位，都是增进每个人的福利这一目标的实现手段。这是西方思想家因为洞悉个人本位—社会本位的历史线索而作出的深刻论断。

正是基于这样的深刻认识，西方思想家对政府干预的界限极为关注。穆勒把政府干预私权的必要性限制在某些特定的领域。穆勒承认，政府干预社会生活的理由在于"提供了普遍的便利"，但这些普遍的便利应当限于以下情况：①个人不具备正确评价事物利益的能力之时；②个人缺乏远见而又签订无法废除的契约之时；③利益分歧的劳工与经理人员谈判之时；④政府需要对公司实施调节之时。可以看出，这大多属于仅凭个体力量难以充分维护自身利益的情况。穆勒在承认政府干预在特定情况下有其必要性的同时，也认为政府干预只有在这些情况下才有意义，从而把政府干预的必要性限定在了这些领域。并且，他还从利益衡量的角度为政府的干预划定了一条界线，"除非政府干预能带来很大便利，否则便决不允许政府进行干预"。② 即只有政府干预带来的便利明显且在相当程度上超过了个人意思自治情况下的便利，这种干预才能被认为是合适的。

对照西方思想家的远见卓识，我们可以发现，社会本位在近代中国的存在无可厚非，也为解决中国所面临的内外问题贡献了力量，值得批判之处乃是它的异化。民法社会化思想本身，就西方民法学说的源流演变来看，只不过是对权利本位更加全面的思考和修正，并没有否定启蒙运动以来的价值，更没有抛弃近代民法中弥足珍贵的思想。其目的和权利本位从根本上说是一致的，都是为了使人获得更加全面的发展，只不过在通向这一目的的途径上，更加注意社会与个人之间的平衡。就西方

---

① 〔德〕萨维尼：《法律冲突与法律规则的地域和时间范围》，李双元等译，法律出版社，1999，第312、315页。

② 参见〔英〕约翰·穆勒《政治经济学原理及其在社会哲学上的若干应用》下卷，胡企林、朱泱译，商务印书馆，1991，第371页。

各国在民法（法律）社会化潮流下的法律实践整体来看，也基本并未造成以"公益"之名侵害私权的显著恶果。至于后发国家在未经过权利本位阶段时是否可以移植社会本位理念，日本法学家冈村司和牧野英一都已经作出了回答：完全可以而且实属必要。近代中国完全可以利用社会本位这一世界法制发展的最新成果来使自己达到更高水平的民法现代化。而民国时期的社会本位法学思想与法律实践之所以需要批判，不是因为未经私权发展阶段就引入社会本位这一行为本身，而是对社会本位法学思想的异化。将公益和私权对立、对政府权力的过度推崇、对个人权利在实现整体利益过程中的重要意义认识不足，最终造成了取消民法和民法学的严重后果，这些正是异化使然，而这种异化又大抵来源于当时救亡压倒启蒙、缺少市民社会基础和宪制保障的社会环境。

值得庆幸的是，中国近代整体上是移植西方文化的时代，这使得民国法学家在关于社会本位的问题上虽然有自己的中国式阐发——这些阐发有泯灭民法的本来属性之虞；但是由于移植是整体性的，西方民法制度、术语及其所承载的价值含义无法完全按照法学家的意愿"去权利本位化"。这些在西方历史中上千年积淀下来的关于权利的学说和制度，其体系、术语和价值之间并不像想象得那么容易切割，使用这些概念术语和逻辑体系却完全抛弃其价值的意图并无实现的可能。① 职是之故，民国民法并未完全失去作为权利保障之法的属性。这一点，民国民法在台湾地区的实施效果可为反证。1949 年后，民国民法"在台湾顺利实施，毫无阻碍"，"获得人民的信赖与尊重，并经由判例与学说之协力，而能持续不断的成长与发展"，② 这充分说明除非取消民法本身，否则，以社会利益的名义泯灭民法作为私权保障之法的企图只能是一种妄想。

另外，通过中国近代民法社会化这段往事，我们可以从一个更长时段，以更宏大的视野去体会法学理论的时代生命力。启蒙价值和个人主义打破了中世纪的黑暗，对人的自由和解放立下了不世之功；然而贯彻

---

① 庞德承认，传统的法律职业思想模式和传统的技术规则中确实存在某种连续性，为了满足社会要求而对一个法律体系进行修改或赋予其新的作用形式的时候，这些传统的思想模式和技术规则是一种强有力的遏制力量。参见〔美〕罗斯科·庞德《法律史解释》，邓正来译，商务印书馆，2016，第 59 页。

② 王泽鉴：《民法五十年》，载《民法学说与判例研究》第五册，作者自刊，1996，第 8 页。

百年之后，社会问题丛生，于是有社会本位之修正。此后法治后发国家，遂为此两种法律本位的采择争论不休。事实上，正如吴经熊先生所指出的，"社会利益之理论，可以适用于一切情形，而在各种不同之情形中，着重于一种并不即疏忽他种。社会利益之理论，并不否认人类自然权利之学说及空幻之观念法理"。[①] 这提醒我们，把一种为解决某一时期的问题应运而生的法学理论视为其他理论流派的"终结者"是不明智的。从"一段时期的法学理论是一段时期社会需求的产物"这个道理出发，在社会本位法制施行百年之后的当代社会，面对这套法学理论无法解决的问题，无论是复归启蒙价值，还是探索个人本位与社会本位之间的第三条道路，甚至创造出具有全新中心观念的法学理论，都并非预料之外的结果。

---

① 吴经熊：《庞德之法学思想》，狄润君译，《震旦法律经济杂志》第 3 卷第 5 – 6 期，1947。

参考文献

一 史料类

朱熹集注《四书集注》，岳麓书社，2004。

《荀子》，中华书局，2007。

《韩非子》，中华书局，2007。

程颢、程颐：《二程集》，中华书局，1981。

姚震编《大理院判例要旨汇览》第一卷，大理院编辑处，1919。

《法律草案汇编》，修订法律馆，1926。

《三民主义历史文献选编》，中共中央党校科研办公室，1987。

《中国国民党历次会议宣言决议案汇编》，浙江省中共党史学会，1986。

《孙中山选集》，人民出版社，1956。

《孙中山全集》，中华书局，1981。

《胡汉民先生文集》，台北"中央文物供应社"，1978。

《中华民国民法制定史料汇编》，台北"司法行政部"，1976。

《中华民国史·法律志》，台北"国史馆"，1994。

吴经熊、郭卫编《中华民国六法理由判解汇编》，上海法学编译社，1939。

郭卫编《最高法院判例汇编》，上海会文堂新记书局，1933。

郭卫、周定枚编《最高法院民事判例汇刊》，上海法学书局，1934。

黄源盛纂辑《大理院民事判例全文汇编》（点校本），台湾政治大学基础法学中心典藏。

立法院秘书处编《立法专刊》第一辑，民智书局，1929。

国民党中央执行委员会编《撤废领事裁判权运动》，国民党中央执行委员会宣传部，1929。

前南京国民政府司法行政部编《民事习惯调查报告录》，中国政法大学出版社，2005。

李文海主编《民国时期社会调查丛编》，福建教育出版社，2005。

谢振民编著《中华民国立法史》，中国政法大学出版社，2000。

何勤华、李秀清主编《民国法学论文精粹》，法律出版社，2003。

许纪霖、田建业编《杜亚泉文存》，上海教育出版社，2003。

陶希圣：《潮流与点滴》，中国大百科全书出版社，2016。

马超俊、傅秉常口述，刘凤翰等整理《马超俊、傅秉常口述自传》，中国大百科全书出版社，2016。

二　著作类

郭湛波：《近五十年中国思想史》，岳麓书社，2013。

潘光旦：《中国之家庭问题》，新月书店，1929。

张知本：《社会法律学》，上海会文堂新记书局，1937。

许藻镕：《法学论文集》，北平朝阳学院，1931。

丘汉平编《法学通论》，商务印书馆，1933。

朱采真编著《现代法学通论》，世界书局，1934。

燕树棠：《公道、自由与法》，清华大学出版社，2006。

欧阳谿：《法学通论》，上海会文堂新记书局，1934。

吴经熊：《法律哲学研究》，上海会文堂新记书局，1933。

何勤华、魏琼编《董康法学文集》，中国政法大学出版社，2005。

江庸：《江庸法学文集》，法律出版社，2014。

郁嶷：《郁嶷法学文集》，法律出版社，2014。

张知本：《张知本法学文集》，法律出版社，2018。

范忠信编《为什么要重建中国法系：居正法政文选》，中国政法大学出版社，2009。

戴炎辉：《中国法制史》，台北三民书局，1979。

陈顾远：《中国法制史概要》，台北三民书局，1977。

杨鸿烈：《中国法律发达史》，上海书店，1990。

杨幼炯：《近代中国立法史》，上海书店，1990。

潘维和：《中国近代民法史》，台北汉林出版社，1982。

蔡枢衡：《中国法理自觉的发展》，清华大学出版社，2005。

王伯琦：《近代法律思潮与中国固有文化》，清华大学出版社，2005。

王伯琦：《民法总则》，台北编译馆，1963。

王伯琦：《民法债编总论》，台北编译馆，1962。

欧宗祐编《民法总则》，商务印书馆，1928。

陈瑾昆：《民法通义总则》，北平朝阳学院，1930。

李祖荫：《民法总则编》，燕京大学，1930。

周新民：《民法总论》，上海华通书局，1934。

梅仲协：《民法要义》，中国政法大学出版社，1998。

李宜琛：《民法总则》，中国方正出版社，2004。

史尚宽：《民法总论》，中国政法大学出版社，2000。

史尚宽：《债法总论》，中国政法大学出版社，2000。

史尚宽：《物权法论》，中国政法大学出版社，2000。

史尚宽：《亲属法论》，中国政法大学出版社，2000。

胡长清：《中国民法总论》，中国政法大学出版社，1997。

胡长清编辑《各国民法条文比较·总则编》，西北政法学院民法教研室翻印，1982。

胡长清编著《民法物权》，商务印书馆，1934。

胡长清：《契约法论》，商务印书馆，1930。

胡长清编《民法债总论》，商务印书馆，民国版。

胡长清：《中国民法继承论》，台湾商务印书馆，1977。

黄右昌：《民法诠解——总则编》，商务印书馆，1947。

黄右昌：《民法诠解——总则编补编》，商务印书馆，1947。

黄右昌：《民法诠解——物权编》，台湾商务印书馆，1977。

黄右昌：《民法亲属释义》，上海会文堂新记书局，1933。

黄右昌：《罗马法与现代》，北京大学出版社，2008。

刘志敭：《民法物权》，大东书局，1936。

朱方编纂《民法亲属编详解》，上海法政学社，1931。

陶希圣：《婚姻与家族》，商务印书馆，1934。

陶希圣：《中国社会之史的分析（外一种：婚姻与家族)》，商务印书馆，2015。

曹杰：《中国民法物权论》，中国方正出版社，2004。

曹杰：《中国民法亲属论》，上海法学编译社，1946。

吴歧：《中国亲属法原理》，中国文化服务社，1947。

赵凤喈：《民法亲属编》，台北编译馆，1974。

戴渭清编《女子继承权法令汇解》，上海民治书店，1930。

郑爱诹编《民法继承集解》，世界书局，1935。

罗鼎：《亲属法纲要》，大东书局，1946。

罗鼎：《民法继承论》，上海会文堂新记书局，1946。

〔法〕路易·若斯兰：《权利相对论》，王伯琦译，中国法制出版社，2006。

〔法〕狄骥：《〈拿破仑法典〉以来私法的普通变迁》，徐砥平译，中国政法大学出版社，2003。

〔德〕司丹木拉：《现代法学之根本趋势》，张季忻译，中国政法大学出版社，2003。

〔德〕鲁道夫·冯·耶林：《为权利而斗争》，郑永流译，中国法制出版社，2004。

〔日〕美浓部达吉：《公法与私法》，黄冯明译，中国政法大学出版社，2003。

〔日〕我妻荣：《中国民法债编总则论》，洪锡恒译，中国政法大学出版社，2003。

〔日〕冈村司：《民法与社会主义》，刘仁航、张铭慈译，中国政法大学出版社，2003。

〔日〕栗生武夫：《婚姻法之近代化》，胡长清译，中国政法大学出版社，2003。

〔日〕牧野英一：《法律上之进化与进步》，朱广文译，中国政法大学出版社，2003。

〔日〕长野郎：《中国土地制度的研究》，强我译，中国政法大学出版社，2004。

〔奥〕尤根·埃利希：《法律社会学基本原理》，叶名怡、袁震译，中国社会科学出版社，2009。

〔美〕罗斯科·庞德：《法律史解释》，邓正来译，商务印书馆，2016。

李光灿、张国华总主编《中国法律思想通史》，山西人民出版社，1992。

叶孝信主编《中国民法史》，上海人民出版社，1993。

李贵连主编《二十世纪的中国法学》，北京大学出版社，1998。

李贵连：《近代中国法制与法学》，北京大学出版社，2002。

梁慧星主编《从近代民法到现代民法——梁慧星先生主编之中国大陆法学思潮集》，中国法制出版社，2000

刘晓虹：《中国近代群己观变革探析》，复旦大学出版社，2001。

易继明：《私法精神与制度选择——大陆法私法古典模式的历史含义》，中国政法大学出版社，2003。

俞江：《近代中国民法学中的私权理论》，北京大学出版社，2003。

俞江：《近代中国的法律与学术》，北京大学出版社，2008。

张生：《民国初期民法的近代化》，中国政法大学出版社，2002。

张生：《中国近代民法法典化研究》，中国政法大学出版社，2004。

朱勇主编《中国民法近代化研究》，中国政法大学出版社，2006。

李卫东：《民初民法中的民事习惯与习惯法》，中国社会科学出版社，2005。

李显冬：《从〈大清律例〉到〈民国民法典〉的转型》，中国人民公安大学出版社，2003。

孟祥沛：《中日民法近代化比较研究：以近代民法典编纂为视野》，法律出版社，2006。

〔日〕星野英一：《私法中的人》，王闯译，中国法制出版社，2004。

何勤华、李秀清：《外国法与中国法——20世纪中国移植外国法反思》，中国政法大学出版社，2003。

何勤华：《中国法学史》，法律出版社，2006。

何勤华、魏琼主编《西方民法史》，北京大学出版社，2006。

张晋藩主编《中国民法通史》，福建人民出版社，2003。

张晋藩主编《中国法制通史》，法律出版社，1999。

张晋藩：《清代民法综论》，中国政法大学出版社，1998。

王人博：《宪政文化与近代中国》，法律出版社，1997。

〔日〕滋贺秀三：《中国家族法原理》，张建国、李力译，法律出版社，2003。

许莉：《〈中华民国民法·亲属〉研究》，法律出版社，2009。

梁治平：《清代习惯法：社会与国家》，中国政法大学出版社，1996。

梁治平：《在边缘处思考》，法律出版社，2003。

〔日〕滋贺秀三等：《明清时期的民事审判与民间契约》，法律出版社，1998。

谢怀栻：《大陆法国家民法典研究》，中国法制出版社，2004。

谢怀栻：《外国民商法精要》（增补版），法律出版社，2006。

黄宗智：《清代的法律、社会与文化：民法的表达与实践》，上海书店出版社，2001。

黄宗智：《法典、习俗与司法实践：清代与民国的比较》，上海书店出版社，2003。

黄宗智：《过去和现在：中国民事法律实践的探索》，法律出版社，2008。

白凯：《中国的妇女与财产：960—1949》，上海书店出版社，2007。

张德美：《探索与抉择——晚清法律移植研究》，清华大学出版社，2003。

张仁善：《司法腐败与社会失控：1928～1949》，社会科学文献出版社，2005。

张仁善：《法律社会史的视野》，法律出版社，2007。

张仁善：《近代中国的主权、法权与社会》，法律出版社，2014。

刘云生：《民法与人性》，中国检察出版社，2005。

龙卫球：《民法基础与超越》，北京大学出版社，2010。

徐国栋著译《比较法视野中的民法典编纂（一）》，北京大学出版社，2007。

〔德〕蒂堡、萨维尼：《论统一民法对于德意志的必要性：蒂堡与萨维尼论战文选》，朱虎译，中国法制出版社，2009。

杨代雄：《古典私权一般理论及其对民法体系构造的影响——民法体系的基因解码》，北京大学出版社，2009。

黄源盛：《中国法史导论》，广西师范大学出版社，2014。

李平龙：《中国近代法理学史研究（1901—1949）》，法律出版社，2015。

李启成：《中国法律史讲义》，北京大学出版社，2018。

三　学位论文类

洪述钦：《三民主义与现行民法》，博士学位论文，台湾中国文化大学，1976。

黄章一：《从法史学观点论我国民法上之家制》，硕士学位论文，台湾中兴大学，1996。

洪世明：《党权与民权之间：训政时期立法院之试行（1928—1937）》，硕士学位论文，台湾师范大学，1999。

朱晓喆：《近代欧陆民法思想的历史变迁——从人文主义到历史主义》，博士学位论文，华东政法大学，2004。

付海晏：《变动社会中的法律秩序——1929—1949年鄂东民事诉讼案例研究》，博士学位论文，华中师范大学，2004。

韩冰：《近代中国民法原则研究》，博士学位论文，中国政法大学，2007。

陆燕：《庞德的法学思想在近代中国》，硕士学位论文，重庆大学，2007。

黄琴唐：《民国初年亲权法制的开展——以大理院的司法实践为中心》，硕士学位论文，台湾"政治大学"，2008。

刘昕杰：《民法典如何实现：民国新繁县司法实践中的权利与习惯（1935—1949）》，博士学位论文，四川大学，2010。

四　论文类

镜蓉：《民法社会化之倾向》，《法律评论》第45期，1924。

王传璧：《社会法学派袁龄氏学案》，《法律评论》第5期，1926。

张宗绍：《法律之社会化》，《上海法科大学月刊》第1期，1928。

潘震亚：《女子继承权的起源和经过》，《法轨》第1期，1933。

章渊若：《狄骥氏的私法革新论：从主观的玄学的个人主义的法制，演成客观的实际的社会主义的法制》，《东方杂志》第26卷18号，1929。

苏希洵：《所有权观念之变迁与所有权立法之趋势》，《中华法学杂志》第1卷第2期，1930。

郁嶷：《别居制当否》，《法律评论》第11卷第19期，1935。

萧邦成：《社会法律学派之形成及其发展》，《法轨》第 2 卷第 1 期，1934。

周新民：《立法与司法的社会化》，《复旦学报》（社会科学版），第 1 期，1935。

杨兆龙：《领事裁判权之撤废与国人应有之觉悟》，《经世》第 1 卷第 12 期，1937。

陈樟生：《现代契约法之指导原理与立法趋势》，《法律评论》第 9 期，1947。

张镜影：《儒家思想与中国民法》，载谢冠生、查良鉴主编《中国法制史论集》，台北"中华大典编印会"，1968。

马汉宝：《法律、道德与中国社会的变迁》，载"中华学术与现代文化丛书"编委会编《法学论集》，台北"中华学术院"，1977。

陈添辉：《1912—1949 年中国法制之变化——以民法之制定及施行为例》，载"中国法制史学会"编《中国法制现代化之回顾与前瞻》，台北三民书局，1993。

王泽鉴：《民法五十年》，载《民法学说与判例研究》第五册，作者自刊，1996。

徐国栋：《市民社会与市民法——民法的调整对象研究》，《法学研究》1994 年第 4 期。

周永坤：《社会优位理念与法治国家》，《法学研究》1997 年第 1 期。

苏号朋：《民法文化：一个初步的理论解析》，《比较法研究》1997 年第 3 期。

曹诗权等：《传统文化的反思与中国民法法典化》，《法学研究》1998 年第 1 期。

赵晓力：《民法传统经典文本中"人"的观念》，载《北大法律评论》第 1 卷第 1 辑，北京大学出版社，1998。

赵晓力：《中国近代农村土地交易中的契约、习惯与国家法》，载《北大法律评论》第 1 卷第 2 辑，北京大学出版社，1998。

王杨：《南京国民政府对西方社会本位民事立法思想的继承与改造》，《中外法学》1999 年第 2 期。

音正权：《明清"永佃"：一种习惯法视野下的土地秩序》，《华东政法学院学报》2000 年第 2 期。

陈传法等：《"民国民法"的价值观与中国传统价值观的差异》，《河北法学》2000 年第 6 期。

王志强：《民国时期的司法与民间习惯——不同司法管辖权下民事诉讼的比较研究》，《比较法研究》2000 年第 4 期。

童之伟：《20 世纪上半叶法本位研究之得失》，《法商研究》2000 年第 6 期。

俞江：《关于"古代中国有无民法"问题的再思考》，《现代法学》2001 年第 6 期。

俞江：《继承领域内冲突格局的形成——近代中国的分家习惯与继承法移植》，《中国社会科学》2005 年第 5 期。

俞江：《历史深处看规则——论规则作为法学研究的中心》，《法制与社会发展》2008 年第 1 期。

李秀清：《20 世纪前期民法新潮流与〈中华民国民法〉》，《政法论坛》2002 年第 1 期。

宋四辈：《近代中国民法的社会本位立法简评》，《湘潭大学学报》（哲学社会科学版）2004 年第 4 期。

王云霞：《论〈法国民法典〉的时代精神》，载何勤华主编《20 世纪外国民商法的变革》，法律出版社，2004。

苏亦工：《得形忘意：从唐律情结到民法典情结》，《中国社会科学》2005 年第 1 期。

朱勇：《私法原则与中国民法近代化》，《法学研究》2005 年第 6 期。

王申：《论法律史研究中的法理意义》，《华东政法学院学报》2006 年第 1 期。

刘云生：《永佃权之历史解读与现实表达》，《法商研究》2006 年第 1 期。

周晖国：《法律本位论析》，《南京大学法律评论》2006 年秋季号。

柴荣：《论民国时期的民法思想》，《河北学刊》2007 年第 1 期。

曹树基：《两种"田面田"与浙江的"二五减租"》，《历史研究》2007 年第 2 期。

蒋先福、彭中礼：《善优先于权利——社群主义权利观评析》，《北方法学》2007 年第 5 期。

尤陈俊：《知识转型背景下的中国法律史——从中国法学院的立场出发》，《云南大学学报》（法学版）2008 年第 1 期。

王鑫：《司法档案：表达亦或实践——读〈清代的法律、社会与文化：民法的表达与实践〉有感》，《云南大学学报》（法学版）2008 年第 1 期。

姚辉：《中国民法的近代化及其当代课题——以中日两国民法近代化之比较研究为视角》，《甘肃社会科学》2008 年第 3 期。

孔庆平：《关于习惯与法律关系的误会——民国立法中的一个争论》，《北方法学》2008 年第 5 期。

孔庆平：《个人或社会：民国时期法律本位之争》，《中外法学》2008 年第 6 期。

孔庆平：《在中西古今之间寻方向——蔡枢衡、王伯琦关于民国法学研究的反省》，《深圳大学学报》（人文社会科学版）2009 年第 2 期。

张仁善：《半个世纪的"立法秀"——近世中国司法主权的收复与法律创制》，《政法论坛》2009 年第 2 期。

张仁善：《寻求法律与社会的平衡——论民国时期亲属法、继承法对家族制度的变革》，《中国法学》2009 年第 3 期。

许纪霖：《现代性的歧路：清末民初的社会达尔文主义思潮》，《史学月刊》2010 年第 2 期。

聂鑫：《传统中国的土地产权分立制度探析》，《浙江社会科学》2009 年第 9 期。

薛军：《"民法－宪法"关系的演变及民法的转型——以欧洲近现代民法的发展轨迹为中心》，《中国法学》2010 年第 1 期。

俞江：《中国亟宜确立新型的家制和家产制——婚姻法解释（三）评议》，载《清华法治论衡》第 14 辑，清华大学出版社，2011。

俞江：《中国民法典诞生百年祭——以财产制为中心考察民法移植的两条主线》，《政法论坛》2011 年第 4 期。

王利明：《民法的人文关怀》，《中国社会科学》2011 年第 4 期。

张新宝、张红：《中国民法百年变迁》，《中国社会科学》2011 年第 6 期。

胡玉鸿：《社会本位法律观之批判》，《法律科学（西北政法大学学报）》2013 年第 5 期。

白中林：《亲属法与新社会——陶希圣的亲属法研究及其社会史基础》，《社会学研究》2014 年第 6 期。

朱明哲：《东方巴黎——论二十世纪上半叶法国法律学说在中国的传播》，载《北大法律评论》第 15 卷第 2 辑，北京大学出版社，2014。

聂鑫：《财产权宪法化与近代中国社会本位立法》，《中国社会科学》2016 年第 6 期。

五　外文文献

Rudolf von Jhering, *Law as a Means to an End*, translated by Isaac Husik, Boston：The Boston Book Company, 1913.

Michael John, *Politics and the Law in Late Nineteenth-Century Germany*：*The Origins of the Civil Code*, Oxford：Clarendon Press, 1989.

Lidia Rodak, From Rules of Life to Rules of Law, An Account of M. Krygier Approach to Sociological Jurisprudence, *Hague Journal on the Rule of Law*, 2019, Vol. 11（2 - 3）, pp. 283 - 288.

Mauro Zamboni, Thoughts on Sociological Jurisprudence：Juristic Thought and Social Inquiry（Roger Cotterrell）, *Ratio Juris*, 2019, Vol. 32, pp. 487 - 497.

Niklas Luhmann, *A Sociological Theory of Law*, Boston：Routledge, 1985.

Niklas Luhmann, *Political Theory in the Welfare State*, Berlin：de Gruyter, 1990.

Alan Hunt, *The Sociological Movement in Law*, The Macmillan Press, 1978.

Dragan Milovanovic, *A Primer in the Sociology of Law*, Harrow and Heston, 1988.

Roger Cotterrell, *The Sociology of Law：An Introduction*, Butterworths, 1984.

Carl F. Minzner, Xinfang：An Alternative to Formal Chinese Legal Institutions, *Stanford Journal of Internal Law*, 2006.

Tseng Yu-hao, *Modern Chinese Legal and Political Philosophy*, Shanghai, The Commercial Press Limited, 1930.

西英昭，大正期日本における中華民国法学の展開について，『法政研究』82 - 4 - 10。

高見澤磨，中国近代における『私』の『法』制度化と『民』の『公』化，『学術の動向』，2007 年 8 月。

高見澤磨，我妻榮の中華民国民法典註解と満州国民法への言及—「新発見」資料の紹介と中心に，『法政論集』，2014 年 255 号。

后　记

本书是在笔者博士学位论文的基础上修改而成的。从答辩通过到成书出版，历经十余年寒暑。博士学位论文成文之初，学养不深，为文青涩，诸多不成熟之处自不待言；后经十余年持续思考，随着阅历渐深，对许多问题有了新的看法；经过不断修改后终能成书出版，虽然在很多方面还是留有缺憾，但总算可以为这一问题的研究画上一个休止符。从博士学位论文撰写到如今出书，十余年间世事变迁、角色转换，酸甜苦辣难以尽述，但总体上我算很幸运的那一类。当初孤身一人在外求学，读书时光漫长得似乎望不到头；如今已成为两个孩子的父亲，小女儿已能骑车嬉戏，所谓生命的奇迹，其在此乎？仍能回想起当时带着几分激情关注社会利益与个人利益的关系问题，下笔写作博士学位论文时充满神圣感，唯恐写出的文字不免于"三十年前之庄严说论，皆三十年后之梦呓笑谈"。今日诸事缠身，对学术志趣犹在、愿力已减，回首读书时光，时不时还会感到惭愧。

在成长路上，我是幸运的。幸运来自诸多师友的陪伴和帮助，值得我永远铭记。从开始从事法律史研究到如今成果初见，首先要感谢硕士、博士导师张仁善教授。张老师人如其名，在法律文化研究领域浸淫二十余年，学问精深，为人醇厚，一路呵护扶持，将一个稚嫩的学子一步一步带入法律史学的大门。在南京大学求学期间，张老师和他指导的学生组成了一个温暖的大家庭，使我一直得到家人般的关怀。毕业后来成都工作，人地两疏，感谢博士后导师左卫民教授，四川大学里赞教授、刘昕杰教授、王有粮老师、邵燕老师，西南民族大学贺玲教授，诸位师友在我成长的关键节点、人生的迷茫之处，都曾给予值得永久感恩的帮助、支持和关怀，谢谢你们。

青年时期，所虑单一，无非学业上勇猛精进，铅字林中有我一枝。现在人到中年，方才悟到"安身立命"的内涵无比丰富，家庭较职业更重。"哀哀父母，生我劬劳"，对于母亲和岳父母，只有勉力尽孝以图报于万一。两个女儿让我得享天伦之乐，滋养我的生命免于枯槁。当然，最该感谢的是我的妻子。从相知于同窗到如今"绿叶成阴子满枝"，她始终与我风雨共度，给我最重要的支持。这本书首先是为他们而写。

本书写作受国家社科基金后期资助项目（18FFX013）支持，也得到中国国家留学基金和国家民委"中青年英才计划"资助，在此一并致谢。

2022.12.25

图书在版编目（CIP）数据

民法社会化的中国图景：1927－1949 / 李文军著
. －－ 北京：社会科学文献出版社，2023.3
国家社科基金后期资助项目
ISBN 978 - 7 - 5228 - 1211 - 3

Ⅰ. ①民… Ⅱ. ①李… Ⅲ. ①民法 - 社会化 - 法制史
- 研究 - 中国 - 1928 - 1949 Ⅳ. ①D923.02

中国版本图书馆 CIP 数据核字（2022）第 240771 号

国家社科基金后期资助项目

民法社会化的中国图景（1927—1949）

著　　者 / 李文军

出 版 人 / 王利民
责任编辑 / 芮素平
文稿编辑 / 王楠楠
责任印制 / 王京美

出　　版 / 社会科学文献出版社·联合出版中心（010）59367281
　　　　　 地址：北京市北三环中路甲 29 号院华龙大厦　邮编：100029
　　　　　 网址：www. ssap. com. cn
发　　行 / 社会科学文献出版社（010）59367028
印　　装 / 三河市龙林印务有限公司

规　　格 / 开　本：787mm × 1092mm　1/16
　　　　　 印　张：15.75　字　数：251 千字
版　　次 / 2023 年 3 月第 1 版　2023 年 3 月第 1 次印刷
书　　号 / ISBN 978 - 7 - 5228 - 1211 - 3
定　　价 / 98.00 元

读者服务电话：4008918866